DIE GAGARIN-STORY

Gerhard Kowalski

DIE GAGARIN-STORY

**Die Wahrheit über den Flug
des ersten Kosmonauten der Welt**

Schwarzkopf & Schwarzkopf Verlag

Inhalt

»Es werden sehr viele Artikel und Berichte über die Raumfahrt geschrieben. Und alle schreiben über mich. Wenn du so einen Beitrag liest, wird dir unbehaglich.

Unbehaglich, weil ich wie ein hyperidealer Mensch aussehe. Alles ist mir natürlich immer gut gelungen! Aber ich habe wie viele andere Menschen auch viele Fehler!«

Juri Gagarin im Januar 1966
in einer Umfrage der
Regierungszeitung »Iswestija«

VORWORT

Jahrzehntelang hat das kommunistische Regime in Moskau der Menschheit in Sachen Raumfahrt eine heile Welt vorgegaukelt. Jeder noch so kleine Erfolg wurde zudem nicht als Ergebnis von Wissenschaft und Technik, das heißt menschlichen Erfindergeistes, dargestellt, sondern zum Triumph des Systems und seiner »führenden Kraft«, der Kommunistischen Partei, hochstilisiert. Die Kosmonauten, allen voran Juri Gagarin, wurden als makellose, geradezu überirdische Helden gefeiert und in den Rang von Ikonen erhoben, mit denen sich die Nomenklatura allzu gern schmückte.

Mißerfolge hatten in diesem Jubelkonzert keinen Platz, hätten sie doch die ganze schöne Theorie von der Überlegenheit der kommunistischen Gesellschaftsordnung über den »faulenden Kapitalismus« als das entlarvt, was sie letztendlich war – primitive Propaganda. Der Gedanke, daß die Darstellung der Probleme und Schwierigkeiten, die zu überwinden waren, die Leistungen der Kosmopioniere sogar in einem noch besseren Licht hätte erscheinen lassen, kam den Kreml-Herren nicht in den Sinn. Weil nicht sein kann, was nicht sein darf, wurden Fehlschläge entweder ganz verschwiegen, verfälscht dargestellt oder gar in Erfolge umgemünzt.

Dabei spielte es keine Rolle, ob die Raketenunglücke Menschenleben kosteten oder nicht. So erfuhr die Öffentlichkeit erst im Zuge von Gorbatschows Glasnost und Perestrojka, also mit gut 20 Jahren Verspätung, daß sich am 24. Oktober 1960 auf dem Kosmodrom im kasachischen Baikonur eine verheerende Katastrophe ereignete, die Dutzende Todesopfer forderte, unter ihnen der Oberkommandierende der Strategischen Raketentruppen, Marschall Mitrofan Nedelin, und weitere hohe Militärs. Da das Verschwinden Nedelins beim besten Willen nicht zu verheimlichen war, ließ Partei- und Regierungschef Nikita Chruschtschow mit zwei Tagen Verspätung über das Parteiorgan »Prawda« (Wahrheit) und die anderen zentralen Zeitungen die Lüge verbreiten, der Marschall »und eine

Gruppe seiner Mitarbeiter« seien bei einem Flugzeugunglück ums Leben gekommen.

Wladimir Dshanibekow, mit fünf Flügen einer der erfahrensten Kosmonauten der inzwischen aufgelösten Sowjetunion, beklagte noch 1995, daß der breiten Öffentlichkeit bislang nur die »Schokoladenseite« der sowjetrussischen Raumfahrt dargeboten worden sei. In ihrer Geschichte gebe es noch »viele weiße Flecken«, die getilgt werden müßten – durch die Freigabe der Dokumente und durch Zeugnisse »aus erster Hand«, sprich Augenzeugen, die sich bis dato in eisiges Schweigen hüllen.

Die kritische Bewertung des einst streng geheimen militärisch-industriellen Komplexes sei immer noch die Ausnahme, bemängelt Dshanibekow. Dabei könne man gerade aus den »vergessenen Lehren« der eigenen Raumfahrtgeschichte, zu der »strahlende Erfolge« ebenso gehörten wie »nicht verwirklichte Projekte«, »gewaltige Fehler« und »schwerste Verluste«, auch heute noch »wertvolle Ideen« schöpfen und »warnende Lehren« ziehen.

Besonders augenfällig wird die Lügenpropaganda Moskaus bei Gagarin, der am 12. April 1961 als erster Mensch ins All flog. Die offizielle Darstellung dieses historischen Ereignisses liest sich angesichts des heutigen Erkenntnisstandes teilweise wie ein Märchenbuch. Deshalb müssen zumindest große Teile der Geschichte Gagarins neu geschrieben werden. Das gilt insbesondere für die Landung, bei der es fast zu einer Katastrophe gekommen wäre, weil sich die Gerätesektion nicht ordnungsgemäß von der Landekapsel trennte.

Bei der Registrierung des Gagarin-Fluges hatte Moskau zudem vorsätzlich die Internationale Luftfahrtföderation (FAI) in Paris belogen. Man gab nämlich zu Protokoll, der Kosmonaut sei in der »Wostok«-Landekapsel zur Erde zurückgekehrt. Das war glatte Urkundenfälschung. Denn wie wir heute wissen, landete Gagarin separat am Fallschirm. Erst Jahrzehnte später gab Moskau diese Lüge kleinlaut mit der Schutzbehauptung zu, man habe befürchtet, bei einer Fallschirmladung würde der Flug nicht als Raumflug anerkannt. Da ist sicher etwas dran, denn die FAI-Regeln besagen, daß der Raumfahrer in demselben »Arbeitsgerät« zur Erde zurückkommen muß, mit dem er gestartet ist. Offenbar angesichts des Wettlaufs mit den Amerikanern hatten sich die Sowjets lieber für die Lüge entschieden als auf die FAI-Registrierung zu verzichten.

Auch die Ursache des Absturzes des Übungsflugzeuges, bei dem Gagarin am 27. März 1968 den frühen Tod fand, ist noch nicht endgültig geklärt. Die Ergebnisse der bislang aufwendigsten Untersuchung in der Geschichte der sowjetischen Luftfahrt füllen 30 Aktenordner. Die offizielle Absturz-Version, die übrigens erst Anfang der 90er Jahre veröffentlicht wurde, besagt, Gagarin und sein Fluglehrer Wladimir Serjogin seien mit ihrer MiG aus unbekannter Ursache in eine kritische Situation geraten und hätten die Maschine nicht mehr rechtzeitig abfangen können, bevor sie sich in einem Waldstück in den Frostboden bohrte. Insofern hätten die beiden Offiziere das Geheimnis der Katastrophe mit ins Grab genommen. Experten haben inzwischen erhebliche Zweifel daran angemeldet, daß alle Umstände des Absturzes auch wirklich exakt untersucht worden seien. Inzwischen wissen wir: Es gab gute Gründe, niemanden direkt für das Desaster verantwortlich zu machen.

Die Person Gagarins wurde bisweilen auch auf geradezu groteske Weise idealisiert. Nach Darstellung der Kreml-Propaganda war er eine einzige kommunistische Lichtgestalt, ein Mensch, dem quasi alles Menschliche fremd war. Kein geringerer als der erste Chef des Kosmonauten-Korps, Generaloberst Nikolai Kamanin (1908 – 1982), hat allerdings in seinen Mitte der 90er Jahre unter dem Titel »Verdeckter Kosmos« vorgelegten Tagebuchaufzeichnungen interessante Details über einen ganz anderen Gagarin mitgeteilt. Bei ihm wie auch in vielen anderen inzwischen erschienenen Büchern russischer Autoren erscheint der Bauernsohn Gagarin in einem neuen Licht – als kluger und couragierter Mensch aus Fleisch und Blut, mit Stärken, Fehlern und Schwächen, die ihn eigentlich noch sympathischer machen, als er uns trotz aller ideologischen Verbrämung in Erinnerung ist.

AM ANFANG STAND DIE LÜGE

Eigentlich ist Gagarin mit einer Lüge in die Weltgeschichte eingetreten. Das geschah freilich ohne sein Zutun. Die Meldung der amtlichen Nachrichtenagentur TASS, mit der Moskau an jenem 12. April 1961 der Welt kundtat, daß der Bürger der Sowjetunion, Fliegermajor Juri Alexejewitsch Gagarin, als erster Mensch die Erde umkreist habe und »mit« seinem »Sputnik-Raumschiff Wostok« wohlbehalten zurückgekehrt sei, war in einem wichtigen Detail schlichtweg falsch und bewußt irreführend. Denn der Kosmonaut ging nicht, wie damit suggeriert wurde, in der Landekapsel auf einem Sturzacker des Kolchos mit dem bezeichnenden Namen »Der Weg Lenins« bei dem Dorf Smelowka 26 Kilometer südwestlich der Stadt Engels nieder, sondern an einem Fallschirm. Zuvor war er planmäßig in rund 7.000 Metern Höhe aus der Kapsel herauskatapultiert worden. Weit von der leeren und rußgeschwärzten Kugel entfernt, die dicht am Rande einer Schlucht lag, kehrte Gagarin wieder auf heimatlichen Boden zurück. Es war just jene Region, wo er einst als junger Pilot erstmals mit einem Flugzeug aufgestiegen war.

Die Fallschirm-Landemethode, die auch noch bei den folgenden fünf »Wostok«-Flügen praktiziert wurde, war vorsorglich ausgetüftelt worden. Man wollte nämlich verhindern, daß Gagarin beim doch eher harten Aufprall der 2,4 Tonnen schweren Kapsel körperlichen Schaden nimmt. Raketen für die weiche Landung gab es damals noch nicht.

Die Offiziellen wußten genau, was sie taten, als sie die Landelüge ausheckten. Die Formulierung wurde bewußt so zweideutig gewählt, um vor allem die Internationale Luftfahrtföderation (FAI) zu täuschen. Die TASS-Meldung über den Abschluß des Fluges selbst vermied sogar generell einen Hinweis auf die Art und Weise der Landung. Unter der Überschrift »Über die erfolgreiche Rückkehr eines Menschen vom ersten Kosmosflug« heißt es lediglich: »Nach erfolgreicher Durchführung der geplanten Forschungen und Erfüllung des Flugprogramms ist das sowjetische Raumschiff

Wostok am 12. April 1961 um 10.55 Uhr Moskauer Zeit wohlbehalten im vorgesehenen Rayon der Sowjetunion gelandet. Flieger-Kosmonaut Juri Gagarin teilte mit: »Ich bitte, Partei und Regierung zu melden, daß die Landung normal verlief. Ich fühle mich gut. Ich habe keine Verletzungen und Prellungen. Die Durchführung des Fluges eines Menschen in den Weltraum eröffnet grandiose Perspektiven für die Eroberung des Kosmos durch die Menschheit.«

Bereits im Februar hatte die sogenannte Staatliche Kommission, die alle Fäden in der Hand hielt, verbindlich festgelegt, wie die Meldung an die FAI auszusehen hatte, bei der der Raumflug registriert werden mußte, um als Rekord anerkannt zu werden. Aus völlig überzogenen Geheimhaltungsgründen wurde beschlossen, nur ein Minimum an Daten zur Verfügung zu stellen. So wurden als absolute Raumflugweltrekorde nur die Flugdauer mit 108 Minuten, die maximale Flughöhe von 327,7 Kilometer und die Nutzlast von 4.725 Kilogramm angegeben. Die Kommission hatte es dem zuständigen Sportkommissar Iwan Borissenko strikt untersagt, bei der Ausstellung der erforderlichen Papiere Einzelheiten über das Raumschiff, den geheimen Startplatz Tjuratam (das spätere Baikonur) und die Trägerrakete mitzuteilen.

So heißt es denn in der Rubrik »Kurze Beschreibung des Flugapparates« lediglich: »Der Flugapparat besteht aus Trägerrakete und Raumschiff-Sputnik. Der Raumschiff-Sputnik verfügt über eine Pilotenkabine mit Luken und Illuminatoren, in der der Pilot und die Ausrüstung untergebracht sind, über eine Gerätesektion mit der Apparatur für die Steuerung und die Nachrichtenverbindungen sowie über eine Bremstriebwerksanlage.«

Die Triebwerke werden wie folgt beschrieben:
a) Typ: Flüssigkeitsraketenmotoren.
b) Marke: »Wostok«.
c) Leistung: Summarische maximale Nutzleistung der Triebwerke aller Stufen – 20 Millionen Pferdestärken.
d) Anzahl der Triebwerke nach Typen – 6.

Borissenko wehrte sich zwar so weit es damals ging speziell gegen die falsche Landeversion, wie wir inzwischen wissen, konnte sich aber letztendlich nicht durchsetzen. Man einigte sich schließlich auf jene nebulöse Formulierung »mit dem Raumschiff«, die es dem Leser überläßt, sich seinen Reim darauf zu machen. Dabei zielte man bewußt darauf ab, den Eindruck zu erwecken, Gagarin habe in der Kapsel gesessen. Das ist dann ja auch gelungen. Die meisten Menschen gehen heute noch davon aus, daß Gagarin *in* dem Raumschiff gelandet ist, obwohl das die Sowjets 1987 nachträglich korrigiert haben. Doch das geschah so klammheimlich, daß es nicht einmal von allen Fachleuten bewußt zur Kenntnis genommen und als das registriert wurde, was es war: Eine kleine Sensation und ein erster Schritt auf dem langen Weg zur ungeschönten Wahrheit über Gagarin.

Die FAI gab sich natürlich mit diesen mageren Daten nicht zufrieden. Sie forderte vor allem die exakten Koordinaten des Start- und des Landeplatzes sowie genaue Angaben über die Art und Weise der Landung an. So wollte die Pariser Behörde insbesondere wissen, ob

Die Landekapsel des Raumschiffes von Gagarin

Gagarin denn »à pied«, zu deutsch: zu Fuß, zur Erde gekommen sei, also außerhalb des Raumschiffs.

Die Sowjets scherten sich allerdings herzlich wenig um die FAI-Wünsche und ignorierten sie weitgehend. Als Startplatz reichte man schließlich Baikonur nach und setzte damit vorsätzlich eine weitere Lüge in die Welt. Der besagte kasachische Ort Baikonur existiert zwar und ist auch auf den Landkarten zu finden. Er liegt aber rund 300 Kilometer nordöstlich des eigentlichen Kosmodroms, das man noch heute vergeblich auf den Atlanten sucht, und ist mitnichten mit ihm identisch.

Nach jahrzehntelanger Geheimniskrämerei, die angesichts der modernen kosmischen und Luftaufklärung absurd erscheint, rang sich Moskau schließlich in dieser Frage zur Wahrheit durch. Im Zuge der internationalen bemannten Weltraummissionen, die 1978 begannen, wurde das Kosmodrom, das inzwischen tatsächlich ebenfalls den Namen Baikonur trägt, schrittweise auch für Ausländer geöffnet.

Nach dem Zerfall der Sowjetunion gehört der Raketenstartplatz nunmehr Kasachstan, und die Russen sind lediglich Pächter. Eine der ersten Amtshandlungen der neuen kasachischen Behörden bestand darin, die Wohnstadt des Weltraumbahnhofs, Leninsk, ebenfalls in Baikonur umzutaufen. Damit gibt es nunmehr drei Orte dieses Namens.

Die Bewohner des alten kasachischen Städtchens Baikonur erinnern sich übrigens noch gern an die Anfangszeit des nahen Kosmodroms. Sie nutzten nämlich pfiffigerweise die Namensgleichheit, um sich in Moskau manchen Vorteil zu erschleichen. Schließlich war es eine Sache der Ehre, dem berühmten Weltraumbahnhof Sonderzuteilungen zukommen zu lassen. Doch lange ging das nicht gut, dann zog auch hier wieder der Sowjetalltag mit seinem verwalteten Mangel ein.

Übrigens hat es Borissenko selbst in seinen 1983 veröffentlichten Memoiren noch nicht gewagt richtigzustellen, daß Gagarin nicht an Bord seines Raumschiffes gelandet ist. Dafür registrierten er und sein Kollege Wladimir Plaksin im Zusammenhang mit dem Flug

Gagarins noch stolz einen nationalen Rekord auf dem Gebiet des Funkverkehrs. Denn zum ersten Mal hatte ein Mensch aus dem All mit der Erde gesprochen.

Weitere Details der Landung wurden damals wohlweislich nicht mitgeteilt. Die Welt durfte somit lange Zeit rätseln, wie sich Gagarin, der ja angeschnallt in seinem Sitz gesessen haben soll, allein aus dem Raumschiff befreien konnte. Auch die Bergungs-

Gagarin kurz nach der Landung

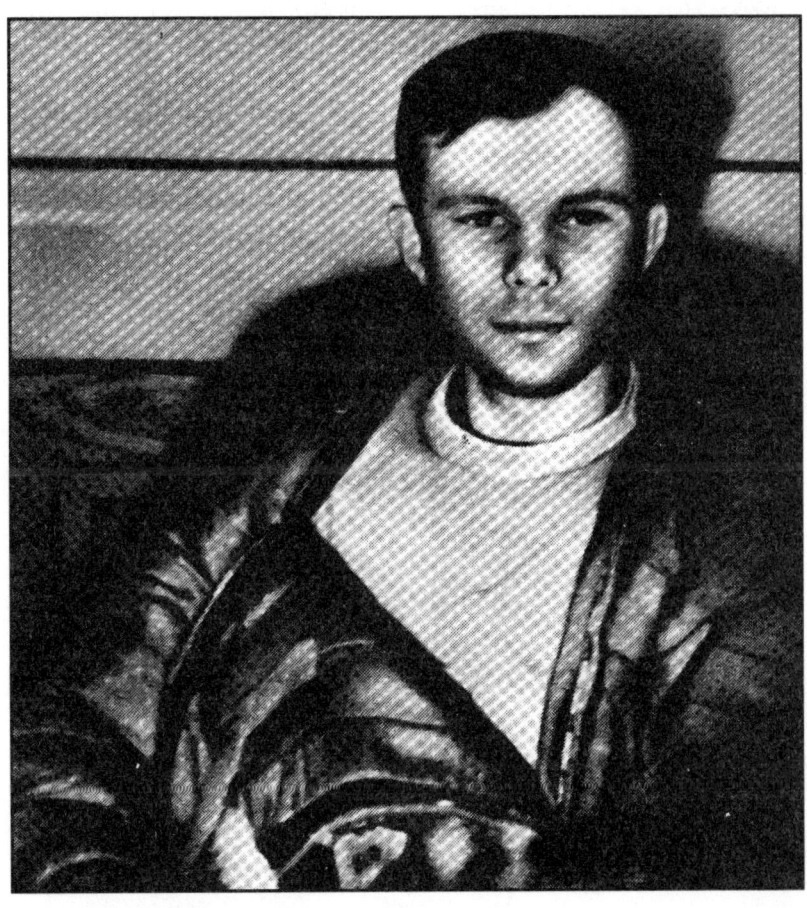

15

mannschaften waren erst etwa eine halbe Stunde nach der Landung zur Stelle.

So waren denn Anna Tachtarowa, die Frau eines Waldhüters, die gerade Kartoffeln pflanzte, ihre sechsjährige Enkeltochter Rita sowie Mechanisatoren, die auf den umliegenden Feldern arbeiteten, die ersten Menschen, die den Kosmonauten begrüßten. Letztere riefen sogar Gagarins Namen, schenkt man den »Prawda«-Korrespondenten Nikolai Denissow und Sergej Borsenko Glauben, die als Ghostwriter das Gagarin-Buch »Mein Flug ins All« verfassen durften.

Während sich Anna Tachtarowa, sichtlich irritiert, eher zurückhielt, wurde Gagarin kumpelhaft von einem der Mechanisatoren begrüßt, der auf dem Motorrad angebraust kam. »Mischanin, Anatoli«, stellte er sich vor. »Was denn, gerade wurde über den Rundfunk gemeldet, daß Sie sich über Afrika befinden, und nun sind Sie schon bei uns?« sprudelte er hervor. Dann machte er sich auf den Weg zum Raumschiff, um zu sehen, »mit welchem Ding« da Gagarin die Erde umkreist hatte, wie er es ausdrückte. Flink kroch er in die Kapsel, in der noch die Anzeige mit der Aufschrift brannte: »Vorbereiten zum Katapultieren!«

Soldaten einer Einheit der Luftabwehr, die ebenfalls zufällig mit einem SIL-Lastkraftwagen vorbeikamen, halfen Gagarin, Helm und Skaphander abzulegen, und machten auch die ersten Fotos. Eines davon ist um die Welt gegangen. Es zeigt den Kosmonauten mit einer ledernen Fliegerkappe auf dem Kopf, die er vom Kommandeur der Truppe, Major Achmet Gassijew, geschenkt bekommen hatte. Von Gassijew, dem er als Ranghöheren Meldung machen wollte, erfuhr Gagarin auch, daß er inzwischen vom Oberleutnant gleich zum Major befördert worden war.

Inzwischen hatten einige Dorfbewohner die Ausrüstung Gagarins für eine Notlandung, zu der neben einem Funkgerät auch ein Schlauchboot gehörte, »verschwinden« lassen.

Speziell das Schlauchboot hatte es den Männer aus Smelowka angetan, denn schließlich konnte man es gut beim Angeln gebrauchen. Doch ein KGB-Hauptmann zwang sie mit der Drohung, er werde sonst »das ganze Dorf« verhaften lassen, zur Herausgabe der »Beute«.

Als endlich die Bergungsmannschaften im Hubschrauber eintrafen, wimmelte es auf dem Feld nur so von Menschen. Einer der Verantwortlichen, Arvid Pallo, spricht in seinen Memoiren von »mehreren hundert«, die aus den nahen Dörfern und Siedlungen herbeigeeilt seien. An der Landekapsel war schon eine Wache aufgezogen.

Die Soldaten hatten alle Hände voll zu tun, um die Schaulustigen von der Kapsel fernzuhalten. Jeder habe das Raumschiff sehen, einen Blick hineinwerfen und nach Möglichkeit irgendetwas als Souvenir ergattern wollen – und sei es nur ein Stück von der verkohlten Wärmeisolierung, erinnert sich Pallo. Ein Mann habe sogar versucht, den Container mit Gagarins Tubennahrung mitgehen zu lassen.

Die Experten des Bergungsteams selbst konnten angesichts der ständigen Belagerung »Wostok« nur mit Mühe einer ersten Inspektion unterziehen. Schließlich entschied man sich, das Raumschiff erst bei Einbruch der Dunkelheit zu bergen. Im Schein der Lagerfeuer, die einige hartnäckige Schaulustige angezündet hatten, ist die Landekapsel, in einem Transportnetz hängend, von einem MI-6-Hubschrauber abtransportiert worden. Sie wurde zuerst zum Flughafen der Stadt Engels und von dort an Bord einer AN-12 nach Moskau ins Herstellerwerk gebracht. Dabei handelte es sich um das Versuchs- und Konstruktionsbüro von Sergej Koroljow, das berühmte OKB 1, das heute als Raketen- und Raumfahrtkonzern (RKK) »Energija« firmiert und sich in Koroljow, dem damaligen Kaliningrad (nicht zu verwechseln mit dem einstigen Königsberg – d. Autor), nördlich von Moskau befindet.

Auch das Flugzeug mit den Ärzten an Bord kam reichlich spät zum Landeort. Es kreiste erst über ihm, als die Bergungsmannschaften die Lage schon halbwegs unter Kontrolle hatten. Der Arzt Witali Wolowitsch erhielt, wie er später berichtete, per Funk die Mitteilung, daß Gagarin gesund und munter sei und keine sofortige medizinische Hilfe brauche. Darauf sei die Maschine, aus der

Wolowitsch mit dem Fallschirm abspringen sollte, zum Flughafen nach Engels zurückgekehrt.

Vom nahegelegenen Kommandopunkt der Einheit Gassijews aus meldete Gagarin dem Oberkommandierenden der Luftstreitkräfte, Marschall Konstantin Werschinin, die erfolgreiche Erfüllung seines Flugauftrages. Dann mußte er sich noch einmal den Sportkommissaren stellen. Borissenko bittet Gagarin sich auszuweisen, obwohl er ihn schon lange gut kennt. Aber so verlangen es die FAI-Regeln, und in Kleinigkeiten war man schon immer großzügig. Zum Erstaunen der Anwesenden zieht der Kosmonaut ein kleines Päckchen aus einer Tasche an der linken Seite seines blauen Fluganzuges. Er reißt die durchsichtige Schutzhülle auf, entnimmt seinen leuchtend roten Fliegerkosmonauten-Ausweis, den er vor dem Start mit weiteren fünf Kosmosanwärtern erhalten hatte, und reicht ihn aufgeklappt dem Kommissar. Der prüft das Dokument gründlich, trägt die persönlichen Daten Gagarins in ein Formular ein und gibt den Ausweis schließlich wieder zurück. Später kehrt Borissenko noch einmal an den Landeort zurück, um das Nationalitätenzeichen »SSSR« (UdSSR – Abkürzung für Union der Sozialistischen Sowjetrepubliken – d. Autor) an der »Wostok«-Kapsel zu überprüfen. Erst danach schließt er das Protokoll für die FAI ab.

Dann wird Gagarin mit dem Hubschrauber zum Flugplatz nach Engels gebracht. Das Unternehmen gestaltet sich mehr als schwierig, da der Helikopter, der ihn abholen soll, wegen der vielen Menschen nicht nahe genug landen kann. Daraufhin setzt man den Kosmonauten in einen grünen Pkw »Pobeda«, um hinter dem Hubschrauber herzufahren, der noch einen geeigneten Landeplatz sucht. Wie ein Augenzeuge genau 25 Jahr später in der »Prawda« berichtet, verfolgte die Menge das Fahrzeug mehr als eineinhalb Kilometer weit und walzte dabei alles nieder, was ihr in den Weg kam: Gartenbeete, Zäune und Begrenzungspfosten.

In Engels, wo sich inzwischen ebenfalls eine riesige begeisterte Menschenmenge versammelt hatte, spricht Gagarin am »Roten Telefon«, das heißt über das Regierungsnetz, kurz mit dem Vorsitzenden des Präsidiums des Obersten Sowjets, Leonid Breshnew.

Dann geht es per Flugzeug weiter, wobei sich der Wagen mit dem Kosmonauten nur mit größter Mühe den Weg zur Maschine bahnen kann.

Auf dem Flug nach Kuibyschew, das heutige Samara, wird Gagarin in der Il-14 von dem Arzt Witali Wolowitsch ein erstes Mal gründlich untersucht. Der kann aber keinerlei Veränderungen bei ihm feststellen. Der Blutdruck des Kosmonauten beträgt 125/70, der Puls 68 Schläge in der Minute und die Körpertemperatur 36,6 Grad. Gagarin habe zwar etwas müde ausgesehen, aber geduldig auf die vielen Fragen geantwortet, mit denen man ihn bestürmte, während er Obst aß und dazu ein Glas Traubensaft trank, erinnert sich Borissenko. Ein bißchen durcheinander muß der Kosmonaut allerdings gewesen sein. Denn hinter ein Autogramm für Wolo-

Gagarin macht Meldung an Chruschtschow

19

witsch setzte er das Datum 12. April 1959. Der Fehler wurde einige Tage später korrigiert.

Die Mechanisatoren hatten indes am Landeort der Kapsel einen Pfahl mit einem Schild mit der Aufschrift »Nicht berühren! 12. 04. 61. – 10 Uhr 55 Min. Mosk. Zeit.« in den Boden gerammt. Später wurde an dieser Stelle ein Obelisk errichtet, den Gagarin übrigens nur ein einziges Mal besucht hat, nämlich am 6. Januar 1965. Dabei gab es auch ein Wiedersehen mit Anna Tachtarowa, jener Frau, der er als erstem Menschen nach seiner Landung begegnet war.

Entgegen der sonst gängigen Praxis in der Sowjetunion wurde das Denkmal nicht zu einem kommunistischen Wallfahrtsort. Das mag nicht zuletzt daran gelegen haben, daß man unangenehmen Fragen aus dem Wege gehen wollte. Wenn man es ganz genau nimmt, stand es auch nicht am Landeort des Kosmonauten, sondern der Kapsel. Im Laufe der Zeit verfiel der Obelisk immer mehr und wäre sicher bald vergessen worden, hätte sich nicht ein Bauer seiner erbarmt. Nach dem Zerfall der Sowjetunion pachtete er nämlich das »Gagarin-Feld« samt Denkmal und brachte es wieder in Ordnung.

DAS ROTIERENDE RAUMSCHIFF

B ei seiner ersten Meldung an die Führung hat Gagarin wohlweislich einen höchst dramatischen Umstand verschweigen,
der auch der Weltöffentlichkeit 30 Jahre lang vorenthalten
wurde: Der Flug wäre nämlich fast in einer Katastrophe geendet.
Der Erfolg der Mission hing an dem sprichwörtlichen seidenen
Faden.

Doch lassen wir Gagarin selbst zu Wort kommen. In seinem offiziellen Flugbericht, den er am 13. April 1961 abgefaßt hat und der
sofort als »Besondere Akte« (Ossobaja papka) mit dem Prädikat
»Streng geheim« in die Archive der zuständigen Allgemeinen Abteilung des Zentralkomitees der KP wanderte, beschreibt er die
äußerst kritische Situation wie folgt:

»In dem Moment, wo das Bremstriebwerk abgeschaltet wurde,
gab es einen heftigen Stoß, und das Objekt begann sich mit sehr
großer Geschwindigkeit um seine Achsen zu drehen. Das ging etwa
so vonstatten – von oben, von rechts, nach unten, nach links im
»Wsor«. Die Winkelgeschwindigkeit betrug mindestens 30 Grad.
Ich sehe (das vollzog sich über Afrika): Erde – Horizont – Himmel,
Erde – Horizont – Himmel. Es gelang mir gerade noch, mich mit
der Hand vor der Sonne zu schützen.

Ich habe auf die Abtrennung gewartet. Per Telefon habe ich
gemeldet, daß das Bremstriebwerk normal funktioniert hat. Ich
habe den Druck am Anfang, den Druck am Ende und die Funkti-
onsdauer des Bremstriebwerks mitgeteilt.

»Ich fliege und schaue – die Nordküste Afrikas, das Mittelmeer.
Alles ist deutlich zu sehen, alles ist gut, alles dreht sich wie ein Rad.
Ich warte auf die Abtrennung, und die erfolgt ungefähr in der 10.
Minute nach Brennschluß des Bremstriebwerks. Ich habe die
Abtrennung stark gespürt: Ein Knall, dann ein Stoß; das Rotieren
setzt sich fort. Jetzt erloschen alle Anzeigen auf dem Gerät für die
Kontrolle der Arbeiten, es erlosch »Spusk-1« (Abstieg-1 – d. Autor),
nur ein Signal hat sich eingeschaltet: »Fertigmachen zum Katapul-
tieren«. Mit dem bloßen Auge ist zu erkennen, daß die Höhe gerin-

tieren«. Mit dem bloßen Auge ist zu erkennen, daß die Höhe geringer ist als sie im Apogäum war: Jetzt kann ich die Gegenstände auf der Erde schon deutlicher unterscheiden.

Ich habe die Lichtfilter von »Wsor« geschlossen. Es begann der Eintritt in die dichten Schichten der Atmosphäre, wobei sich die Kapsel mit großer Geschwindigkeit um alle Achsen drehte. Die ganze Zeit über lag die Geschwindigkeit bei 30 Grad, und sie blieb nach der Abtrennung erhalten. Dann wurde spürbar, daß das Abbremsen begann, ein leichtes »Kribbeln« geht durch die Konstruktion, schwach, kaum wahrnehmbar. Ich habe schon die Position für das Katapultieren eingenommen, warte. Das Rotieren wird langsamer, keine vollen Umdrehungen mehr, auf der anderen Achse ist es ebenso.«

»Das optische Visier »Wsor« ist mit einem Vorhang verschlossen, aber an den Rändern des Vorhangs erscheint ein hell purpurfarbenes Licht. Und ein Krachen ist zu hören – entweder in der Konstruktion, oder vielleicht dehnt sich der Hitzeschild beim Aufheizen aus. Es kracht nicht oft: Etwa ein-, zweimal pro Minute. Es war zu spüren, daß die Temperatur hoch war. Dann begann die Überbelastung etwas geringer zu steigen. Sie war jetzt gering – 1, 1,5 g. Dann stieg sie allmählich weiter an, sehr allmählich. Die Torkelbewegungen der Raumschiffes hielten die ganze Zeit über an. Die Sonne schien in die Bullaugen, und am Einfallswinkel der Sonnenstrahlen konnte ich ungefähr bestimmen, wie es torkelte: etwa um 15 Grad während der maximalen Überbelastung, ein Torkeln um alle Achsen. Es war an der Vibration zu spüren. Die Überbelastung betrug nach meinem Empfinden über 10 g.

Es gab so einen Augenblick, der zwei bis drei Sekunden dauerte: Die Geräte begannen vor den Augen zu verschwimmen. Diese Spitzenbelastung war nur gering, ihre Dauer sehr kurz. Dann begann die Überbelastung zu sinken. Sie sank, und zwar allmählich, aber schneller als sie stieg. Jetzt, so dachte ich, werde ich mich wohl bald hinauskatapultieren. Als die Überbelastung zu »drücken« begann, schien die Sonne in das hintere Bullauge, und danach habe ich mich etwa um 90 Grad zur Sonne hin gedreht, als die Überbelastung abnahm. Und nun, offensichtlich nach Durchbrechen der Schallmauer, war das Pfeifen der Luft, das Pfeifen des Windes zu hören.

Die Stimmung war gut. Die Abtrennung war erfolgt, wie ich bemerkt hatte, und der Globus blieb etwa in der Mitte des Mittelmeeres stehen. Ich dachte: Alles normal – ich werde zu Hause landen. Ich wartete auf das Katapultieren. Zu dieser Zeit wurde der Deckel der Luke Nr. 1 abgesprengt: Ein Knall – und der Lukendeckel flog weg. Ich drehte den Kopf nach oben – und schon gab es einen Knall, einen Schuß, und ich wurde hinauskatapultiert. Das ging sehr weich vonstatten. Ich flog mit dem Sessel hinaus, betätigte den Stabilisierungsfallschirm. Ich saß im Sessel wie auf einem Stuhl – bequem, gut. Unter diesem Stabilisierungsfallschirm drehte es mich nach rechts.«

Weiter berichtet Gagarin: »Ich habe gleich gesehen: Ein großer Fluß. Nun, andere große Flüsse gibt es hier nicht, das muß die Wolga sein. Dann sah ich eine Stadt auf beiden Ufern.

Das Katapultieren erfolgte ungefähr einen Kilometer, vielleicht auch weniger, vom Wolga-Ufer entfernt. Der leichte Wind wird mich jetzt dorthin tragen, dachte ich, ich werde wohl in der Wolga wassern. Dann klinkte sich der Stabilisierungsfallschirm aus, der Hauptfallschirm trat in Aktion, ganz weich, so daß ich es nicht einmal bemerkt habe. Der Sessel löste sich von mir und verschwand nach unten. Ich ging am Hauptfallschirm nieder und wurde in Richtung der Stadt zur Wolga geweht. Diese Stadt am anderen Ufer war groß, hier war sie kleiner.

»Ich begann am Hauptfallschirm niederzugehen. Nun, am Hauptfallschirm hat es mich erneut in Richtung dieser Städte geweht, zur Wolga. Ich schaue: Eine Stadt ist groß an jenem Ufer, hier ist sie kleiner.« »Ich weiß, daß wir damals, als ich in Saratow studierte, viel geflogen und hinter diesem Wald abgesprungen sind,« erinnerte sich Gagarin. »Dort war die Eisenbahnstrecke, die Brücke über die Eisenbahn und die lange Landzunge in der Wolga zu dieser Brücke. Das mußte Saratow sein. Ich hatte es wiedererkannt.

Dann öffnete sich der Reservefallschirm. Ich habe die Gegend

beobachtet, habe gesehen, wo die Kugel gelandet ist – der Landeapparat. Der weiße Fallschirm, die Kugel lag nicht weit vom Wolga-
Ufer entfernt. Sie war ungefähr vier Kilometer von mir entfernt
gelandet. Dann flog ich, schaute – rechts von mir war ein Feldlager.
Dort waren viele Leute zu erkennen, Autos fuhren, es gab einen
Weg. Über den Weg war ich schon hinweg, jetzt kam noch eine
Chaussee. Etwas weiter war eine Schlucht und hinter der Schlucht
ein kleines Haus. Ich sah eine Frau. Dann dachte ich, ich würde in
dieser Schlucht landen. Es trug und trug mich voran, da konnte ich
nichts machen. Die Kuppeln waren schön, und ich spüre, daß alle
schauten. Das Sinken verlief gut. Dann sah ich, ich würde auf
einem Acker landen. Ich schwebte mit dem Rücken nach vorn, aber
ich konnte mich nicht umdrehen.

Etwa 30 Meter über der Erde hat es mich langsam mit dem
Gesicht in Flugrichtung gedreht. Der leichte Wind wehte mit 5 bis
6 Metern... Die Landung auf dem Acker war sehr sanft. Ich war
selbst überrascht, wie ich da auf den Füßen stand. Der hintere Fallschirm fiel auf mich herab, der vordere Fallschirm fiel vor mir
zusammen. Ich habe ihn eingerollt und das Tragesystem abgenommen. Alles war heil, ich lebte und war gesund.

Hinter einer kleinen Anhöhe lag das Feldlager. Ich machte mich
auf den Weg. Eine Frau mit einem Mädchen kam mir entgegen. Sie
war etwa 800 Meter von mir entfernt. Ich ging auf sie zu. Sie ver-
langsamte den Schritt. Da habe ich gewinkt und gerufen: »Keine
Angst, fürchten Sie sich nicht! Ich bin einer von uns, ein Sowjetmensch. Kommen Sie her.« Dann kam sie unsicher, langsam auf
mich zu. Ich trat an sie heran und sagte, daß ich aus dem Kosmos
komme.

Wir haben uns bekannt gemacht. Ich sagte: »Gehen wir zu den
Fallschirmen. Ich bitte Sie, dort zu bleiben und niemanden dort
heranzulassen. Ich gehe zu dem Feldlager.« Ich wollte den Skaphander ausziehen und dorthin gehen. Doch kaum war ich bei den
Fallschirmen, kamen Männer – Traktoristen vom Feldlager. Sechs
waren es. Ich habe ihnen gesagt, wer ich bin. Sie haben gesagt, daß
es gerade im Rundfunk gemeldet wurde. Ein paar Minuten haben

wir miteinander gesprochen. Dann sah ich Major Gassijew mit dem SIL-151 gefahren kommen. Wir haben einander vorgestellt. Ich habe gebeten, so schnell wie möglich Moskau Meldung machen zu können.« (*)

Ich habe deshalb so ausführlich aus dem Bericht Gagarins zitiert, weil daraus klar ersichtlich ist, daß er sehr wohl wußte, daß sich die Trennung zwischen Gerätesektion und Landekapsel nicht vorschriftsmäßig vollzog. Gagarin bewahrte aber Ruhe und meldete es sofort zur Erde. Eigentlich hätte die Trennung um 10 Uhr 25 Minuten und 57 Sekunden erfolgen sollen, doch sie passierte erst um 10.35 Uhr – mit einem scharfen Knall, dem ein Stoß folgte. Gagarins größte Sorge war, daß sich dadurch die Flugbahn so verändern könnte, daß er nicht mehr auf dem Territorium der Sowjetunion landen würde. Doch dann konnte er aufatmen. Die Berechnungen ergaben, daß es bis zum Fernen Osten noch etwa 8.000 Kilometer waren. Er würde also »zu Hause« herunterkommen.

Der Grund für den Zwischenfall, der Koroljow das Blut in den Adern gefrieren ließ: Einige Kabelverbindungen lösten sich nicht, und so zog die Landekapsel beim Abstieg die Gerätesektion noch fast zehn Minuten im Schlepptau hinter sich her, bis die Kabel offenbar durch die Reibungshitze der Atmosphäre schmolzen.

Und schließlich beschreibt Gagarin in allen Einzelheiten, wie sich seine Landung wirklich abspielte. Nach wie vor ist unklar, wie es gelang, so viele Augenzeugen der Fallschirmlandung zum Schweigen zu veranlassen. Denn bislang ist keine Stimme bekanntgeworden, die der offiziellen Moskauer Version widersprochen hätte. Bei den Militärs ist das möglicherweise noch zu verstehen, denn sie konnten zur Geheimhaltung verpflichtet werden. Aber bei der Frau und den Bauern ist das schon eine andere Sache.

(*) Quelle: »Perwyje w mirje« (Als Erste auf der Welt). Dokumenty Gosudarstwennowo Archiwnowo Fonda SSSR (Dokumente des Staatlichen Archivfonds der UdSSR), Verlag Planeta, Moskau 1987 – Das Dokument wird erstmals in dieser Ausführlichkeit in deutscher Sprache veröffentlicht – d. Autor

ПОЧТА ЛЕТЧИКОВ-КОСМОНАВТОВ СССР

Уважаемый Герхард!

Спасибо за поздравление с Новым 1997 годом и добрые пожелания.

Я согласна, что в истории отечественной космонавтики есть еще немало "белых пятен". Но первое, что хотелось бы сказать честно: "Не было бы Советской власти не было бы и Гагарина". Благодаря ей он получил должное образование, получил путевку в небо, стал первым космонавтов мира. Она создала необходимые условия – могучую технику для прорыва в космос, воспитала таких ученых, конструкторов, как С.П.Королев.

Вы спрашиваете: "Были ли журналисты на старте и при посадке Гагарина? Нет не были. Первый журналист из ТАСС Романов Александр Петрович присутствовал на старте в Байконуре Г.С.Титова. Встретили Ю.А.Гагарина первыми воины войсковой части 40212. С места посадки на автомашине ЗИЛ-157 , Юрия Алексеевича доставил в часть майор Гасиев Ахмед Николаевич. Ксерокопию фотографии встречи Ю.А.Гагарина воинами этой части на родной Земле посылаю. Качество ее очень плохое, т.к. сделана она с любительской фотографии, которую выслать не могу.

После этой встречи Ю.А. Гагарин вертолетом был доставлен на военный аэродром в город Энгельс. Туда ему и позвонил Н.С.Хрущев, находившийся на отдыхе на Юге.

На месте приземления Ю.А.Гагарина стоит обелиск, созданный рабочими Саратовского авиазавода. Это примерно уменьшенная копия обелиска в районе ВДНХ в г.Москве.

Вы спрашиваете: "Когда мы узнаем полную правду о причинах гибели Вашего мужа?" Никогда. Г.С.Титов в интервью газете "Комсомольская правда" 23 сентября 1993 года сказал: "Мы записали: "Истинную причину катастрофы установить невозможно, однако можно констатировать следующее - обстановка была спокойная, аварийная ситуация возникла внезапно и была скоротечной, пилоты приняли все меры для выхода из положения, но вероятно им не хватило времени для принятия решения, поскольку даже катапультные средства не использовались." Так записано в акте Государственной комиссии.

Звездный  *городок*

Зак. 560

Einer der Briefe der Witwe Gagarins an den Autor

Г.С.Титов был членом этой комиссии, в состав которой входили авиаконструкторы, летчики-испытатели и другие крупные специалисты. Их вывод правилен. Все остальное догадки, домыслы, измышления. Кому это надо? Для чего? Не знаю.

Желаю Вам здоровья, всего доброго в жизни, успехов в творчестве.

В.И.Гагарина

Звездный  городок

Зак. 560

Post der Fliegerkosmonauten der UdSSR

Lieber Gerhard!

Danke für die Neujahrsglückwünsche 1997 und die guten Wünsche.

Ich stimme zu, daß es in der Geschichte der sowjetischen Kosmonautik
noch viele "weiße Flecken" gibt. Doch das erste, was ich ehrlich
sagen möchte, ist: "Wenn es die Sowjetmacht nicht gegeben hätte,
hätte es auch Gagarin nicht gegeben." Dank ihr erhielt er eine
angemessene Bildung, erhielt er den Dienstauftrag in den Himmel,
wurde er der Erste unter den Kosmonauten der Welt. Sie schuf die
erforderlichen Bedingungen - die mächtige Technik für den Vorstoß in
den Kosmos, sie erzog solche Wissenschaftler und Konstrukteure wie
S. P. Koroljow.

Sie fragen: "Waren Journalisten beim Start und bei der Landung
Gagarins dabei?" Nein, es waren keine dabei. Der erste Journalist
von TASS, Alexander Petrowitsch Romanow, war beim Start von G. S.
Titow in Baikonur anwesend. Die ersten, die J. A. Gagarin begrüßt
haben, waren Soldaten der Militäreinheit 40212. Major Achmed
Nikolajewitsch Gassijew hat Juri Alexejewitsch vom Landeort mit einem
SIL-157 zur Einheit gebracht. Eine Xerox-Kopie des Fotos von der
Begrüßung J. A. Gagarins durch die Soldaten dieser Einheit auf
heimatlichem Boden lege ich bei. Ihre Qualität ist sehr schlecht,
weil sie von einem Amateurfoto gemacht wurde, das ich Ihnen nicht
schicken kann.

Nach dieser Begegnung wurde J. A. Gagarin mit dem Hubschrauber
zum Militärflughafen der Stadt Engels gebracht. Dort hat ihn auch N.
S. Chruschtschow angerufen, der sich auf Urlaub im Süden befand.

An der Stelle, wo J. A. Gagarin gelandet ist, steht ein Obelisk, der
von Arbeitern des Saratower Flugzeugwerkes errichtet wurde. Es ist
in etwa die verkleinerte Kopie des Obelisken, der auf der WDNCH
(Wystwaka Dostishenii Narodnowo Chosjaistwa - Ausstellung der
Errungenschaften der Volkswirtschaft - d. Autor) in Moskau steht.

Sie fragen: "Wann erfahren wir die ganze Wahrheit über die Gründe
des Tods Ihres Mannes?" Niemals. G. S. Titow hat in einem Interview
der Zeitung "Komsomolskaja Prawda" vom 23. September 1993 gesagt:
"Wir haben geschrieben: Die wirkliche Ursache der Katastrophe kann
nicht festgestellt werden, man kann aber folgendes konstatieren -
die Lage war ruhig, die Havariesituation ist plötzlich eingetreten
und war nur von kurzer Dauer, die Piloten haben alle Maßnahmen
ergriffen, um aus der Situation herauszukommen, aber ihnen hat
offensichtlich die Zeit gefehlt, um Entscheidungen zu treffen, weil
sie selbst die Katapultiermittel nicht genutzt haben." So steht es
in den Akten der Staatlichen Kommission.

G. S. Titow war Mitglied dieser Kommission, der
Flugzeugkonstrukteure, Testpiloten und andere bedeutende
Spezialisten angehörten. Ihre Schlußfolgerung ist richtig. Alles
andere sind Vermutungen, Erfindungen, Hirngespinste. Wer das
braucht? Wofür? Ich weiß nicht.

Ich wünsche Ihnen Gesundhekt, alles Gute im Leben und Erfolge im
Schaffen.

gez.
W. I. Gagarina

Übersetzung des Briefes der Witwe Gagarins an den Autor

Auch Gagarin selbst mußte auf die Lügenversion eingeschworen werden. Geschehen ist das zweifellos in den Stunden, die er vor seiner Rückkehr nach Moskau in der Datscha des Kuibyschewer Gebietsparteikomitees an der Wolga verbrachte. Einzelheiten darüber sind mir nicht bekannt. Den Tagebüchern Kamanins ist jedoch zu entnehmen, daß der Kosmonaut sehr sorgfältig für seine erste Begegnung mit der Weltpresse präpariert wurde, die am 15. April in Moskau stattfand. Aus dem Protokoll der Pressekonferenz wiederum geht hervor, daß sich Gagarin gerade bezüglich seiner Landung um eine klare Antwort drückte. Er verwies lediglich darauf, daß es zwei mögliche Varianten gebe: Die mit dem Raumschiff und die am Fallschirm. Damit hatte er nicht gelogen – ein Umstand, auf den seine Witwe Walentina in einem ihrer Briefe an mich ausdrücklich verweist.

Daß es erhebliche Probleme beim Wiedereintritt von »Wostok« in die dichten Schichten der Atmosphäre gab, ist eigentlich schon seit Ende 1987 beziehungsweise Anfang 1988 bekannt. Damals veröffentlichte der Moskauer Verlag Planeta unter dem Titel »Als Erste in der Welt« einen Bildband mit zahlreichen neuen Fotos und Wortlautauszüge aus Dokumenten des Staatlichen Archivfonds der UdSSR zum Thema Raumfahrt und internationale Kooperation auf diesem Gebiet. Neben vielen bis dato schon bekannten, aber auch unbekannten Dokumenten fand sich in dem rund 300 Seiten starken Buch auch eine leicht gekürzte Version des »Berichts von J. A. Gagarin über den Flug mit dem Raumschiff-Sputnik »Wostok«, aus dem weiter vorn erstmals ausführlich für Deutschland zitiert wird.

Man darf davon ausgehen, daß die Veröffentlichung dieses brisanten Materials angesichts der auch damals noch nahezu flächendeckenden Zensur nicht rein zufällig war. Vielmehr dürfte es sich um einen zaghaften Versuch gehandelt haben, langsam den Boden für eine längst fällige Aufarbeitung der geheimnisumwobenen sowjetischen Raumfahrtgeschichte zu bereiten. Immerhin hatte Parteichef Michail Gorbatschow im Zuge seiner Perestroika auch hier eine Politik der Offenheit verkündet. Dieses Versprechen hat er allerdings bis zu seinem Sturz nur teilweise eingelöst.

SUPER-GAU VERHINDERT FRÜHEREN
START GAGARINS

Im März 1992 wurde noch eine Tatsache enthüllt, die einer echten Sensation gleichkommt, aber eigentümlicherweise von den Medien und der Öffentlichkeit nicht als solche zur Kenntnis genommen wurde. In den Archiven der Allgemeinen Abteilung des ZK fand sich eine Akte, aus der hervorging, daß Gagarin eigentlich schon vier Monate früher starten sollte, und zwar im Dezember 1960. Der entsprechende Beschluß des Zentralkomitees der KPdSU und des Ministerrates der UdSSR stammt vom 11. Oktober 1960 und trägt den Vermerk »Sow.(erschenno) sekretno. Ossoboj washnosti« (zu deutsch: Abs.(olut) geheim. Von besonderer Wichtigkeit). In dem Papier wird vorgeschlagen, für Dezember 1960 den Start eines Raumschiffes mit einem Menschen an Bord vorzubereiten. Das Vorhaben wird in dem Beschluß als »Aufgabe von besonderer Bedeutung« bezeichnet, das Raumschiff erhielt den Code-Namen »Objekt »Wostok-3A««.

Die Anregung, bereits zu diesem früheren Zeitpunkt einen Menschen ins All zu schicken, hatte die Kreml-Führung erst kurz zuvor erhalten. Das entsprechende Schreiben ging am 19. Oktober in der Allgemeinen Abteilung des Zentralkomitees ein. Es trägt unter anderem die Unterschriften von Dmitri Ustinow, Mitglied des ZK und für die Raumfahrt zuständiger Stellvertreter der Vorsitzenden des Ministerrates, von Rodion Malinowski, Mitglied des ZK und Minister für Verteidigung, Mitrofan Nedelin, Oberkommandierender der Strategischen Raketentruppen, Mstislaw Keldysch, Vizepräsident der Akademie der Wissenschaften der UdSSR, sowie von einer Reihe weiterer Minister und einer Gruppe Chefkonstrukteure, allen voran Sergej Koroljow, Walentin Gluschko und Wladimir Barmin.

Diese Enthüllungen über den Gagarin-Flug wurden von dem sehr engen Kreis der sowjetischen Raumfahrtjournalisten zwar mit großem Interesse aufgenommen, sofern die Sache intern nicht ohnehin schon bekannt war. Doch in die aktuelle Kosmosberichterstattung flossen sie nicht ein. Es wurde getan, als gebe es die Veröffentlichung nicht. Schließlich war man speziell vergattert worden, keine Geheimnisse auszuplaudern.

Auch den Fachjournalisten in der DDR, die begierig alle sowjetischen Veröffentlichungen verfolgten, waren die Hände gebunden. Bevor für das Gagarin-Papier keine offizielle Quelle vorlag, etwa die amtliche Nachrichtenagentur TASS oder das Parteiorgan »Prawda«, war an eine Veröffentlichung nicht zu denken. Die westliche Fachpresse hingegen wertete schon wegen der Sprachbarriere die sowjetischen Quellen nicht allzu gründlich aus oder maß der Sache keine so große Bedeutung bei.

So mußte erst das Jahr 1992 ins Land gehen, bis das Gagarin-Abenteuer in der schon zerfallenden Sowjetunion und auch international voll zur Kenntnis genommen wurde. Mit Michail Rebrow war einer der Veteranen des sowjetischen Raumfahrtjournalismus aufgeboten worden, um dieses und andere Geheimnisse in der Armeezeitung »Krasnaja Swesda« (Rote Fahne) zumindest teilweise zu lüften, denn bis heute liegt nicht der volle Wortlaut des Berichtes vor.

Erst jetzt stieg auch die internationale Presse breit auf die Story ein. Doch bald ging man wieder zur Tagesordnung über. Das Thema flammte Anfang 1996 nur noch einmal kurz auf, als bei Sotheby's in New York Notizen zur Versteigerung angeboten wurden, die sich der inzwischen verstorbene Arzt und Missionschef von »Wostok-1«, Jewgeni Karpow, während des Gagarin-Fluges gemacht hat. In krakeliger Schrift stehen da auf einem Zettel schnell hingeworfene Wortbrocken wie »Funktionsstörung« und »Notfall« zu lesen. Einem Fan waren die Notizen übrigens 12.560 Dollar wert...

In dem Schreiben, das ebenfalls als »Streng geheim« und »Von besonderer Wichtigkeit« eingestuft wurde, heißt es: »Der erfolgreiche Start, der Flug in den kosmischen Raum und die Landung des Raumschiffes (Objekt »Wostok-1«) werfen erneut die Frage nach dem Termin für die Durchführung des Fluges eines Menschen in den kosmischen Raum auf.« Der Stand der vorgesehenen technischen Lösungen biete die Möglichkeit, »ein Raumschiff (Objekt »Wostok-3A«) zu bauen und die Frage des Fluges eines Menschen in den kosmischen Raum mit diesem Objekt 1960 zu lösen«.

»Wie dem ZK der KPdSU bereits berichtet wurde, wird zur Zeit ein Raketensystem – die Trägerrakete 8K78 – vorbereitet, das in der Lage ist, als Erdsatelliten ein Objekt von 7 – 9 Tonnen auf eine Umlaufbahn zu bringen«, wird in dem Schreiben weiter betont.

Davon ausgehend unterbreiten die Autoren unter anderem den Vorschlag, »den Flug eines Menschen ... im Dezember 1960 durchzuführen«.

Der Beschluß des ZK und des Ministerrates vom 19. Oktober bedeutet nicht mehr und nicht weniger, als daß die Sowjets die Ära des bemannten Raumfluges schon zu einem erheblich früheren Zeitpunkt einläuten wollten. Ihr Vorsprung im Wettlauf mit den Amerikanern wäre dann noch größer gewesen.

Doch aus dem Dezember-Termin wurde nichts, er platzte im wahrsten Sinne des Wortes. Der Grund: Auf der Startrampe Nr. 41 in Baikonur explodiert am 24. Oktober 1960, also knapp eine Woche nach dem Start-Beschluß, die neue Rakete R-16 (Nato-Code: SS-7) von Chefkonstrukteur Michail Jangel (1911 – 1971). Es war dies die erste wirklich interkontinentale ballistische Rakete der Sowjets, die amerikanisches Territorium erreichen konnte.

Chruschtschow war begeistert, als ihm der Prototyp der Rakete im September vorgestellt wurde. Sie paßte genau in sein Konzept, denn er wollte am 12. Oktober vor der 15. UNO-Vollversammlung verkünden, daß die UdSSR in einer »beispiellosen Geste« ihre Truppenstärke um 1,2 Millionen Mann reduzieren werde. Den dadurch entstehenden Kampfkraftverlust wollte Chruschtschow freilich durch Interkontinentalraketen ausgleichen. Doch das sagte er in der UNO nicht. Im Bewußtsein der Welt ist von jenem Tag ohnehin vor allem haften geblieben, daß der Sowjetführer zum Entsetzen der Anwesenden den Schuh auszog und damit auf den Tisch hämmerte.

Doch der Coup mit der Rakete war natürlich erst dann perfekt, wenn diese auch wirklich erprobt und einsatzbereit war. Chruschtschow trieb deshalb zur Eile, einer Eile, die Kamanin in seinen Memoiren als »verbrecherisch« bezeichnete, zumal sie noch von »Unorganisiertheit« begleitet gewesen sei. Die »Natschalstwo«, die Führung also, habe auf »alle und alles Druck« ausgeübt und damit »grandiose« Reinfälle »durchgedrückt«.

Die Staatliche Kommission unter Marschall Mitrofan Nedelin, der im Dezember des Vorjahres zum Chef der Strategischen Raketentruppen (Boden-Boden-Raketen) ernannt worden war, gab auf ihrer Sitzung am 3. Oktober grünes Licht für den Erststart am 22. Oktober. Dieser mußte jedoch zweimal verschoben werden, weil Lecks im Treibstoffsystem entdeckt worden waren. Nachdem der Schaden behoben war, wurde der Start neu für den kommenden Tag angesetzt. Doch wieder mußte der Count-down unterbrochen werden. Diesmal war ein Ventil der Treibstoffversorgung in der ersten Raketenstufe nicht in Ordnung. Um nicht noch mehr Zeit zu verlieren, gab Nedelin den Befehl, den Schaden zu beheben, ohne zuvor den Treibstoff abzupumpen. Zugleich setzte der Marschall den 24. Oktober als neuen und – hoffentlich – endgültigen Starttermin fest – eine fatale Entscheidung!

Um 19.15 Uhr sollte es losgehen. Noch um 18.30 Uhr legten Techniker letzte Hand an der Rakete an. Nedelin, von den vielen Verzögerungen sichtlich genervt, hält sich – allen Sicherheitsbestimmungen zum Trotz – ebenfalls auf der Rampe auf. Er hat auf einem Stuhl Platz genommen und verfolgt die Arbeiten. Zahlreiche hochrangige Militärs warten in der Nähe ihres Chefs, obwohl auch sie sehr wohl um die Gefahren wissen, die hier lauern.

Um 18.45 Uhr, eine halbe Stunde vor dem Starttermin, zündet plötzlich der Raketenmotor der zweiten Stufe, wahrscheinlich durch einen Kurzschluß. Die heißen Abgase ergießen sich auf die vollgetankte erste Stufe. Eine Explosion von ungeheurer Gewalt zerstört Rakete und Startrampe, reißt zahlreiche Menschen in den Tod, darunter Nedelin und weitere hohe Militärs. Unter den Opfern sind auch namhafte Wissenschaftler wie Jangels Stellvertreter Berlin und Konzewoj, der Stellvetreter von Chefkonstrukteur Walentin Gluschko, Firsow, Chefkonstrukteur Konopljow, der stellvertretende Vorsitzende des Staatlichen Komitees der UdSSR für Verteidigungstechnik, Lew Grischin, und der stellvertretende Kommandant des Startplatzes, Nossow.

Bis zum heutigen Tag gibt es keine definitiven Angaben über die Zahl der Todesopfer dieses Super-GAUs in der Geschichte der sowjetrussischen Raketentechnik. In ersten Zeitungsberichten war Anfang der 90er Jahre von 165 Toten, darunter 57 hohe Militärs, die Rede. Der Kommandant des Kosmodroms Baikonur, Generalleutnant Alexej Schumilin, nannte mir im Februar 1997 anläßlich der deutsch-russischen Weltraummission MIR '97 die Zahl 154. Er berief sich dabei auf den Geheimbericht über die Katastrophe. Die Witwe Jangels, Strashewa, wiederum sprach in ihrem 1995 veröffentlichten Buch »Baikonur – das Wunder des XX. Jahrhunderts« von insgesamt 92 Todesopfern – 76 Menschen seien unmittelbar auf der Rampe gestorben, 16 im Krankenhaus an den Folgen ihrer Verbrennungen oder an Vergiftungen. Nach Angaben des Verwaltungschefs von Baikonur, Gennadi Dmitrijenko, vom Februar 1997 sind nach dem Unglück gar »über 200 Särge« in Flugzeuge verladen worden. Andere Quellen sprechen von 97 Todesopfern.

Jangel selbst, der auch Technischer Leiter der R-16-Erprobung war, überlebte nur durch Zufall. Er hatte die Rampe kurz vor der Explosion zusammen mit dem stellvertretenden Vorsitzenden der Staatlichen Kommission, Alexander Mrykin, verlassen, um eine Zigarette zu rauchen. Sie befanden sich rund 100 Meter vom Explosionsort entfernt. Der Chef des Kosmodroms, General Gertschik, überlebte ebenfalls, allerdings schwerverletzt.

Jangel ist es auch, der per Regierungstelefon Chruschtschow über das Desaster in Kenntnis setzt. Wutentbrannt fragt ihn der Kreml-Chef, warum gerade er zu den Überlebenden gehöre. Der Chefkonstrukteur berichtet wahrheitsgemäß, daß er sich im Kommandoraum aufgehalten habe, um zu rauchen. Der maßlos enttäuschte Chruschtschow legt den Hörer kommentarlos auf.

Mit zweitägiger Verspätung berichten die »Prawda« und die

Armeezeitung »Krasnaja Swesda« (Roter Stern), Marschall Nedelin und eine Gruppe seiner Mitarbeiter seien bei einem Flugzeugunglück umgekommen. Den Amerikanern, deren unbemannte U-2-Spionageflugzeuge regelmäßig den Kosmodrom überfliegen, der damals noch nach einer Bahnstation Tjuratam hieß, war freilich die Explosion auf der Rampe 41 nicht verborgen geblieben. Sie brachten deshalb die Nachricht vom Tod Nedelins sofort damit in Zusammenhang.

Es wird eine Regierungskommission unter Leitung von Staatsoberhaupt Leonid Breshnew gebildet, um die Ursachen der Katastrophe zu ermitteln. Die Kommission trifft bereits am 25. Oktober um 09.00 Uhr am Unglücksort ein. Breshnew erklärt zur Verwunderung aller, daß niemand bestraft werde. Außer Jangel und Mrykin gab es allerdings auch niemanden mehr, den man hätte bestrafen können, da alle Verantwortlichen ums Leben gekommen waren. Von Moskau erging lediglich der allgemeine Appell an alle Beteiligten der Raketen-Tests, ihre Anstrengungen auf die Beseitigung aufgetretener Unzulänglichkeiten zu konzentrieren und ansonsten die Arbeit »in Übereinstimmung mit dem Programm« fortzusetzen.

Die Suche nach den Gründen für die Katastrophe gestalteten sich sehr kompliziert. Im Abschlußbericht wird schließlich ein technischer Fehler für die Explosion verantwortlich gemacht. Sabotage, wie anfangs befürchtet, kam nicht in Frage. Ein Ingenieur in Charkow hatte angeblich eigenmächtig drei Vorrichtungen, die das zufällige Öffnen des Treibstoff-Ventils verhindern sollten, bei der Montage weggelassen. Der Mann wurde dem Vernehmen nach entlassen. Mehr soll ihm nicht passiert sein. Die Untersuchungskommission legte schließlich eine Reihe »dringender« Maßnahmen fest, um die Sicherheit bei den weiteren Arbeiten an der Rakete zu erhöhen.

Genau auf den Tag genau drei Jahre nach dem Super-GAU, am 24. Oktober 1963, kam es übrigens auf dem Kosmosdrom zu einem weiteren schweren Unglück. Bei einem Brand in einem R-9-Raketen-Silo starben sieben Personen. Ihnen wurde wie auch den

Militärs um Marschall Nedelin im damaligen Leninsk (heute Baikonur), der Wohnstadt des Kosmodroms, ein Denkmal gesetzt. Die Zivilpersonen waren dagegen heimlich in ihren Heimatorten beerdigt worden. Seit dieser Zeit ist der 24. Oktober in Baikonur Gedenktag. Es wird nicht gearbeitet, und es steigt auch keine Rakete auf.

Der Dezember-Termin für den Flug von Gagarin war allerdings nicht mehr zu halten. Der Start des Objekts »Wostok-3A« mußte auf das kommende Jahr verschoben werden. In der Nacht vom 21. zum 22. Februar 1961 hebt schließlich im zweiten Anlauf die R-16 ab. Am Tag darauf kündigt Chruschtschow in seiner Rede zum Tag der Sowjetarmee ohne direkten Bezug auf diesen zweifellosen Erfolg vielsagend an, von nun an sei »alles möglich«. In der Tat: Bereits Ende 1961 wurde die Serienproduktion der R-16 aufgenommen, obwohl noch nicht alle Tests abgeschlossen waren. Die Sowjets konnten mit der langersehnten Errichtung ihres »Raketen-Schirms« beginnen.

DIE WAHRHEIT LIESS 30 JAHRE
AUF SICH WARTEN

D ie sowjetische Öffentlichkeit allerdings mußte genau 30 Jahre warten, bis sie endlich die Wahrheit über den Super-GAU erfuhr. Am 24. Oktober 1990 veröffentlichte die Armeezeitung »Krasnaja Swesda« (Roter Stern) einen Beitrag unter der Überschrift »Es geschah in Baikonur«. Die Rubrik, in der der Artikel erschien, lautete sinnigerweise »Die Zeit ist gekommen, darüber zu sprechen«.

Der ehemalige Chef einer der Startmannschaften, Hauptmann Stanislaw Pawlow, schilderte aus eigenem Erleben die damaligen dramatischen Ereignisse auf der brandneuen Startrampe Nr. 41 wie folgt: »Daß Treibstoff auslief, habe ich nicht gesehen. Die Versorgungsleitungen verliefen durch jenen Abschnitt, für dessen Arbeit ich verantwortlich war. Die Rohre hatten Verbindungsstücke. Aus ihnen tropfte es ein wenig. Wir haben sie deshalb angezogen. Dabei sind einige Tropfen Treibstoff auf die Gummihandschuhe gekommen, und es haben sich Löcher gebildet... Wir haben dem damals keine Bedeutung beigemessen. Erst später erfuhren wir, daß das gefährlich war.«

An jenem Oktobertag ahnte niemand etwas Schlechtes, erinnert sich Hauptmann Pawlow weiter. Das Wetter sei klar und herbstlich warm gewesen, die Vorbereitungen für den Start der Rakete seien normal verlaufen. Vom Rand des Startplatzes hätten mehrere Offiziere – Absolventen der Militärakademie F. E. Dsershinski – die Arbeiten verfolgt. Sie gehörten zu jenen Offizieren, die in absehbarer Zeit selbst einmal den Count-down überwachen sollten. »Nach Verkündigung der 30-Minuten-Bereitschaft haben sie gemeinsam mit den Havarie-Diensten die Startrampe verlassen. Auch das technische Personal schickte sich an, den Platz zu verlassen«, schilderte Pawlow. Aber genau in diese Zeit seien die erste und schließlich auch die zweite Startverzögerung gefallen.

»Ich war 15 bis 20 Meter von der Rakete entfernt.« Dann habe auch er die Rampe verlassen müssen, sagte Pawlow. »Zu dieser Zeit befanden sich der Stellvertreter des Chefs der Hauptverwaltung für die Raketentruppen, Generalmajor Alexander Mrykin, Chefkonstrukteur Michail Jangel und der Chef der Komplexabteilung Raketen, Oberst Alexander Matrenin, im Bunker am Kommandopunkt, den ein Betonweg mit dem Startplatz verbindet. Der Marschall (Nedelin – d. Autor) und ein Vertreter der Industrie, meiner Meinung nach war es Grischin, gingen zwischen dem Absperrgitter und der Rakete hin- und her und erörterten die entstandene Lage, das heißt sie befanden sich 10, 15 Schritte von ihr entfernt. Die Zeit: 18.45 Uhr.«

»Plötzlich hörte ich das Geräusch startender Triebwerke und begriff, daß irgendetwas passiert sein mußte. Der Startplatz hüllte sich in Flammen und Rauch«, berichtet der Offizier weiter. »Das erste, was mir durch den Kopf ging, war: Aus! Schluß! Die Geschwindigkeit des tödlichen Feuerstrahls aus der Raketendüse beträgt 3.000 Meter in der Sekunde. Da kannst du nicht weglaufen. Mechanisch schlug ich den Kragen der Jacke hoch und rannte über die Betonstraße zum Bunker. Der Wind kam von vorn, und das hat mich gerettet. Die Treibstoffdämpfe erreichten mich nicht. Offenbar war ich der Erste, der sich gerettet hat. Aus dem Bunker stürmten mir Menschen entgegen. Irgendeiner von ihnen schlug eine Flamme an mir aus.«

Hauptmann Pawlow hatte noch soviel Kraft, um die Stabsbaracke zu erreichen. Mit Entsetzen auf den Gesichtern machten ihm Soldaten den Weg dahin frei. Als er in einen Spiegel sah, habe ihm »ein völlig unbekannter, rußgeschwärzter Mensch mit von wildem Schmerz erfüllten Augen« entgegengeblickt. Hauptmann Funtikow von der Tankmannschaft habe ihn in einen »Pobeda« (sowj. Pkw-Marke – d. Autor) des Stabes gesetzt und ins Lazarett gefahren. Dann könne er sich nur noch daran erinnern, wie man ihm die Stiefel von den verbrannten Beinen schnitt und ihm die angesengten Kleider auszog, berichtete Pawlow weiter.

Später, im Krankenhaus, erfuhr Pawlow, daß es auch Grischin auf wundersame Weise gelungen war, trotz schwerer Verbrennungen erst einmal dem Inferno zu entrinnen, indem er unter anderem über eine Brüstung zweieinhalb Meter in die Tiefe sprang. Dabei brach er sich beide Beine. Wenig später starb Grischin in dem selben Krankenhaus an seinen Verletzungen. Pawlow selbst lag drei Tage lang im Koma und galt zuerst als vermißt, da er namenlos eingeliefert worden war. Er war das erste Katastrophen-Opfer, das in das Krankenhaus kam, und er verließ es ein Jahr später als letzter. Erst 1988, bei seiner Entlassung aus der Armee im Range eines Obersten, wurden seine schweren Verletzungen in die Dienstakte eingetragen.

Als der Stab des Kosmodroms von der Explosion erfuhr, erteilte er dem Chef des telemetrischen Labors, Oberleutnant Boris Klimow, der sich dem Katastrophenort am nächsten befand, den Befehl, sich mit 30 Mann und drei Fahrzeugen unverzüglich zu General Mrykin zu begeben. Dieser wiederum befahl, alles zu bergen, was noch zu bergen war.

Klimow hat später berichtet, wie er diese »unangenehme Aufgabe« erfüllt hat: »Als ich zur Rampe kam, wurde mir klar, daß ohne Gasmasken nichts zu machen war. Aber auch mit Gasmasken konnte man nicht arbeiten. Erst als sich die giftigen Treibstoffgase verzogen hatten, konnte ich mit meinen Leuten an die Ausführung des Befehls gehen. Die Toten waren nicht mehr nach ihrem Äußeren zu identifizieren, sondern nur noch anhand ihrer persönlichen Dinge, an den Wohnungsschlüsseln...«

WAR NEDELIN SCHULD?

Bei der Suche nach dem oder den Schuldigen für die Tragödie fiel auch immer wieder der Name Nedelin. Ihm wurde unter anderem vorgeworfen, dem politischen Drängen Chruschtschows nachgegeben zu haben, als er befahl, die Startvorbereitungen der defekten Rakete fortzusetzen. Doch war es wirklich so? Sicher standen Nedelin und auch die Staatliche Kommission unter einem gewissen politischen Druck. Schließlich war da die strategische Vorgabe des Partei- und Regierungchefs, den Amerikanern die »Raketen-Faust« zu zeigen. Außerdem nahte der 43. Jahrestag der bolschwistischen Oktoberrevolution, und die Moskauer Führung liebte es bekanntlich, dieses Jubiläum zu spektakulären Auftritten zu nutzen.

Eines ist aber auch klar: Gerade in der Technik läßt sich nichts mit Gewalt erzwingen. Eine Rakete kann schließlich erst dann erfolgreich gestartet werden, wenn alle Systeme einwandfrei funktionieren. Und das setzt umfangreiche Checks voraus. Da helfen weder politische Jahrestage noch persönliche Wünsche.

Außerdem kam es sicher so manchem gelegen, die Schuld auf jemanden abzuwälzen, der nicht mehr am Leben war und somit auch nicht mehr zur Verantwortung gezogen werden konnte. Da konnte man leicht von eigenen Fehlern ablenken. Augenzeuge Pawlow jedenfalls nimmt Nedelin indirekt in Schutz. Als »kleiner« Hauptmann habe er in der Tat nicht gewußt, worüber in den Sitzungen der allgewaltigen Staatlichen Kommission gesprochen wurde. »Aber schon damals herrschte auf dem Kosmosdrom eine Atmosphäre, in der selbst der kleinste Defekt sorgfältig untersucht wurde«, beschrieb er die Arbeit auf dem Startplatz. »Und wenn Nedelin durch irgendwelche Umstände vor die Wahl gestellt worden wäre, die Rakete zu starten oder nicht zu starten, dann wäre die Antwort negativ gewesen.« Auch Chefkonstrukteur Jangel habe immer wieder gesagt: »Wir brauchen uns nicht zu beeilen, wir brauchen Qualitätsarbeit. Wenn Ihr Euch bei irgendetwas geirrt habt, dann verheimlicht das auf keinen Fall. Wir unterbrechen den Start-vorgang in jedem beliebigen Stadium solange, bis wir der Sache auf den Grund gegangen sind.«

Und solche Fälle hat es Pawlow zufolge auch gegeben. Doch bei der R-16 war das anders, wie sich der Offizier erinnert: »Im Prin-zip sind Arbeiten an einer betankten Rakete zwar verboten, doch niemand hat an der Möglichkeit gezweifelt, die Rakete am 24. Oktober 1960 zu starten.« Erst nach vielen Jahren habe er von Freunden erfahren, daß es im Steuersystem bei einer Operation eine »Kettenreaktion« gegeben habe, durch die sich die Ventile der zweiten Stufe öffneten, so daß der Raketenmotor gestartet wurde. »Der Feuerstrahl schnitt den Treibstofftank der ersten Stufe auf, worauf es zur Explosion kam.«

ERNEUTER ANLAUF

Knapp ein halbes Jahr brauchten Koroljow und seine Getreuen, um sich halbwegs von dem Schock zu erholen. In Tag- und Nachteinsätzen waren zudem die Trümmer der geborstenen Startanlage weggeräumt worden. Wenn man den Gerüchten Glauben schenken darf, wurde der Krater, den die Explosion der R-16 gerissen hatte, rund 20 Jahre später genutzt, um an dieser Stelle die Rampe für die neue Superrakete »Energija« zu errichten, mit der der sowjetische Space Shuttle den Pendelverkehr zwischen Erde und Orbit aufnehmen sollte. Die »Energija« ist allerdings nur zweimal gestartet, zum Jungfernflug mit einer Sandsack-Nutzlast und dann noch einmal mit dem Pendler »Buran«, den sie huckepack zu einem automatischen Flug ins All trug. Dann mußte das ambitionierte Programm, mit dem man den Amerikanern paroli bieten wollte, mangels Nutzlasten und auch Geld auf Eis gelegt werden. Seither rosten sowohl die Startrampe als auch die Träger und der Sowjet-Shuttle still vor sich hin.

Doch zurück zu Koroljow. Am 30. März 1961 schrieb er erneut an das ZK der KP. Die Mappe erhielt erneut den Vermerk »Streng Geheim«. Ex.(emplar – d. Autor) Nr. 1«. In dem Schreiben heißt es:

»Wir melden..., daß in großem Umfang wissenschaftliche Forschungs- sowie Versuchs-, Test-, Konstruktions- und Erprobungsarbeiten unter Boden- wie Flugbedingungen vorgenommen wurden... Es wurden insgesamt sieben Starts von Raumschiff-Sputniks »Wostok«, fünf Starts von Objekten »Wostok-1« und zwei Starts von Objekten »Wostok-3A«, durchgeführt... Die Ergebnisse der Arbeiten, die zur Vervollkommnung der Konstruktion des Raumschiff-Sputniks, der Mittel zur Landung auf der Erde und zur Vorbereitung der Kosmonauten durchgeführt wurden, erlauben es gegenwärtig, den ersten Flug eines Menschen in den kosmischen Raum zu verwirklichen.

Für den Flug wurden sechs Kosmonauten vorbereitet (Juri Gagarin, German Titow, Andrijan Nikolajew, Pawel Popowitsch, Waleri Bykowski und Grigori Neljubow – d. Autor).

Bei der Umlaufbahn, die ausgewählt wurde, wird im Falle des Versagens des Landesystems die Landung des Raumschiffes auf der Erde durch ein natürliches Abbremsen in der Atmosphäre im Verlauf von 2 bis 7 Tagen gewährleistet...

Für den Fall einer Notlandung auf fremdem Territorium oder der Rettung des Kosmonauten durch ein ausländisches Schiff verfügt der Kosmonaut über entsprechende Instruktionen...«

Das Schreiben trägt neben der von Koroljow unter anderem die Unterschriften von Ustinow, Rudnew, Keldysch, Moskalenko (als Nachfolger von Nedelin), Werschinin (Oberkommandierender der Luftstreitkräfte), Kamanin (Stellvertreter des Chefs der Luftstreitkräfte für Kampfausbildung) und Iwaschutin (Erster Stellvertreter des Vorsitzenden des Komitees für Staatssicherheit – KGB).

Bei dieser Aufzählung erhebt sich natürlich die Frage, was der KGB-Mann Iwaschutin in diesem illustren Kreis zu suchen hat. Die Antwort darauf gibt das Schreiben selbst. Denn in einem speziellen Abschnitt wird betont:

»Wir halten es unter folgenden Gesichtspunkten für angebracht, die erste TASS-Meldung unmittelbar nach dem Einschwenken des Raumschiff-Sputniks in die Umlaufbahn zu veröffentlichen: a) falls es sich als notwendig erweisen sollte, wird das eine schnelle Organisierung der Rettung erleichtern; b) schließt das aus, daß irgendein ausländischer Staat den Kosmonauten zum Aufklärer mit militärischen Zielen erklärt...« Damit war klar, daß die Berichterstattung über den Flug Gagarins nicht von dem Wunsch diktiert war, die eigene und die Weltöffentlichkeit umfassend über dieses epochale Ereignis zu informieren, sondern daß sie vielmehr Geheimhaltungskriterien untergeordnet wurde. Das führte zwangsläufig zu einer rigorosen Zensur sowie zu einem Gestrüpp von bewußten Falschinformationen, Halbwahrheiten und Lügen, in dem sich die Sowjetpropaganda schließlich selber verfing. Der Grundstock für die wildesten Spekulationen, die bis zum heutigen Tag nicht aufgehört haben, war gelegt.

Bereits wenige Tage später, am 3. April, hat das Präsidium des ZK der KPdSU den Beschluß »Über den Start eines kosmischen Sputnik-Raumschiff« gefaßt. In der rechten oberen Ecke des Papiers standen, auf zwei Zeilen verteilt, die Worte: »Streng geheim. Besondere Akte«. Darunter folgte der Text in zwei Punkten. Allerdings ist bis dato nur ein Teil von Punkt 1 bekannt geworden. Er lautet:

»1. Der Vorschlag der Genossen Ustinow, Rudnew, Kalmykow, Dementjew, Butoma, Moskalenko, Werschinin, Keldysch, Iwaschutin und Koroljow, das Sputnik-Raumschiff »Wostok-3A« mit einem Kosmonauten an Bord zu starten, wird gebilligt...«

Auf der Präsidiumssitzung, die um 15.00 Uhr Moskauer Zeit begann, stellte Chruschtschow die bange Frage: »Wer weiß darüber bescheid, wie sich der Kosmonaut schon in den ersten Minuten des Fluges verhält? Wird ihm nicht sehr schlecht? Kann er seine Arbeitsfähigkeit, seine Leistungskraft und sein psychologisches Gleichgewicht bewahren?« Keiner der anwesenden Politiker wußte darauf eine Antwort. Dann meldete sich Koroljow, der als Fachmann an den Beratungen teilnahm, zu Wort: »Die Kosmonauten sind ausgezeichnet vorbereitet, sie kennen das Raumschiff und die Flugbedingungen besser als ich und sind von ihrer Kraft überzeugt.« Eine solche Überzeugung sei gut und bei einer so großen und verantwortungsvollen Aufgabe wie dem ersten Flug eines Menschen ins All sogar unerläßlich.

Auch er glaube an den Erfolg, sagte Koroljow weiter. Seine Zuversicht gründe sich auf der Kenntnis der Technik, der Menschen, die fliegen werden, und einem »gewissen Wissen« um die Flugbedingungen. Es gebe allerdings niemals eine »hunderprozentige« Garantie für den Erfolg eines Raumfluges, insbesondere des ersten, schränkte der Chefkonstrukteur ein. Klar sei jedoch eines, nämlich daß sich mit jedem neuen Flug ins All die Fluggeräte, die Organisation des Fluges und die Vorbereitung der Kosmonauten verbessern.

Während der Präsidiumssitzung hielten sich Kamanin sowie die Kosmonautenanwärter Gagarin, Titow und Neljubow auf Befehl des Oberkommandierenden der Luftstreitkräfte im Stabsgebäude zur Verfügung, um gegebenenfalls Chruschtschow Rede und Antwort zu stehen. Die drei Kosmonauten nutzten die Wartezeit, um ihre Reden auf Tonband aufzuzeichnen, die sie vor dem Start halten sollten. Das heißt, daß zu diesem Zeitpunkt noch nicht endgültig feststand, wer aus dem Trio nun fliegen würde, obwohl allen klar war, daß Koroljow sich innerlich schon für Gagarin entschieden hatte. Gagarin hat übrigens vor seinem Start live eine kleine Rede gehalten, die viel kürzer und persönlicher ausfiel, als jene, die ihm von den Partei-Oberen in den Mund gelegt wurde. Leider wurde aber nur die Propaganda-Eloge veröffentlicht. Welche Gedanken dem Bauernsohn an jenem 12. April wirklich durch den Kopf gingen, bevor er in das Raumschiff kletterte, war erst lange nach seinem tragischen Tod 1968 nachzulesen.

Um 16.00 Uhr rief Koroljow Kamanin an und teilte ihm mit, daß das ZK-Präsidium dem Flug zugestimmt habe.

Nachdem nunmehr Grünes Licht gegeben war, überschlugen sich die Ereignisse förmlich. Bereits am 4. April berichtete Koroljow der Staatlichen Kommission auf einer Sitzung in Baikonur, daß alles für die Durchführung des ersten bemannten Weltraumfluges bereit sei. Einen Tag später trafen die Kosmonautengruppe, Kamanin, Karpow, mehrere Ärzte sowie Kamerateams mit drei Il-14 auf dem Kosmodrom ein. Aus Sicherheitsgründen flogen Gagarin und Titow getrennt.

Koroljow, der persönlich zu ihrer Begrüßung auf dem Flughafen erschienen war, kündigte an, daß geplant sei, die Rakete am 8. April auf die Rampe zu fahren. Der Start selbst werde zwischen dem 10. und 12. April stattfinden. »Wie Ihr seht, habt Ihr also noch Zeit«, wandte sich Koroljow lächelnd an die Kosmonauten. Karpow als Chef der Kosmonautengruppe erhielt den Auftrag, für die bis zum Start verbleibende Zeit einen auf die Minute aufgeschlüsselten Plan für die letzten Vorbereitungen der Männer vorzulegen.

Am 6. April tagte ab 11.30 Uhr Ortszeit unter Koroljow der Rat der Chefkonstrukteure. An der Sitzung nahmen auch Rudnew, der gerade aus Moskau angekommen war, Keldysch, Semjonow und

Mrykin teil. Anfänglich ging es um rein technische Probleme wie die Vorbereitung des Starts der Trägerrakete und des Raumschiffes selbst. Tagesordnungspunkt Nummer eins war ein Bericht des für die Lebenssicherungssysteme verantwortlichen Chefkonstrukteurs Woronin vom OKB 124. Danach referierte Chefkonstrukteur Alexejew über Skaphander, Pilotensitz, Fallschirmsysteme, Notverpflegung und das automatische Landesystem. Es wurde bestätigt, daß die Tests und letzten Erprobungen dieser Systeme mit Hilfe von Puppen, sogenannten Mannequins, oder, wie die Russen auch sagen, »Iwan Iwanowitschs«, zufriedenstellend verlaufen waren.

Anschließend wurden die Aufgaben für den Flug des ersten Kosmonauten besprochen. Es wurde festgelegt, daß er die Erde einmal umkreisen sollte. Damit waren alle anderslautenden Vorschläge, so der eines ballistischen »Hüpfers«, wie er am 5. Mai 1961 vom US-Astronauten Alan Shepard mit einer »Mercury«-Kapsel vollführt wurde, vom Tisch. Zudem wurde verbindlich festgelegt, wie sich der Kosmonaut im Normalfall und bei Ausnahmesituationen während des Fluges verhalten sollte. Das Programm wurde von Koroljow, Keldysch und Kamanin per Unterschrift bestätigt und noch am selben Tag von der Staatlichen Kommission abgesegnet.

Nach der Sitzung erhielten Kamanin und der KGB-Vertreter Makarow von Rudnew den Auftrag, eine Instruktion für das Verhalten des Kosmonauten bei einer eventuellen Landung auf ausländischem Territorium zu erarbeiten.

»WOSTOK« LERNT FLIEGEN

Trotz mancher Probleme hatte Koroljow allen Grund, mit dem »Wostok«-Schiff zufrieden zu sein, in das er sein ganzes Herzblut gesteckt hatte. Absolut zuverlässig sollte es sein und seinem Insassen ein Maximum an Sicherheit und Komfort bieten für den Vorstoß in die fremde, lebensfeindliche und unbekannte Welt des Alls.

»Wostok«, zu deutsch Osten, hat in Etappen fliegen gelernt. Obwohl die Zeit drängte, überhastete Koroljow nichts. Die Nummer eins wurde am 15. Mai 1960 gestartet. Das 4,54 Tonnen schwere Raumschiff war quasi »nackt«. Es hatte weder eine Wärmeisolierung für den Wiedereintritt in die Atmosphäre noch einen Landefallschirm noch eine Katapulteinrichtung für den Kosmonauten. Denn die Rückführung zur Erde war nicht vorgesehen. An ihm sollten vor allem jene Systeme überprüft werden, die der Flugsicherheit und -steuerung sowie der Gewährleistung der entsprechenden Lebensbedingungen für den Kosmonauten dienen. Dazu gehörten insbesondere das System für die Orientierung des Schiffes im Raum, das unter Leitung des deutschstämmigen Chefkonstrukteurs Boris Rauschenbach entwickelt worden war, die Bremstriebwerkseinrichtung aus dem Konstruktionsbüro von Alexej Issajew und die Automatik für die Abtrennung der einzelnen Sektionen.

In der rund 2,5 Tonnen wiegenden hermetischen Kabine des Raumschiffes war eine Nutzlast untergebracht, deren Gewicht in etwa dem eines Menschen entsprach – der Vorläufer des »Iwan Iwanowitsch«.

Am 18. Mai, also einen Tag vor Abschluß des Testes, signalisierte Rauschenbach Koroljow, daß sich ein Problem mit dem Hauptorientierungssystem anbahne. Er machte ihn darauf aufmerksam, daß es ausfallen könne und schlug als Ausweichvariante die Orientierung auf die Sonne vor. Doch Koroljow liebte es nicht besonders, wenn er von der festen Planung abweichen mußte. Es kam, wie es kommen mußte: Ein Infrarotgerät versagte den Dienst. Das Raumschiff drehte sich daraufhin, so daß das Bremstriebwerk nicht mehr vorn, sondern hinten war. Anstatt die Geschwindigkeit des Raumflugköpers zu verringern, beschleunigte es ihn. »Wostok« geriet dadurch von seiner fast kreisförmigen auf eine elliptische Bahn mit einem erheblich größerem Apogäum und verglühte am 17. Juli. Die Gerätesektion hatte sich zwar noch wie vorgesehen von der Landekapsel getrennt, doch von einem vollen Erfolg konnte nicht die Rede sein.

»Eine negative Antwort ist auch eine Antwort«, lautete der lakonische Kommentar des Optimisten Koroljow. Er hatte in seinem Forscherleben schon schlimmere Niederlagen hinnehmen müssen, die sich aber nie wiederholten, da er stets die richtigen Schlüsse aus ihnen gezogen hatte. Auch diesmal hatte Koroljow eine verblüffende positive Variante parat: Dank dieser »Laune« der Automatik sei zum ersten Mal in der Geschichte der Raumfahrt gewissermaßen auf Befehl von der Erde ein Raumflugkörper von einer Bahn auf eine andere umgelenkt worden, argumentierte er. Damit sei der Beweis erbracht, daß es möglich sei, auf der Flugbahn zu manövrieren.

KOSMISCHE »ARCHEN NOAH«

D er nächste Test wurde für den 23. Juli festgesetzt. Doch »Wostok« erreichte seine Umlaufbahn nicht, da die Trägerrakete versagte. Der Fehlschlag wurde – wie schon mehrere andere zuvor – von den Sowjets viele Jahre verschwiegen, die Rakete tauchte in keiner Statistik auf. Einzelheiten wurden bis heute nicht mitgeteilt.

So erhielt das am 19. August gestartete »Wostok«-Raumschiff, das im Vergleich zu seinem Vorgänger über einen Hitzeschild und ein Fallschirmsystem verfügte, die Seriennummer zwei. Mit ihm wurden erstmals Lebewesen nach einer Reise ins All wieder wohlbehalten auf die Erde zurückgeführt. An Bord der Kapsel befanden sich die Hündinnen Belka und Strelka, zwei Ratten, 40 Mäuse und ein ganzer Fliegenschwarm. Nach 18 Erdumkreisungen landete das Raumschiff wohlbehalten. Die Tierkabine mit den Hunden war in etwa acht Kilometern Höhe aus der Landekapsel herauskatapultiert worden und ging weich am Fallschirm nieder. Die Tiere hatten die über 700.000 Kilometer lange kosmische Reise gut überstanden, die Lebenssicherungssysteme also ihre Zuverlässigkeit bewiesen. Übrigens war auch erstmals eine Fernsehkamera an Bord, mit deren Hilfe das Verhalten der Hunde während des ganzen Fluges beobachtet wurde. Die Kabine mit den Hunden, die im Gebiet Orsk auf einer Wiese landete, wurde übrigens von Bauern gefunden, die auf einem nahen Feld arbeiteten. Sie begutachteten den ungewöhnlichen Apparat, der da vom Himmel gefallen war, und klopften sogar mal zaghaft an die Wand, ob sich vielleicht eine menschliche Stimme meldete. Doch schon bald waren drei Spezialisten der Bergungsmannschaft zur Stelle, die per Fallschirm abgesetzt worden waren. Sie öffneten die Luke, und zum Erstaunen der Bauern sprangen zwei ganz gewöhnliche Hunde aus der Kabine...

Bei allen Beteiligten herrschte zu Recht große Freude über den Erfolg. Immerhin war man dem Flug eines Menschen ins All einen großen Schritt näher gekommen. Nur Wladimir Jasdowski, der Verantwortliche für das biologische Programm, war nicht ganz zufrieden. Die Hündin Belka hatte sich nämlich während der vierten Erdumkreisung erbrochen. Ihr bekam offenbar die Schwerelosigkeit nicht. Jasdowski meldete das pflichtgemäß der Staatlichen Kommission. Aufgrund des Vorfalls empfahl er, es beim Erstflug eines Menschen vorsichtshalber bei einer Erdumkreisung zu belassen. Die Mehrheit der Kommissionsmitglieder stimmte ihm darin zu.

Die bis dato erzielten positiven Ergebnisse sollten am 1. Dezember mit dem Start eines weiteren »Wostok«-Raumschiffes unter anderem mit den Hunden Ptscholka und Muschka sowie Insekten und Pflanzen an Bord bestätigt werden. Doch das gelang nur teilweise. Wegen eines Fehlers im Bremssystem geriet die Landekapsel am zweiten Tag auf eine unkontrollierte Abstiegsbahn und verglühte in der Atmosphäre. Mit Hilfe der telemetrischen Angaben und der Fernsehbilder konnten jedoch bis zu diesem Zeitpunkt weitere wichtige Informationen über das Verhalten lebender Organismen in der Schwerelosigkeit gewonnen werden. Ein Hund ist eben auch im Kosmos ein Hund, lautete der Kommentar der Kosmonauten zu dem Mißgeschick. Und Gagarin meinte, mit einem Menschen an Bord wäre das nicht passiert. »Versagen die Automaten, übernehmen wir die Handsteuerung.«

Drei Wochen später, am 22. Dezember, wurde um 10.45 Uhr Moskauer Zeit ein weiteres Versuchsraumschiff auf die Reise geschickt. Die Rückkehr sollte um 12.15 Uhr erfolgen. Kamanin hatte sich höchstpersönlich in das vorgesehene Landegebiet bei Kuibyschew (heute Samara) begeben. Doch kurz nach dem Start brach der Funkverkehr mit der Rakete ab. Wie sich später herausstellte, hatte der neue Motor RO-7 versagt, den man in die dritte Stufe eingebaut hatte. Höchstwahrscheinlich wegen Verstopfung einer Treibstoffleitung konnte er nicht die erforderliche Leistung entwickeln, so daß das Raumschiff nicht auf seine vorausberechnete Umlaufbahn gelangte. Bislang war man mit dem RO-5 geflogen. Kamanin hatte übrigens Koroljow gegenüber nach eigener

Aussage noch in der Montagehalle darauf aufmerksam gemacht, daß der neue Motor versagen könnte. Doch Koroljow hatte sich von dessen Zuverlässigkeit absolut überzeugt gezeigt.

Die letzten Signale der Kapsel waren in Jakutien im Raum Tura, am Fluß Nishnaja Tunguska, aufgefangen worden. Zwei Tage lang wurde die gesamte Gegend mit je zwei Il-14, Li-2 und An-2 abgesucht. Am 24. Dezember gegen 10.00 Uhr schließlich entdeckte ein Pilot den Havaristen rund 70 Kilometer südlich von Tura. Zwei Stunden später war ein Hubschrauber zur Stelle. Die beiden Hunde Shemschushna und Shulka lebten. Ihre Kabine befand sich noch im Raumschiff, war also nicht herauskatapultiert worden, obgleich die Luke abgesprengt war. Sie wurde später 50 Kilometer weiter entfernt gefunden. Die Hunde wurden am 26. Dezember zur Untersuchung nach Moskau gebracht und von Kamanin zur »glücklichen Heimkehr« begrüßt.

Koroljow wertete die Tatsache, daß die Tiere lebend geborgen werden konnten, als Erfolg. Er regte deshalb auch an, eine Nachricht über Start und Landung dieses an sich vierten »Wostok«-Raumschiffes zu verbreiten. Doch die KP-Führung sah das anders. Der Start wurde verschwiegen und ging in keine Chronik ein. Das kam, wie Kamanin bitter anmerkte, dem Eingeständnis eines Fehlschlags gleich.

Die lange Zeit erfolglose Suche nach der Kapsel mit den Hunden hatte deutliche Organisationsmängel zutage treten lassen, die man sich bei der Bergung eines Kosmonauten auf gar keinem Fall leisten konnte. Kamanin ordnete daher die Bildung eines zentralen Suchstabes an, dem alle technischen Mittel der Forschungsinstitute, der Luft- und Seestreitkräfte, des KGB und anderer Einrichtungen unterstellt werden sollten. Beauftragt mit dieser Aufgabe wurde der Chef des Wissenschaftlichen Forschungsinstituts Nr. 4 (NII-4), Generalleutnant Sokolow. Damit war der Bergungsdienst geboren.

9. März 1961. Zur selben Stunde, da Gagarin im »Sternenstädtchen« im Familien- und Freundeskreis seinen 27. Geburtstag begeht, startet in Baikonur eine weitere »Wostok«, nach offizieller Zählung die vierte, mit der Hündin Tschernuschka und einem

»Iwan Iwanowitsch« an Bord. Einer der führenden sowjetischen Raumfahrtjournalisten, Jaroslaw Golowanow, nannte das 25 Jahre später das »Zarengeschenk« Koroljows an den ersten Kosmonauten der Welt.

Die einem Menschen täuschend ähnlich nachgemachte Puppe war vollgestopft mit biologischen Mustern: In Brust, Bauch und Beinen waren kleine Käfige mit Ratten, Meerschweinchen, Fröschen und Mäusen sowie Präparate von Zellkulturen und Mikroorganismen untergebracht. Der Flug verlief reibungslos. Nach 115 Minuten, also nach einer Erdumkreisung, kam die kosmische »Arche Noah«, wie amerikanische Zeitungen das Bio-Raumschiff voller Bewunderung nannten, planmäßig und wohlbehalten auf die Erde zurück. Damit war erneut bestätigt worden, daß der lebende Organismus eine solche Reise unbeschadet überstehen kann, wenn ihn eine technisch perfekte Kapsel schützt.

Der Landeort bei der Ortschaft Nowy Tokmak 12 Kilometer nördlich der Stadt Sainsk (heute Gebiet Samara) konnte günstiger nicht sein: Ein freies Feld ohne einen einzigen Baum. Nur einige Heustadel hoben sich von der tiefverschneiten, flachen Landschaft ab. »Iwan Iwanowitsch« lag in seinem Katapultsessel und »blickte« in den Himmel. Damit kein Zweifel aufkam, daß es sich nur um eine Puppe handelte, hatte man unter dem Visier des Helms ein Schild angebracht, auf dem in Großbuchstanden die Aufschrift »Manekin« (Mannequin/Puppe) prangte. Der rote Skaphander mit den schwarzen Stiefeln hob sich deutlich vom weißen Untergrund ab. Daneben lagen der rote Fallschirm, ein rotes Schlauchboot aus Gummi und ein mobiles Notfunkgerät, das bei einer Havarielandung den Standort übermitteln sollte. Das Gerät, dessen Antenne aufrecht stand, war intakt geblieben. Auch »Iwan Iwanowitsch« und sein »Innenleben« hatten nicht gelitten – ein Zeichen dafür, daß die Katapultierautomatik des Sessels, der Fallschirm und der Skaphander normal funktioniert hatten. Auch das Tonbandgerät, das man ihm mitgegeben hatte und das während des Fluges Lieder des berühmten Pjatnizki-Chores gespielt hatte, um die Funkverbindung zu testen, hatte die Strapazen überlebt.

Sorgen bereitete der Bergungsmannschaft indes die Landekapsel, mit den weiteren Tieren, die in einiger Entfernung im Schnee lag und von mehreren Männern bewacht wurde, die mit dem Fallschirm abgesprungen waren. Als Kamanin nach einer abenteuerlichen Reise per Flugzeug, Auto, Pferd und schließlich zu Fuß eintraf, wurde er vor eine nicht alltägliche Entscheidung gestellt. Das System, das die Kapsel im Havariefall sprengen sollte, war noch eingeschaltet. Es konnte aber nur von einem Spezialisten der Herstellerfirma, also des Konstruktionsbüros Koroljows, entschärft werden. Doch der zuständige Mann war nicht zur Stelle, weil sein Hubschrauber durch einen Schneesturm am Start gehindert worden war. Da aber bis zum Einbruch der Dunkelheit nur noch eine Stunde blieb und die Tiere zu erfrieren drohten, entschloß sich Kamanin, gemeinsam mit Oberleutnant Kalmykow, einem erfahrenen Techniker, die Kapsel persönlich in Augenschein zu nehmen. Sie stellten dabei fest, daß die beiden Luken geöffnet waren und der Schalter des Havarie-Systems auf Rückstellung stand. Nach kurzer Konsultation mit Jasdowski holte Kalmykow Tschernuschka sowie die Container mit den Ratten, Mäusen und Meerschweinchen aus der Kapsel. Alle hatten sie die Landung gut überstanden.

Ungeachtet dieses neuerlichen Erfolges gab sich Koroljow, der erstaunlich frei schalten und walten konnte, jedoch noch nicht zufrieden. Er wollte sich mit einer »Generalprobe« absolute Gewißheit verschaffen, daß das Raumschiff wirklich so zuverlässig funktionierte, daß man ihm selbst einen Menschen anvertrauen konnte.

Zum Start, der für den 25. März angesetzt war, hatte er auch die ersten sechs Kosmonauten-Anwärter mit Gagarin und Titow eingeladen. Sie trafen am Vorabend ein und sahen zum ersten Mal die riesigen Montagehallen, die meterlangen Segmente der Raketen, die hier zusammengesetzt wurden, den 50 Meter hohen Starttisch mit dem gewaltigen Abgaskanal darunter, den Startbunker, den Kontrollpunkt und die anderen technischen Wunderwerke. Die Männer waren sichtlich beeindruckt. Solche fantastisch anmutenden Bauten hatten sie noch nie zu Gesicht bekommen. Und allen wurde auf einmal klar, daß es nicht mehr lange dauern würde, bis einer von ihnen von hier aus die Reise ins All antreten würde. Gagarin gestand später, er habe die »gigantischen Anlagen« mit einer Mischung aus »Ehrfurcht und Begeisterung« wahrgenommen.

DER TOD IN DER BAROKAMMER

Der erste Besuch der Kosmonauten auf dem Kosmodrom wurde allerdings von einem tragischen Ereignis überschattet. Ihr Freund Walentin Bodarenko war am 23. März beim Training in einer sogenannten Barokammer grausam ums Leben gekommen. Bondarenko war mit 24 Jahren der Benjamin unter den ersten 20 Anwärtern auf einen Flug in den Weltraum. Er hatte nach einer medizinischen Kontrolle die an seinem Körper befestigten Elektroden entfernt und die Stellen, an denen sie geklebt hatten, mit reinem Alkohol gesäubert. Dabei warf er achtlos einen Wattebausch beiseite, der unglücklicherweise auf die Spirale eines eingeschalteten Elektrokochers fiel, der zum Aufwärmen von Mahlzeiten diente. Der Wattebausch fing sofort Feuer und entzündete die Atemluft in dem engen Raum, die wegen des zu dieser Zeit herrschenden Unterdrucks stark mit reinem Sauerstoff angereichert war.

In der Feuerhölle stand der Wollanzug Bondarenkos sofort in Flammen. Verzweifelt versuchte der junge Mann, sie selbst zu löschen, bevor er am Steuerpult Alarm auslöste. Der diensthabende Arzt konnte die Kammer aber nicht öffnen, da erst der Druckausgleich hergestellt werden mußte. So verging wertvolle Zeit, bis Bodarenko aus dem Inferno geholt werden konnte. Acht Stunden lang kämpften die Ärzte – vergeblich – um das Leben des Mannes, der noch bei Bewußtsein war und die ganze Zeit über wiederholt haben soll: »Ich bin selbst schuld, macht niemanden dafür verantwortlich!«

Bodarenko wurde in seinem Heimatort Charkow beigesetzt, wo seine Eltern lebten. Sei Frau Anja und der damals fünfjährige Sohn Sascha blieben auf Weisung von Verteidigungsminister Malinowski im »Sternenstädtchen«. Der Minister war es auch, der in einem besonderen Befehl vom 15. April 1991 anordnete, die Familie des Oberleutnants wie die eines Kosmonauten zu behandeln und mit allem Notwendigen zu versorgen. Im Klartext hieß das, daß sie alle

Privilegien genossen, die damals einem Kosmonauten nach dem Flug zustanden.

Im Abschlußbericht über den tödlichen Unfall, der dem Militärrat der Luftstreitkräfte (WWS) am 21. April 1961 vorgelegt wurde, wird heftige Kritik an den schwerwiegenden Versäumnissen des Instituts für Luft- und Raumfahrtmedizin bei der Durchführung solcher Experimente geübt und die unverzügliche Verbesserung der Sicherheitsmaßnahmen gefordert.

25 Jahre lang war der Tod Bondarenkos ein Staatsgeheimnis. Erst im Frühjahr 1986 durfte die Regierungszeitung »Iswestija« – und das auch nur mit ausdrücklicher Genehmigung des Politbüros – über das tragische Ereignis berichten, das in all den Jahren schon Anlaß zu den wildesten Spekulationen gegeben hatte.

Spekulationen waren allerdings die ständigen Begleiter des gesamten Raumfahrtprogramms Moskaus. Schuld daran waren meistens die Sowjets selbst durch ihre maßlos übertriebene Geheimniskrämerei.

Besonders beim Start Gagarins kochte die Gerüchteküche richtig hoch. So berichtete ein Korrespondent der amerikanischen Nachrichtenagentur AP aus Moskau, es gebe Zweifel, daß der Flug wirklich an jenem Mittwoch, dem 12. April, stattgefunden habe. Vielmehr sei der Kosmonaut wohl schon am 7. April gestartet. Sir Bernard Lovell, der Direktor des berühmten englischen Radioobservatoriums von Jodrell Banks, kam damals den Sowjets mit der Bemerkung zu Hilfe, er glaube, »daß hier die Skepsis der Bruder des Neids ist«. Er wisse zwar, daß die Russen manchmal diese oder jene Information »verschweigen«. Aber verfälschen würden sie sie nicht.

Der amerikanische Rundfunkreporter Frank Edward berichtete sogar über fünf Tote bei dem Versuch Moskaus, einen Menschen ins All zu schicken. Er berief sich dabei auf Angaben der US-Aufklärung. Eine New Yorker Zeitung nannte sogar einen Namen: Pjotr Dolgow. Er soll am 11. Oktober 1960 bei einem Raumflug ums Leben gekommen sein. Tatsache ist, daß es wirklich einen Mann solchen Namens gab, der auch tödlich verunglückt ist. Das passierte allerdings erst am 1. November 1966 beim Absprung mit dem Fallschirm aus dem Stratosphärenballon »Wolga« aus 25.458 Metern Höhe. Bei den anderen handelte es sich um Personen, die zwar mit der Erprobung von Kosmostechnik zu tun hatten, selbst aber nie Kosmonauten waren.

Das große Rätselraten hielt im wesentlichen bis in die 80er Jahre an. Dann öffneten sich nach und nach die Geheimarchive, und auch viele Augenzeugen wagten den Schritt in die Öffentlichkeit. Das hinderte allerdings den ungarischen Schriftsteller István Nemere nicht daran, noch Anfang der 90er Jahre zu behaupten, Gagarin sei möglicherweise gar nicht ins All geflogen. In seinem Buch »Gagarin – eine kosmische Lüge?« stellte er die mehr als abenteuerliche These auf, daß ein Raumflug vor Gagarin tragisch verlaufen beziehungsweise der Kosmonaut so schwer verletzt worden sei, daß er der Öffentlichkeit nicht präsentiert werden konnte. Nemere nannte in diesem Zusammenhang den Namen des Sohnes des weltberühmten Flugzeugkonstrukteurs Iljuschin, Wladimir, und auch den des Testpiloten Bondarenko. Um das Mißgeschick zu kaschieren, sei Gagarin, so der ungarische Autor, als der strahlende Ersatzheld präpariert worden.

Nemere untermauert seine Behauptung, die bei den Russen und in der ganzen Welt auf Empörung und Unverständnis stieß, mit der Aufzählung zahlreicher Ungereimtheiten in der Informationspolitik der Sowjets in Sachen Raumfahrt, die natürlich auch den Fachleuten nicht verborgen geblieben waren. Leider hatte es der Ungar aber versäumt, die im Zuge der Perestrojka offengelegten Dokumente und die anderen neuen Quellen zum Thema Raumfahrt und Gagarin in seine Überlegungen einzubeziehen, so daß er weit hinter dem damaligen allgemeinen Kenntnisstand herhinkte.

GENERALPROBE FÜR GAGARIN UND TITOW

Für Gagarin und Titow hatte sich Koroljow am 24. März etwas ganz Besonderes einfallen lassen. Überraschend setzte er für sie eine Generalprobe an. Beide mußten am Abend um 18.00 Uhr ihre Skaphander anlegen. Dann wurden sie mit einem Spezialbus zur Startrampe gebracht. Im käfigartigen Aufzug fuhren sie zur Raketenspitze und gingen dann bis zur Einstiegsluke des Raumschiffs. Doch diesmal war alles noch Training, die historische Stunde war noch nicht angebrochen. Es hatte sich aber gezeigt, daß der Zeitplan für diese Zeremonie realistisch war. Und genau das wollte Koroljow wissen.

Die fünfte und letzte »Wostok«-Probe vor dem bemannten Flug wurde ebenfalls ein voller Erfolg, obwohl es noch einmal bange Minuten gegeben hatte. Etwa eine Stunde vor dem Start stellte sich heraus, daß ein Kontakt in der dritten Raketenstufe nicht funktionierte. Koroljow rief sofort den zuständigen Chefkonstrukteur Kosberg zu sich. Gemeinsam wurde nach kurzer Beratung entschieden, den Sensor einfach abzuschalten. Zwei Techniker fuhren also zur dritten Stufe hoch und klemmten vier Drähte ab.

»Iwan Iwanowitsch« und die hellbraune Mischlingshündin Swjosdotschka (Sternchen), die eigentlich Udatscha (Erfolg) hieß, vor dem Start aber von Gagarin kurzerhand umgetauft worden war, landeten zwei Tage später gesund und munter im Gebiet Ishewsk, 45 Kilometer südöstlich der Stadt Wotkinsk. Damit hatten bereits vier Hunde unbeschadet einen Raumflug überstanden. Die Vorbereitungen für den Start eines Menschen waren im wesentlichen abgeschlossen.

Die amtliche Nachrichtenagentur TASS veröffentlichte am selben Tag über den letzten der vorbereitenden »Wostok«-Starts eine sachliche Meldung. Darin heißt es, Ziel des Fluges sei es gewesen, die »Konstruktionen« des Raumschiffes und der für den Flug eines Menschen erforderlichen Lebenssicherungssysteme zu vervollständigen. In der »Prawda« erschien jedoch in den folgenden Tagen

(26./27. März) ein zweiteiliger, propagandistisch angelegter Hintergrundartikel mit dem Titel »Mensch und Kosmos«. Akademiemitglied Sisakjan betonte darin, die sowjetische Wissenschaft und Technik versetze die Menschheit »ein ums andere Mal« mit immer neuen »glänzenden Erfolgen bei der Erforschung des Weltraums« in Erstaunen. Die erfolgreichen Starts der Raumschiffe hätten aller Welt ihre »außergewöhnlichen Möglichkeiten« demonstriert. Es sei ein »gewaltiges experimentelles Material« gewonnen worden, das von der »vollen Möglichkeit des Raumfluges eines Menschen bereits zum gegenwärtigen Zeitpunkt« zeuge. Der »große Humanismus der sowjetischen Wissenschaft und das Bewußtsein der überragenden Verantwortung für das Schicksal eines jeden Menschen« mache es (jedoch) erforderlich, eine weitere Serie experimenteller Starts durchzuführen, um völlig von einem »sicheren Flug und einer glücklichen Rückkehr des ersten Kosmonauten auf die Erde« überzeugt zu sein.

Doch da irrte Sisakjan. Für Koroljow waren die Vorbereitungen abgeschlossen. »Wostok« hatte seine Bewährungsprobe bestanden. Von den sieben gestarteten Raumschiffen – zwei in der Version »Wostok-1« und fünf in der Version »Wostok-3A« – hatten fünf die Umlaufbahn erreicht. Drei davon kehrten problemlos zur Erde zurück. Ein Raumschiff landete wohlbehalten, obwohl die dritte Stufe der Trägerrakete versagte und die Tiere in der Kapsel beim ballistischen Niedergang einer Belastung von 20 g, das heißt ihrem zwanzigfachen Körpergewicht, ausgesetzt waren. Nur ein Schiff ging gleich beim Start verloren.

Dem Normalbürger wurde damals freilich eine makellose Erfolgsbilanz präsentiert. Zeitungen, Rundfunk und Fernsehen berichteten nur über den Start von fünf Raumschiffen, die zudem unter der Bezeichnung »Korabl« firmierten. Der Name »Wostok« tauchte erstmals im Zusammenhang mit Gagarin auf. Schon bald wurde aber auch er im Westen ebenso zum Begriff wie knapp vier Jahre zuvor das Wort »Sputnik«.

Am 28. März wurden die Versuchshunde Swjosdotschka und Tschernuschka sowie weitere Tiere, die im Weltraum waren, erstmals der Presse vorgestellt. Im Konferenzraum des Präsidiums der Akademie der Wissenschaften der UdSSR in Moskau drängten sich sowjetische und ausländische Journalisten. Akademie-Vize-Präsident Alexander Toptschijew erläuterte ausführlich die Ergebnisse der ersten Untersuchungen der Tiere nach ihrer Rückkehr. Doch das interessierte nur die wenigsten. Absolute Stars des Tages waren die beiden Hündinnen, die das Blitzlichtgewitter der Fotografen mit großer Gelassenheit ertrugen.

Völlig unbeobachtet blieb dagegen eine Gruppe von jungen Offizieren, die in der ersten Reihe saß. Wer damals den richtigen »Riecher« gehabt hätte, hätte schon mal ein Foto von Gagarin, Titow und anderen künftigen Kosmoshelden machen können...

WER FLIEGT ALS ERSTER?

Parallel zur Abschlußerprobung des Raumschiffes ging auch die Auswahl der Anwärter für den ersten bemannten Flug in die Endphase. Von den urspünglich 20 Mitgliedern der später so genannten Gagarinschen Garde blieben schließlich sechs übrig: Gagarin selbst sowie Titow, Nikolajew, Popowitsch, Bykowski und Neljubow. Sie alle hatten ein Jahr intensiven theoretischen und praktischen Trainings im »Sternenstädtchen« hinter sich und die Abschlußprüfung bestanden.

Am 4. April, also einen Tag nach dem Beschluß der Parteiführung über den bemannten Start, unterzeichnete der Oberkommandierende der Luftstreitkräfte, Marschall Werschinin, das Kosmonauten-Zertifikat von Gagarin, Titow und Neljubow. Der Chef der Kosmonautengruppe, Karpow, hatte höchstpersönlich allerdings nur die Fotos von Gagarin und Titow ins Zentralkomitee gebracht, um sie, wie damals üblich, den Mitgliedern des Politbüros zur Bestätigung vorlegen zu lassen. Die telefonisch übermittelte Antwort lautete: »Beide Jungs sind ausgezeichnet. Treffen Sie die Wahl selbst...«

Damit waren die Würfel gefallen. Nun ging es nur noch darum, wer starten würde und wer als Double zurückbleiben mußte. Neljubow erhielt als Trostpflaster einen Titel, den es offiziell gar nicht gab: Zweites Double. Er begleitete eine gute Woche später auch Gagarin im Bus zum Startplatz, allerdings nicht im Skaphander wie Titow.

Natürlich brannten alle 20 Kandidaten, die im März 1960 ins »Sternenstädtchen« eingezogen waren, darauf, der Erste zu sein, der mit einer Rakete aufsteigen durfte. Doch schon sehr schnell trennte sich die Spreu vom Weizen. Es schälte sich ein Kern von Offizierspersönlichkeiten heraus, die durch besondere Führungsqualitäten auf sich aufmerksam machten. Zu ihnen gehörten in erster Linie Gagarin, Titow und Neljubow, aber auch eine Reihe anderer, wie etwa Wladimir Komarow, der 1967 bei der Erprobung von »Sojus 1« tragisch ums Leben kam, Waleri Bykowski, 1978 Kommandant von DDR-Kosmonaut Sigmund Jähn, Alexej Leonow, der 1965 als erster Mensch in den freien Raum ausstieg, oder Mars Rafikow, einer von den acht aus der 20er-Gruppe, die aus den verschiedensten Gründen nie in den Weltraum aufgestiegen sind.

Vom professionellen Ausbildungsstand her waren sie alle gleich gut. Sie kannten »ihr« Schiff in- und auswendig. Auch in gesundheitlicher Hinsicht gab es kaum Unterschiede. Die Truppe, die überwiegend aus Kampffliegern bestand, war physisch und psychisch gestählt. Deshalb mußten bei der Ermittlung des Besten noch andere Faktoren herangezogen werden.

Einigkeit herrschte darüber, daß der erste Kosmonaut irgendwie die »Epoche« verkörpern mußte. Darunter verstand man zu jener Zeit den, wie Moskau fest glaubte, weltweit unaufhaltsamen Übergang vom Kapitalismus zum Sozialismus. Er sollte somit Symbol seiner Zeit und auch seiner Heimat sein. Als Maßstäbe dafür hatte Kamanin folgende Eigenschaften formuliert:

- Grenzenloser Patriotismus;
- Unbeirrbarer Glaube an den Erfolg des Fluges;
- Ausgezeichnete Gesundheit;
- Unversiegbarer Optimismus;
- Geistige Beweglichkeit und Wißbegierde;
- Kühnheit und Entschlossenheit;
- Akkuratesse;
- Liebe zur Arbeit;
- Ausdauer;
- Einfachheit;
- Bescheidenheit;
- Große menschliche Wärme und Aufmerksamkeit für die Mitmenschen.

Es gab sicher nicht nur einen Kandidaten, auf den diese Kriterien mehr oder weniger paßten. In die engere Wahl kam schließlich das vorgenannte Trio. Für Karpow war Gagarin schlechthin die Verkörperung dieser Ideale. Kamanin tendierte zwar mehr zu Titow, entschied sich aber dennoch für Gagarin. Er brauchte Titow, den er für weniger charismatisch, dafür aber für etwas physisch stärker hielt, für den zweiten Flug, der immerhin schon 25 Stunden dauern sollte. Rauschenbach gefiel dagegen Neljubow besonders. Der Sonnyboy im Kosmonautenkorps stand gern im Mittelpunkt und meldete auch unverhohlen seinen Führungsanspruch an, was ihm letztendlich zum Verhängnis wurde.

ALLES SPRICHT FÜR GAGARIN

Koroljow hatte sich ebenfalls schon früh für Gagarin entschieden. »Mir gefällt dieser Junge«, hatte er väterlich nach der ersten Bekanntschaft gesagt und dann Gagarins Weg sehr aufmerksam verfolgt. Eines Tages hatte er die erste Kosmonauten-Gruppe in sein Konstruktionsbüro nach Kaliningrad bei Moskau geladen. Er zeigte ihnen das noch im Bau befindliche »Wostok«-Schiff. »Wie verzaubert haben wir auf diesen Flugapparat geschaut, den wir bis dahin noch nie gesehen hatten«, verriet Gagarin seine Stimmung. »Koroljow sagte uns auch etwas, was wir noch nicht wußten, nämlich daß das Programm des ersten Fluges eines Menschen eine Erdumrundung vorsieht.«

»Na, wer will schon mal im Raumschiff Platz nehmen«, fragte Koroljow in die Runde. »Erlauben Sie, ich«, kam die prompte Antwort von Gagarin. Er zog auch schnell die Schuhe aus, bevor er in die Kapsel kletterte – eine Geste, die der Chefkonstrukteur mit sichtlichem Wohlwollen zur Kenntnis nahm. Staunend saß Gagarin in dem Wunderwerk der Technik mit seinen vielen Hebeln und Knöpfen. Später hat Koroljow einmal sein Urteil über Gagarin auf die Formel gebracht: »In Juri verbinden sich angeborener Mut, analytischer Verstand und außergewöhnlicher Fleiß. Ich glaube, daß wir seinen Namen einmal unter den Namen unserer bedeutendsten Wissenschaftler finden werden, wenn er eine solide Bildung erhält.«

Auch den anderen Kosmonauten-Anwärtern war schon frühzeitig klargeworden, daß die Wahl wohl auf Gagarin fallen würde. Seine Ausnahmeerscheinung kam weniger darin zum Ausdruck, daß er in einzelnen Fächern besonders glänzte, wie etwa Boris Wolynow als späterer Kommandant von »Sojus 5« (1969) und »Sojus 21« (1976), Bykowski bei den Tests in der Barokammer oder Nikolajew in der allgemein gefürchteten Zentrifuge. Gagarin war gewissermaßen ein »kosmischer Mehrkämpfer«, der Weltmeister wurde, obwohl er in keiner Einzeldisziplin den ersten Platz belegte.

Bykowski, der insgesamt dreimal im All war – 1963, 1976 und 1978 – und es nach seiner aktiven Laufbahn bis zum Direktor des Hauses der sowjetischen Wissenschaft und Kultur in Ost-Berlin brachte, beantwortete die Frage, wodurch sich Gagarin ausgezeichnet habe, wie folgt: »Wir waren alles junge Flieger, für uns war der Regimentskommandeur Zar und Gott gleichermaßen. Ich habe gleich in Juri eine irgendwie geartete Freiheit und Kühnheit im Umgang mit der Führung erkannt. Nein, darin war auch nicht der Anflug irgendeiner Familiarität oder eines vorlauten Wesens! Sondern er sprach sowohl mit Karpow als auch mit Kamanin und sogar mit Marschall Werschinin mit so einer fröhlichen Note in der Stimme.«

Und Titow charakterisierte den ersten Kosmonauten mit den Worten: »Es gibt etwas Symbolisches beim Lebensweg und in der Biografie Gagarins. Das ist zum Teil die Biografie unseres Landes. Sohn eines Bauern, der die schrecklichen Tage der faschistischen Okkupation überlebt hat. Schüler einer Handwerksschule. Arbeiter. Student. Kursant in einem Fliegerklub. Flieger. Diesen Weg sind Tausende und Abertausende Altersgenossen Juris gegangen. Das ist der Weg unserer Generation.«

Während sich Titow in sein Schicksal als Nummer Zwei fügte – ihm war nach der noch heute gültigen Praxis als Double der nächste Flug sicher –, versagten bei Neljubow die Nerven. Nach der erfolgreichen 25-Stunden-Mission von Titow im August 1961 legte er sich in Moskau mit einer Militärstreife an. Die Leitung des »Sternenstädtchens« versuchte zwar, die fällige Meldung zu verhindern. Doch das mißlang, weil Neljubow nicht bereit war, sich für sein Fehlverhalten zu entschuldigen. Der Bericht ging also nach »oben«, und der Delinquent wurde zusammen mit weiteren zwei Kandidaten, Iwan Anikejew und Walentin Filatjew, aus dem Kosmonauten-Korps ausgeschlossen. Er landete schließlich bei einer Fliegereinheit im Fernen Osten, verfiel in eine tiefe seelische Krise und wurde im Februar 1966 in betrunkenem Zustand von einem Zug überrollt.

Gagarin spürte natürlich, daß er der Anwärter Nummer Eins war.

Die diesbezüglichen Anspielungen seiner Kollegen wehrte er jedoch immer wieder bescheiden mit der Bemerkung ab: »Warum gerade ich?« Im stillen aber bereitete ihm die grandiose Aussicht, als erster von Milliarden Menschen die Erde zu verlassen und sie von außen in Augenschein zu nehmen, tiefe Genugtuung.

Auch zu Hause schwieg er sich aus. Immer wenn seine Frau Walentina die Sprache auf den bevorstehenden Flug brachte, lenkte er auf ein unverfängliches Thema über. Selbst im Familienkreis war ihm kein Geheimnis zu entlocken. Das hatte er schon als Flieger so gehalten, und das galt jetzt erst recht.

Ende März war Gagarin auf eine »Dienstreise« gegangen. Wohin, hatte er auch diesmal nicht verraten. Nach ein paar Tagen kehrte er »völlig aufgewühlt« und in »gehobener Stimmung« zurück, erinnert sich seine Frau Walja in einem ihrer Bücher. Warum, das habe er nicht gesagt, so sehr sie auch »bohrte«.

Erst etwa ein halbes Jahr nach dem Flug vertraute Gagarin seiner Frau den Grund dafür an und auch seine geheimsten Gedanken aus jener Zeit. »Den ganzen Tag habe ich unter dem Eindruck dessen gestanden, was ich dort sah«, beschrieb Gagarin den Start von »Wostok« mit Swjosdotschka an Bord, den er am 25. März miterlebt hatte. »Dieses Raumschiff hat es schon geschafft, die Erde zu umkreisen und im vorgegebenen Gebiet zu landen. Die Spezialisten – Biologen und Mediziner – applaudierten Swjosdotschka, die den Flug großartig überstanden hat. Und ich mußte immer wieder an das denken, was vor meinen Augen geschah, und bald, jetzt schon sehr bald, auch mit mir geschehen sollte.«

Er habe immer noch den Startlärm im Ohr und sehe die hohen »Flammenwolken« vor sich, als die Rakete in den Himmel stieg, fuhr Gagarin fort. »Doch das hat mich nicht erschreckt, sondern eher begeistert.«

Am Morgen des 6. April nahm Gagarin Abschied von seiner Familie. Walentina Gagarina hat diese Minuten in aller Ausführlichkeit beschrieben. Nach einer fast schlaflosen Nacht, in der die Eheleute stundenlang miteinander gesprochen hatten, sei er ins Kinderzimmer gegangen, um noch einen Blick auf seine beiden

Töchter zu werfen. Zärtlich habe er Galja geküßt, die knapp einen Monat alt war und plötzlich zu weinen anfing. Lena, die vier Tage später ihren zweiten Geburtstag ohne ihren Vater feiern mußte, habe fest und tief geschlafen.

Bevor er die Wohnung verließ, um zum Flughafen zu fahren, habe Gagarin noch ein Foto von sich aus seinen Fliegertagen im Hohen Norden aus dem Familienalbum genommen und auf den Tisch gelegt. »Möge Dich dieses Bild in Tagen der Trennung öfters an mich erinnern und mich ersetzen«, hatte Juri einst als Widmung darauf geschrieben. »Möge es Dir wenigstens ein bißchen in schweren Minuten helfen.« Dann umarmte der Kosmonaut seine Frau, die tapfer mit den Tränen kämpfte. Auf ihre ängstliche Frage »Wer?« und »Wann? habe er geantwortet: »Vielleicht ich, vielleicht aber auch irgendein anderer.« Und nach kurzem Zögern fügte er hinzu »Am 14.«. Offenbar griff er zu dieser Notlüge, um seiner Frau noch mehr Aufregung zu ersparen.

Gagarin war sich anscheinend seiner Sache doch nicht ganz so sicher, wie es von der offiziellen Propagada immer dargestellt wurde. Davon zeugt zum Beispiel ein Brief, den Walja nach seiner Rückkehr in seinem Koffer fand. Das Schreiben, das persönlich an sie und die Töchter Lena und Galja gerichtet ist und erst 1987 bekannt wurde, klingt wie ein Testament oder Vermächtnis. Gagarin hatte es am 10. April unmittelbar nach seiner offiziellen Nominierung abgefaßt. Er deutet darin zwar an, daß er Vertrauen in die sowjetische Weltraumtechnik habe. Zugleich aber äußert er Bedenken. Es könne durchaus vorkommen, »daß ein Mensch auch auf ebenem Weg hinfällt«, schrieb er vieldeutig. Für den Fall, daß ihm etwas passiere, bat er seine Frau, die Töchter zu »wirklichen Menschen« zu erziehen, die »harte Arbeit nicht scheuen« und auch nicht an Mutters Rockzipfeln hängen. »Bitte behüte unsere Töchter, liebe sie, so wie ich sie geliebt habe, und erziehe sie zu Menschen, die des Kommunismus würdig sind«, schrieb Gagarin und fügte hinzu: »Vergiß auch die Eltern nicht.«

Offenbar erschrak Gagarin selbst ob dieser alles andere als heroisch klingenden Zeilen. Denn er bezeichnete im weiteren den Brief

als »seltsam«. Ihm sei diese »Schwächeminute ein bißchen peinlich«, gestand er ein, bevor er mit den Worten schloß: »Ich grüße,
umarme und küsse Euch. Euer Papa und Jura.«

DIE ENTSCHEIDUNG

Am 8. April tagte die Staatliche Kommission unter ihrem Vorsitzenden Rudnew. Dabei wurde die Flugaufgabe erörtert und schließlich per Unterschrift von Kamanin und Koroljow bestätigt. Der Auftrag lautete:

- eine Erdumkreisung in einer Höhe zwischen 180 bis 230 Kilometern;
- Flugdauer: 1 Stunde und 30 Minuten;
- Ziel des Fluges: Überprüfung der Möglichkeit des Aufenthaltes eines Menschen im All in einem speziell ausgestatteten Raumschiff;
- Überprüfung der Ausrüstung des Raumschiffes und der Funkverbindung im Flug sowie die Überprüfung der Zuverlässigkeit der Mittel für die Landung des Raumschiffes und des Kosmonauten.

Wer sich gerade die letzte Aufgabe genau ansieht, wird feststellen, daß bei der Landung von getrennten Mitteln die Rede war, das heißt nicht mehr und nicht weniger, als daß der Kosmonaut am Fallschirm zur Erde kommen würde, was dann jahrelang verschwiegen beziehungsweise geleugnet wurde.

Im Anschluß daran nahm die Kommission noch einen Bericht über den Bergungskomplex entgegen, um sich schließlich zu einer geschlossenen Sitzung zurückzuziehen, bei der es um vier entscheidende Punkte ging:

1. Wer fliegt? 2. Soll der Flug als Weltrekord registriert werden und können bei Start und Landung die Sportkommissare dabeisein? 3. Wie soll dem Kosmonauten die Chiffre für das sogenannte Logische Schloß ausgehändigt werden, um in Notfall von automatischer auf Handsteuerung überzugehen? 4. Wie sollte im Havariefall beim Start das Katapultieren des Kosmonauten erfolgen? Die erste Frage war schnell geklärt. Kamanin schlug im Auftrag der Luftstreitkräfte Gagarin als ersten Kandidaten und Titow als Ersatzmann vor. Die Kommission schloß sich dem Vorschlag ein-

stimmig an. Komplizierter wurde es schon beim zweiten Punkt, denn Marschall Moskalenko und auch Keldysch waren strikt dagegen.

Koroljow und Kamanin waren dafür, und sie wurden in ihrer Ansicht von Rudnew unterstützt. Daraufhin wurde festgelegt, den Flug zwar als Weltrekord registrieren zu lassen, bei der Abfassung der Dokumente jedoch keine geheimen Daten über den Startort und die Trägerrakete preiszugeben. Damit hatten sich die Sowjets selbst ein Bein gestellt, über das sie das eine und das andere Mal stolpern sollten.

Zu Punkt 3 wurde beschlossen, dem Kosmonauten ein versiegeltes Kuvert mit der Chiffre mitzugeben, zuvor das Logische Schloß aber noch einmal gründlich auf seine Funktionstüchtigkeit zu prüfen. Diese Aufgabe wurde einer sechsköpfigen Kommission übertragen, der unter anderem Kamanin, der leitende »Wostok«-Konstrukteur Oleg Iwanowski und Kosmonauten-Ausbilder Mark Gallai angehörten. Das Sextett, das als »Hohe Kommission« in die Raumfahrtgeschichte der Sowjets einging, begab sich auf Weisung Koroljows wenige Stunden vor dem Start an die Raketenspitze. Gallai kroch, den Kopf voran, in das Raumschiff – mit den Füßen zuerst war es verboten – und überprüfte an einem speziellen Pult, ob sich das Logische Schloß beim Eingeben der streng geheimen dreistelligen Zahlenkombination – 125 – öffnete und die Handsteuerung gelöst wurde. Danach unterschrieben die Männer ein Protokoll und meldeten Koroljow Vollzug.

Die Prozedur wurde erst fast ein Viertel Jahrhundert später publik, und zwar durch Gallais Buch »Mit einem Menschen an Bord«, das 1985 erschien. Ihm ist auch zu entnehmen, daß sich die »Hohe Kommission« nicht ganz an die Weisungen gehalten hat. Man befestigte nämlich den versiegelten Umschlag mit der Chiffre in Griffweite des Kosmonauten mit einem Klebestreifen an der Kabinenwand, anstatt es ihm, wie beschlossen, in die Hand zu drücken. Gallai befürchtete nämlich aus seiner Erfahrung als Testpilot, daß sich der Umschlag in der Schwerelosigkeit selbständig machen und, für Gagarin unerreichbar, entschweben könnte.

Zuvor hatte man übrigens schon den Vorschlag verworfen, im Notfall die Chiffre per Funk zu übermitteln. Als Hauptargument führten die Experten dafür an, daß gerade in einer solchen Situation die Verbindung zum Raumschiff zusammenbrechen könne. Außerdem sei ja nicht auszuschließen, daß der Raumfahrer etwa das Bewußtsein verlor und somit gar nicht in der Lage sei, den Funkspruch aufzunehmen. Daß Gagarin den Geheimcode nicht nur von Gallai, sondern auch noch von Iwanowski unter dem Siegel strengster Verschwiegenheit ins Ohr geflüstert bekam, sei nur am Rande erwähnt.

Das ganze »Geheimnis« des Logischen Schlosses wurde übrigens erst von Iwanowski persönlich im Jahre 1986 enthüllt. In einem Beitrag für den Sammelband »Der Tag Gagarins« verweist er darauf, daß der gesamte Flug von »Wostok« ohne die »aktive Teilnahme des Kosmonauten an der Steuerung« vonstatten gehen sollte. Für den Fall aber, daß die Automatik versagen sollte, war auch eine Landevariante per Handsteuerung vorgesehen. Die Umschaltung von der automatischen auf die Handsteuerung wäre durch Drücken eines Roten Knopfes erfolgt. Um jedoch zu verhindern, daß der Kosmonaut aus einer Panik- oder einen anderen unkontrollierten Situation heraus den Knopf betätigte, sei das Logische Schloß vorgeschaltet worden. Dieses bestand aus einem Tableau mit zehn Knöpfen – der Zahlenfolge 1 bis 9 und einer Null. Auf ihm hätte der Kosmonaut die im Kuvert verzeichnete Zahlenkombination exakt eingeben müssen.

Zu Punkt 4 schließlich wurde festgelegt, daß Koroljow oder Kamanin bis zur 40. Flugsekunde das Kommando für das Katapultieren Gagarins aus dem Raumschiff geben sollten, falls dies erforderlich sein sollte. Danach würde die Automatik in Aktion treten. Außerdem beschloß die Staatliche Kommission, ihre Nominierungsentscheidung Gagarin und Titow am 10. April im Rahmen einer Festsitzung offiziell mitzuteilen.

Zum Katapultieren im Havariefall muß gesagt werden, daß das in der Aufstiegsphase kein allzu großes Problem gewesen wäre. Da wäre, wenn auch vorzeitig, im wesentlichen jene Automatik in

Aktion getreten, die für die normale Landung vorgesehen war: Absprengen des Einstiegslukendeckels und Herauskatapultieren des Kosmonauten auf seinem Schleudersitz aus der Kapsel. Danach hätte sich der Fallschirm geöffnet, und Gagarin wäre zur Erde geschwebt. Der einzige Unterschied zur »normalen« Landung wäre gewesen, daß vor dem Katapultieren erst noch die Nutzlastverkleidung hätte abgesprengt werden müssen, unter der sich das Raumschiff aus aerodynamischen Gründen verbarg.

Bei einer Havarie noch auf der Startrampe wäre die Evakuierung des Kosmonauten allerdings wesentlich heikler gewesen. Für diesen Fall war vorgesehen, daß Gagarin zwar ebenfalls herauskatapuliert worden wäre. Da ihm dabei aber wegen der geringen Höhe kein Fallschirm genützt hätte, sollte er in einem Stahlnetz landen, das man an der Einstiegsseite in die Rakete über den stadiongroßen Abgaskanal gespannt hatte. Glücklicherweise verliefen alle sechs »Wostok«-Starts reibungslos, so daß diese Not-Variante Theorie blieb. Inzwischen werden die »Sojus«-Schiffe bei einer Havarie auf der Rampe durch ein Feststoffraketen-Rettungssystem automatisch aus der Gefahrenzone befördert und landen weich in der Steppe.

Der 9. April war für Gagarin und Titow dienstfrei. Sie spielten Schach, sahen sich einen Film an und trieben etwas Sport, um sich vor dem großen Ereignis ein bißchen abzulenken. Koroljow verbrachte den Sonntag auf seine Art: Er startete eine »Dewjatka«, eine »Neuner«, wie die Interkontinentale Ballistische Rakete R-9 kurz genannt wurde. Der Start verlief normal, und Marschall Moskalenko sprach im Überschwang der Gefühle sogar von der »Geburt« einer neuen Interkontinentalrakete. Beflügelt dazu haben mag ihn die Tatsache, daß einige Tage vorher bereits eine R-16 aus dem Konstruktionsbüro Jangels erfolgreich aufgelassen worden war. Sie hatte ihr Ziel auf der fernöstlichen Halbinsel Kamtschatka mit großer Genauigkeit erreicht: Sie schlug lediglich 400 Meter vor dem vorausberechneten Punkt ein, und die Seitenabweichung betrug nur 50 Meter.

Am Abend rief Kamanin Gagarin und Titow zu sich und teilte ihnen offiziell mit, daß die Nominierung am nächsten Tag stattfinden werde. Unter dem Siegel der Verschwiegenheit fügte Kamanin hinzu, die Staatliche Kommission habe sich auf seinen Vorschlag hin entschieden, daß Gagarin als erster fliegen solle. Als Starttag wurde der 14. oder 15. April genannt. Obwohl es sowohl für Gagarin als auch Titow schon seit ihrem Abschlußexamen im Januar kein Geheimnis mehr war, daß die Reihenfolge so aussehen würde, machten beide aus ihren Gefühlen kein Hehl: Gagarin freute sich, während Titow »leicht enttäuscht« reagierte, wie Kamanin schrieb.

Die offizielle Nominierung am folgenden Tag war damit nur noch eine Formsache. Rudnew, Moskalenko, Kamanin und Koroljow trafen sich um 11.00 Uhr im Pavillon der sogenannten Generalsvilla hoch über dem Ufer des Flusses Syr-Darja in relativ lockerer Atmosphäre mit Gagarin, Titow, Neljubow, Popowitsch, Nikolajew und Bykowski. Koroljow hielt eine kurze Rede mit folgender Quintessenz: »Es sind nicht einmal vier Jahre seit dem Start des ersten Erdsatelliten vergangen, da sind wir schon zum Flug des ersten Menschen in den Kosmos bereit. Hier sind sechs Kosmonauten anwesend, und jeder davon ist bereit, den ersten Flug durchzuführen. Es wurde beschlossen, daß Gagarin als erster fliegt, nach ihm fliegen die anderen – noch in diesem Jahr werden etwa zehn »Wostok«-Raumschiffe vorbereitet... Wir sind überzeugt, daß der Flug umfassend und sorgfältig vorbereitet wurde und erfolgreich verläuft. Wir wünschen Ihnen Erfolg, Juri Alexejewitsch.«

Nach diesen menschlichen Worten kam der ideologische Pflichtteil. Kommissionschef Rudnew behauptete, »Partei, Regierung und Nikita Sergejewitsch Chruschtschow persönlich haben unsere ganze Arbeit zur Vorbereitung des Fluges des ersten Menschen ins All geleitet«. Moskalenko gratulierte Gagarin im Auftrag von Verteidigungsminister Marschall Malinowski zum »hohen und verantwortungsvollen Auftrag der Heimat«. Er schloß mit dem pathetischen Satz: »Fliegen Sie, teurer Juri Alexejewitsch, und kehren Sie auf unsere sowjetische Erde in die Umarmung unseres ganzen Volkes zurück.«

Gagarin, Titow und Neljubow dankten kurzen und in sehr persönlichen Worten für das Vertrauen, das man ihnen entgegenbrachte. Auch sie zeigten sich vom Erfolg des Fluges überzeugt und verwiesen zugleich auf die künftigen, noch komplizierteren Weltraummissionen. Eigentlich hatte Gagarin eine sorgfältig vorbereitete Rede halten wollen. Den Text, der auf ein Blatt Millimeterpapier geschrieben ist, bewahrt noch heute seine Frau Walja auf. Doch dann entschloß er sich unter dem Eindruck des Augenblicks, das Papier in der Tasche zu lassen und frei zu sprechen.

Am Abend fand dann in einer riesigen Montage-Halle nahe der Startrampe Nr. 2 die mit Spannung erwartete quasi-öffentliche festliche Sitzung der Staatlichen Kommission statt, bei der mehr als 70 Wissenschaftler, Techniker, Journalisten und Kameraleute anwesend waren. Wie Augenzeugen später berichteten, bestand die »Festlichkeit« insbesondere darin, daß anstelle von Aktenordnern diesmal Mineralwasser und Schalen mit Obst auf dem langgezogenen Tisch standen. Gagarin saß rechts neben Kamanin. Gegenüber hatten Koroljow mit seinen Stellvertretern sowie Titow und Karpow Platz genommen. An Rudnew gewandt, sagte Koroljow zum Erstaunen aller nur zwei Sätze: »Das Raumschiff ist bereit, alle Apparaturen und Ausrüstungen wurden überprüft und arbeiten ausgezeichnet. Ich bitte die Kommission, den weltweit ersten Flug eines Raumschiffes mit einem Kosmonauten-Piloten an Bord zu gestatten.« Daraufhin entschied die Kommission einstimmig, den Vorschlag Koroljows anzunehmen und den ersten bemannten Flug des Raumschiffes »Wostok« für den 12. April anzuberaumen.

Kamanin stellte der Kommission die bereits genannten sechs Kosmonauten-Anwärter vor. Auf Befehl des Oberkommandierenden der Luftstreitkräfte (WWS), Fliegermarschall Konstantin Werschinin, verlieh er Gagarin, Titow, Neljubow, Popowitsch, Nikolajew und Bykowski den neu gestifteten Titel eines »Piloten-Kosmonauten« der WWS. Dann wiederholte er noch einmal vor laufenden Kameras das, was er zwei Tagen zuvor bereits gesagt hatte: Nach Meinung der Luftstreitkräfte sollte Gagarin als erster fliegen und Titow sein Double sein. Die Kommission billigte den Vorschlag erneut einstimmig.

Dann hatte Gagarin das Wort. Er versprach »unserer sowjetischen Regierung, unserer Kommunistischen Partei und dem ganzen sowjetischen Volk«, die ihm übertragene Aufgabe ehrenvoll zu erfüllen und »den ersten Weg in den Kosmos« zu bahnen.

Der Film über diese denkwürdige Sitzung war übrigens zehn Jahre lang tabu.

Auch die Namen der wichtigsten Hauptakteure, vor allem der Koroljows, waren über Jahrzehnte für die Öffentlichkeit tabu. Das hatte zur Folge, daß die Zensur damals nur solche Filmsequenzen und Fotos freigab, die Gagarin allein zeigen oder auf denen keiner der Geheimnisträger zu sehen oder zu erkennen war. Wo sich das nicht vermeiden ließ, wurde retuschiert, geschwärzt oder auch nachgedreht, so daß das Foto- und Filmmaterial über die Geschehnisse um den Flug nur unter einem gewissen Vorbehalt authentisch zu nennen ist. Doch darüber wird noch ausführlich zu sprechen sein.

Am 11. April, pünktlich um 05.00 Uhr, wurde damit begonnen, die »Wostok«-Trägerrakete zum Startplatz zu fahren, wo sie dann aufgerichtet und betankt wurde. Koroljow überwachte persönlich den Transport des gut 38 Meter langen und rund 30 Tonnen schweren Kolosses. Der gedrungene Raketenkörper mit dem aufgesetzten Raumschiff lag, die Triebwerke nach vorn, auf einem Spezialeisenbahnwaggon. Der Konvoi rollte im Schrittempo zur Rampe. Koroljow fuhr mit dem Wagen nebenher. Von Zeit zu Zeit überholte er den Transport. Nachdenklich stand er dann an den Gleisen und beobachtete, wie das technische Wunderwerk nahezu lautlos an ihm vorbeiglitt. Viele Jahre hielt sich das Gerücht, Koroljow sei vor Gagarins Rakete hergelaufen und habe mit einem Taschentuch jedes Staubkörnchen von den Schienen gewedelt. Doch das gehört ins Reich der Legende. Tatsache aber ist, daß viele der Arbeiter, Techniker und Ingenieure Münzen auf die Schienen gelegt haben, um sie von der Rakete plattrollen zu lassen. Das sollte Glück bringen. Der Brauch wird heute noch gepflegt.

Am Vormittag um 10.00 Uhr ging Konstantin Feoktistow, einer der jungen Konstrukteure, die später auch selbst ins All fliegen sollten, mit Gagarin und Titow noch einmal die einzelnen Phasen des

Fluges durch. Zur selben Zeit inspizierten Rudnew und Kamanin das Raumschiff an der Spitze der inzwischen aufgerichteten Rakete. Kamanin selbst sah sich noch einmal die Katapulteinrichtung für den Havariefall an. Die Überprüfung des Trägers ging reibungslos vonstatten, es traten keinerlei Störungen auf.

Gegen Mittag fuhren auch Gagarin und Titow im Kabinenlift an die Raketenspitze, um noch einmal kurz im Raumschiff Platz zu nehmen und sich letzte Instruktionen zu holen. Ein Augenzeuge, Professor Boris Wiktorow, beschrieb später Gagarins Verhalten dabei so: »Man konnte spüren, wie freudig gestimmt er war, wie angenehm es ihm war, daß er als erster fliegt. Doch das hat Gagarin nicht daran gehindert, ernsthaft, ruhig und konzentriert zu sein.«

Am 13.00 Uhr traf Gagarin am Fuße der Rakete mit den Startmannschaften zusammen – eine Zeremonie, die zur Tradition werden sollte. Kamanin stellte ihn den Militärs und Vertretern der Zulieferindustrie vor. Gagarin bedankte sich kurz, aber herzlich für die großartige Arbeit bei der Vorbereitung der Raumschiffes. Dann

1978: Der Autor im Gespräch mit German Titow (links)

erhielten er und Titow einen symbolischen Startschlüssel. Die Zeremonie heißt noch heute offiziell »Übergabe der Rakete an den Kosmonauten.«

Dann fuhren Gagarin und Titow zu jenem Holzhaus nur wenige Kilometer vom Startplatz entfernt, in dem sie gemeinsam unter ärztlicher Kontrolle die letzten Stunden vor dem Flug verbringen sollten.

Was beide damals noch nicht wußten: In dem kleinen Haus, das eher eine feste Laube ist, hatte Marschall Nedelin gewohnt, wenn er in Baikonur weilte. Es wurde deshalb auch »Marschalls-Häuschen« genannt. Nach dem Tod Nedelins im Okober 1960 bei der Raketenexplosion war das Haus verwaist und fand nunmehr eine neue Bestimmung. Es ging später als Gagarin-Haus in die Raumfahrtgeschichte ein.

Zum Mittagessen, das die Kosmonauten gemeinsam mit Kamanin einnahmen, gab es Sauerampferpüree mit Fleisch, Fleischpastete sowie Schokoladensoße – allerdings alles aus Tuben zu je 160 Gramm. Gagarin zeigte sich nicht besonders begeistert und meinte, er ziehe die ihm vertraute »irdische« Küche vor.

Bereits vor dem »kosmischen« Mahl, das sehr kalorienhaltig gewesen sein soll, hatten Dr. Karpow, Kosmonautenchef und -arzt in Personalunion, sowie sein Kollege Dr. Nikitin an Gagarins Körper sieben Elektroden befestigt, um die physiologischen Funktionen seines Organismus aufzuzeichnen. Die Prozedur nahm eine Stunde und 20 Minuten in Anspruch. Zur Entspannung wurden per Tonband Volkslieder eingespielt, die Gagarin besonders mochte.

Die Ärzte waren mit ihrem Schützling zufrieden. Gagarin zeigte keinerlei Nervosität oder Unruhe. Seine Werte lagen durchweg im Bereich des Normalen: Blutdruck – 115/60, Puls – 64, Körpertemperatur 36,7 Grad. Wie Karpow viele Jahre später »enthüllte«, hatte er illegal auch in Gagarins Bett Sensoren eingebaut, um zu überprüfen, wie sich der Kosmonaut vor einem so aufregenden Ereignis im Schlaf verhalten würde, ob er sich zum Beispiel besonders häufig drehte. Doch das ist nicht der Fall gewesen, wie sich herausstellte. Gagarin hat zu seiner eigenen Verwunderung ruhig und tief geschlafen. Deshalb meinte er auch zu Kamanin: »Wissen Sie, Nikolai Petrowitsch, ich bin sicherlich nicht ganz normal.« Auf dessen Frage »Wieso? antwortete er: »Ganz einfach. Morgen – der Flug! Und was für einer! Ich aber bin überhaupt nicht aufgeregt. Nicht im geringsten. Das geht doch gar nicht?!«

Feoktistow und Wiktorow kümmerten sich dann noch einmal speziell um Gagarin. Im Auftrag von Koroljow führten sie mit ihm ein sogenanntes Instruktionsgespräch. Dabei handelte es sich um ein eineinhalbstündiges Frage-und-Antwort-Spiel zum Thema Raketen und Raumfahrt, um Gagarin »intellektuell zu entminen«, das heißt seine Gedanken voll auf die bevorstehende Mission zu lenken.

Indes berieten Koroljow, Kamanin und die Ärzte, wie sie am kommenden Tag Gagarin die Wartezeit vor dem Start in der Raumkapsel verkürzen könnten. Denn obwohl der Flug nur eineinhalb Stunden dauerte, mußte der Kosmonaut schon mindestens zwei Stunden vorher in seinem engen Schalensitz Platz nehmen.

Das Bett, in dem Gagarin vor dem Start schlief

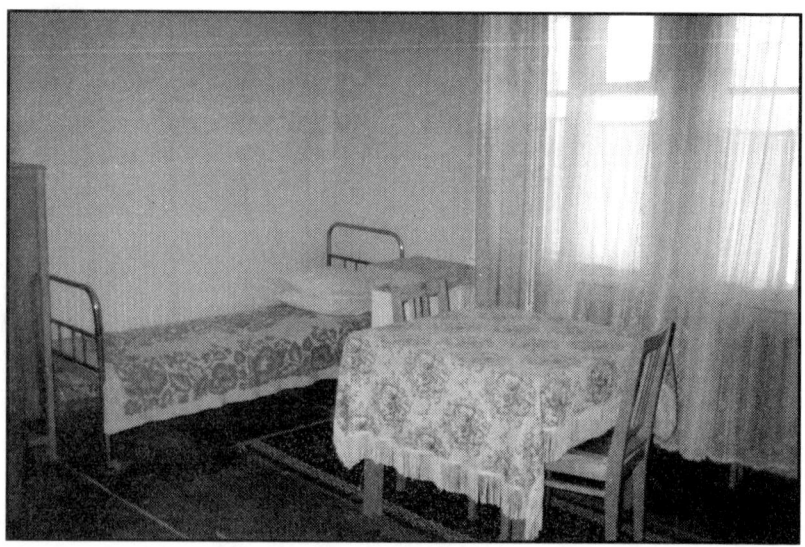

Die Männer rechneten hin und her. Doch so sehr sie sich auch bemühten, sie fanden keine Zeitreserven. Denn allein das Verschließen der Einstiegsluke und das Zurückfahren der Service-Plattformen nahm mehr als eine Stunde in Anspruch. Noch einmal mindestens 20 Minuten dauerte die Überprüfung des Skaphanders, der Funkverbindungen und der Ausrüstungen des Raumschiffes. Schließlich wurde Kamanin beauftragt, Gagarin regelmäßig per Funk den Fortgang der Arbeiten zu schildern und ihn damit ein wenig abzulenken.

Um 21.30 Uhr kam Koroljow noch einmal bei den Kosmonauten vorbei, um ihnen eine gute Nacht zu wünschen.

SAFETY FIRST

Der Vorstoß Gagarins in eine völlig neue, unbekannte und lebensfeindliche Welt barg natürlich eine Fülle unvorhersehbarer Risiken. Dessen waren sich alle Verantwortlichen bewußt. Die wenigsten Sorgen machten sich eigentlich die Kosmonauten selbst, was allgemein ihrer jugendlichen Unbekümmertheit zugeschrieben wurde. Zudem eröffnete sich ihnen die einmalige Chance, über Nacht Berühmtheit zu erlangen und sich den Heldenstern an die Brust heften zu lassen. Wo bot sich sonst noch diese Gelegenheit, wenn nicht als Kosmonaut?

Kamanin, der sich 1934 bei der spektakulären Rettungsaktion für die im Polareis eingeschlossene Besatzung des Forschungsschiffes »Tscheljuskin« als zweiter Bürger seines Landes den Goldenen Stern eines »Helden der Sowjetunion« verdient hatte, wußte wie kaum ein anderer um die Gefährlichkeit des Unternehmens. Doch der General, der im Zweiten Weltkrieg eine Kampffliegereinheit befehligte, hatte ein Credo. Es lautete: Ohne Risiko ist der Weltraum nicht zu erschließen! Aber das Risiko und mögliche Opfer zu scheuen hieße, die Flüge ins All einzustellen. Und das kam für den eingefleischten Militär nicht in Frage.

Am schwersten belastete die Frage des Risikos Chefkonstrukteur Koroljow. Denn er kannte die Schwachpunkte des Systems am besten. Zudem hätte er im Fall einer Havarie oder gar einer Katastrophe die Last der technischen und moralischen Verantwortung allein zu tragen gehabt. Kamanins Motto half ihm also nicht weiter. Er mußte und wollte für größtmögliche Sicherheit sorgen. Das war er sich und »seinen Jungs« schuldig, die sich seinen Raumschiffen anvertrauten. Und das tat er mit geradezu »preußischer« Gründlichkeit, wie Freund und Feind neidlos anerkannten. Noch heute hört und liest man in Berichten über Havarien oder eine Schlamperei in der russischen Raumfahrt, dieses wäre unter Koroljow nicht denkbar gewesen.

Koroljow hat denn auch von Beginn an ein strenges und für

sowjetrussische Verhältnisse ungewohntes Regime durchgesetzt. Er kontrollierte quasi jeden Schritt beim Bau der Raketen und Raumschiffe persönlich. Wo gewöhnlich Arbeiter bestraft wurden, wenn sie etwas falsch gemacht oder ein Mißgeschick verschwiegen hatten, belobigte er sie. Er hämmerte seinen Leuten immer wieder ein, daß es besser sei, ein ganzes Raumschiff auseinanderzunehmen, falls jemandem mal eine Schraube abgerutscht und in einen der unzugänglichen Hohlräume gefallen war, als das Ganze zu verheimlichen. Natürlich setzte es auch Donnerwetter, wenn irgendetwas nicht nach seinem Willen geschah. Doch Koroljow, der für sein Aufbrausen berüchtigt war, hatte sich meistens schnell wieder in der Gewalt und eine versöhnliche Geste parat.

Koroljow hat alles daran gesetzt, seine Apparate so sicher wie nur möglich zu machen. Da es aber eine absolute Sicherheit nicht geben konnte, klügelten er und seine Mitarbeiter für den Fall der Fälle ein Rettungssystem aus, das bei einer eventuellen Havarie auf der Startrampe in Kraft treten sollte. Es sah vor, daß sich der Kosmonaut aus dem Raumschiff herauskatapultiert. Da man nicht vorausberechnen konnte, wo er dabei landen würde, spannte man für den denkbar schlimmsten aller Fälle, nämlich eine Landung im Abgaskanal, über einen Teil dieses Riesenkessels ein Metallnetz. Es sollte verhindern, daß der Kosmonaut in den Kessel fällt und von dort durch die gewaltigen Abgasströme der Triebwerke Hunderte Meter weit wie in welkes Blatt in die Steppe geblasen würde. Sollte der Kosmonaut im Netz landen, so stand eine speziell trainierte Crew bereit, um ihn zu bergen.

Komplizierter war da schon die Rettung eines Kosmonauten nach dem Abheben der Rakete. Hier besagte das Szenario, daß bis zur 40. Flugsekunde bei einer Havarie der Raumfahrer auf ein Kommando von der Erde hin aus seiner Kapsel katapultiert werden sollte. Doch dabei gab es viele Unwägbarkeiten. Alles hing von der Art der Havarie ab. Von einer Explosion über einen Brand bis hin zu einer Kursabweichung der Rakete war alles möglich. Die Frage war also, ob genügend Zeit blieb, die aerodynamische Verkleidung der Rakete, unter der sich das eigentliche Raumschiff befindet, sowie den Lukendeckel abzusprengen, damit der Kosmonaut mit seinem Schleudersitz herauskatapultiert werden konnte. Sollte die Rakete vom Kurs abgekommen sein, ergab sich die zusätzliche Frage, ob nicht der Katapultsitz anstatt in sichere Höhe direkt gen Erde geschleudert würde.

Bei einer Havarie zwischen der 40. und 150. Sekunde sollten die Triebwerke notabgeschaltet werden, so daß die Rakete langsam zur Erde zurückfallen konnte. In 7.000 Metern Höhe sollte dann der Kosmonaut herauskatapultiert werden. Zwischen der 150. und 700. Flugsekunde würde ebenfalls das Triebwerk abgeschaltet. Wegen der dann schon erreichten großen Höhe würde aber die Landekapsel samt Kosmonaut abgesprengt. Danach sollte der normale Landemechanismus in Aktion treten, das heißt in 7.000 Metern Höhe würde der Kosmonaut aus der Kapsel herauskatapultiert werden, um dann am Fallschirm niederzugehen. Bei einer Havarie zwischen der 700. und der 770. Sekunde hätte man das gesamte, aus zwei Sektionen (Rückkehrkapsel und Versorgungsteil) bestehende »Wostok«-Raumschiff von der letzten Trägerstufe abgesprengt. Beim Abstieg wäre dann die Rückkehrkapsel vom Geräteteil abgetrennt worden, und die Landung hätte sich wie nach einem normalen Flug vollzogen.

Das alles wußte Gagarin, als er sich am 12. April auf seine große Reise machte. Koroljow persönlich hatte ihm zwei Tage zuvor eingehend erläutert, welche Sicherheitsmaßnahmen für welchen Notfall getroffen worden waren. Gagarin hatte den langen Monolog sehr aufmerksam verfolgt. Dann versicherte er dem Chefkonstrukteur, daß er nunmehr beruhigt in das Raumschiff einsteige.

In der Tat hat Gagarin alle Fachleute durch seine Ruhe beim Start überrascht. Daß das nicht nur äußerlich war, zeigte sich am Puls, der nur wenig über normal stieg. Ob man dabei medikamentös ein bißchen nachgeholfen hat, ist bisher nicht bekannt. Tatsache ist aber, daß sich Gagarin, als er schon im Raumschiff saß, etwas in den Mund gesteckt hat, was wie eine Tablette oder ein Bonbon aussah. Genau zu erkennen war das wegen der miserablen Qualität der TV-Bilder aus der Kapsel aber nicht.

Koroljow sagte später zum Verhalten Gagarins nach der Havarie-Belehrung: »Eigentlich wollte ich ihn aufbauen, aber letztlich war er es, der mich aufgebaut hat.« Der Chefkonstrukteur verstand es übrigens durch seine souveräne Art auch, alle anderen an dem Unternehmen Beteiligten bis hin zu den Startmannschaften vom unbedingten Erfolg des Fluges zu überzeugen und zu Höchstleistungen zu motivieren. Bester Beweis dafür ist, daß es zu seinen Lebzeiten – Koroljow starb unerwartet früh 1966 – zu keiner Havarie mit tragischem Ausgang kam. Allerdings gab es einige ernste Situationen, etwa die ballistische Landung von »Woßchod 2« im März 1965, die jedoch alle glimpflich ausgingen. Die bis dato vorherrschende pessimistische Meinung, daß die Erfolgschancen in der Raumfahrt bei nur 48 Prozent lägen, wurde eindrucksvoll widerlegt.

Gagarin auf dem Weg zum Start

DER START

Während Gagarin dem Tag seines Weltruhm entgegenschlief, fand Koroljow keine Ruhe. Um 03.00 Uhr fuhr er noch einmal zur Rakete. Von unzähligen Scheinwerfern angestrahlt, reckte sie sich hoch in den nachtdunklen Himmel. Kurz zuvor war gerade die Schachtel mit der Tubennahrung für den Kosmonauten angeliefert worden – drei Mahlzeiten pro Tag für insgesamt 10 Tage, denn wenn die Landung nicht auf Anhieb klappen würde, wäre ein neuer Versuch erst nach sieben Tagen möglich gewesen. Außerdem hatten die Techniker die Havarieausrüstung am Katapultsessel befestigt: Kompaß, ein tragbares Batteriefunkgerät, ein Satz Kleidung, Angelzeug, Streichhölzer, Trockenspiritus, ein Mittel zur chemischen Wasserentkeimung, ein Schlauchboot und Lebensmittel.

Der Chefkonstrukteur spielte in Gedanken generalstabsmäßig das bevorstehende Start-Szenarium durch. Auch für ihn sollte jener 12. April 1961 die Erfüllung all dessen bringen, wofür er Zeit seines Lebens gearbeitet und, was damals nur ganz wenige wußten, auch gelitten hatte. Denn er war 1938 aufgrund falscher Anschuldigungen von Stalin verbannt und erst 1956, drei Jahre nach dem Tod des Diktators, wieder voll rehabilitiert worden. Daß es nun gerade ihm vergönnt sein sollte, das Zeitalter des bemannten Raumfluges einzuläuten, muß Koroljow unendliche Genugtuung bereitet haben. Denn von nun an würde man die Geschichte in die Zeit »vor« und »nach« dem Aufbruch des Menschen ins All einteilen.

Um 05.30 Uhr war für Gagarin und Titow die Nacht zu Ende. Nach der Morgentoilette und einigen gymnastischen Übungen gab es ein »kosmisches« Frühstück: Fleischpüree, Marmelade aus schwarzen Johannisbeeren und schwarzen Kaffee aus Tuben. Gagarins halb ernst, halb scherzhaft gemeinter Kommentar: »Solches Essen ist nur für die Schwerelosigkeit gut – auf der Erde kann man davon sterben.«

Pünklich um 06.00 Uhr trat die Staatliche Kommission in einem schummrigen Unterstand unmittelbar an der Startrampe zu einer fünfminütigen abschließenden Sitzung zusammen. Der Leiter des Startdienstes und der Meteorologe erstatteten Bericht. Die Quintessenz: Es gibt keine Beanstandungen und Fragen, alles ist bereit. Der Start kann stattfinden.

Nach der Sitzung unterzeichnete Kamanin den Flugauftrag Nr. 1 für Gagarin. Er lautete auf eine Erdumkreisung. Dann fuhr Kamanin zum Montagekomplex, wo die Kosmonauten ein letztes Mal von den Ärzten durchgecheckt und schließlich »eingekleidet« wurden. Letztere Prozedur nahm einige Zeit in Anspruch. Als erster stieg Titow in den warmen, leichten und weichen himmelblauen einteiligen Bordanzug, über den schließlich der leuchtend orangefarbene Skaphander kam. Dann erst war die Reihe an Gagarin. Auf diese Weise wollte man verhindern, daß er unnötig lange schwitzen mußte. Denn einen tragbaren »Klimakoffer«, der heute bei den modernen Raumanzügen für angenehme Temperaturen sorgt, gab es damals noch nicht. Die Ventilation konnte erst im Zubringerbus zur Startrampe an das elektrische Bordnetz angeschlossen werden. Gagarin erhielt zudem einen speziellen Ausweis ausgehändigt, der in der linken Brusttasche seines Skaphanders verstaut wurde. Mit ihm sollte er sich nach dem Flug bei den Sportkommissaren legitimieren. Auch eine Pistole und ein Fallschirmjäger-Messer bekam der Kosmonaut mit auf den Weg. Wie mir German Titow im Herbst 1998 auf dem 14. Raumfahrttag in Neubrandenburg bestätigte, handelte es sich dabei um eine »Makarow«. Mit der Waffe sollte sich der Kosmonaut bei einer eventuellen Notlandung etwa in Sibirien die Bären oder Wölfe vom Hals halten. Auch er habe bei seinem Flug im August 1961 ein solche Pistole mit dabei gehabt, sagte Titow. Das Messer sei vornehmlich dafür gedacht gewesen, notfalls den Fallschirm abzuschneiden.

Chefkameramann Wladimir Suworow vom Moskauer Studio für Wissenschaftsfilme (Mosnautschfilm), der Gagarin auf dem Kosmodrom auf Schritt und Tritt begleitete, hatte übrigens als erster das Geheimnis gelüftet, daß zur Ausrüstung der Kosmonauten auch eine Pistole und ein Messer gehörten. »Bären erkennen bekanntlich Bescheinigungen nicht an«, schrieb Suworow dazu 1985 leicht ironisch in einem Beitrag mit dem Titel »Mit den Augen des Filmkameramanns«.

Für Aufregung sorgte übrigens noch eine Sache, die bis heute nicht zweifelsfrei geklärt ist: Irgendjemand soll in letzter Minute darauf aufmerksam gemacht haben, daß man doch den Namen des Herkunftslandes des Kosmonauten am Helm anbringen sollte. Daraufhin wurden die russischen Buchstaben »CCCP« (zu deutsch: UdSSR – Abkürzung für Union der Sozialistischen Sowjetrepubliken – d. Autor) an die Stirnseite gemalt – mit roter Farbe und per Hand, wie es offiziell hieß. Und gerade das sorgt noch heute für Irritation. Denn erstens sehen die Buchstaben auf den Bildern, die wir kennen, nicht gerade nach »Handarbeit« aus. Und zweitens gibt es zwei seriöse Quellen, die gar behaupten, die Schrift sei goldfarben gewesen. Dabei handelt es sich um Gagarins Bruder Walentin, der das in seinem 1984 erschienenen Buch »Mein Bruder Juri« behauptete, und um Kerim Kerimow, einen der führenden Köpfe der sowjetischen Raumfahrt, der das im gleichen Jahr in Budapest auf einer internationalen Pressekonferenz zu den Gagarin-Tagen bestätigte. Ein Foto, das das belegt, ist allerdings noch nicht aufgetaucht.

Dafür gibt es eine ganze Reihe von Aufnahmen, auf denen Gagarins Helm jüngferlich weiß ist, also ohne jede Aufschrift. Da darunter auch Fotos sind, die Gagarin angeblich beim Start in seinem Raumschiff zeigen, ist die Konfusion perfekt.

Kamanin stellte mit Befriedigung fest, daß alles nach Plan verlief, und kehrte zur Startrampe zurück. Er fuhr kurz nach 06.00 Uhr mit Chefingenieur Iwanowski an die Raketenspitze, um das Raumschiff einer abschließenden Kontrolle zu unterziehen.

Um 06.20 Uhr traf Marschall Moskalenko am Startplatz ein. Kamanin besprach mit ihm die letzten Einzelheiten der Verabschiedung des Kosmonauten am Fuße der Rakete. Bis zu der Treppe, die zum Lift führte, sollten ihn lediglich vier Personen begleiten: Rudnew, Moskalenko, Koroljow und Kamanin. Alle anderen sollten am Autobus zurückbleiben.

Als der weiß-blaue Bus, ein LAS-695 B aus dem Automobilwerk Lwow, schließlich um 06.50 Uhr an der Rampe eintraf, gelang es nur mit Mühe, die geplante Ordnung durchzusetzen. Jeder wollte sich von Gagarin verabschieden. Andrijan Nikolajew, der im August 1962 mit »Wostok 3« und im Juni 1970 mit »Sojus 9« im All war, holte sich dabei eine Beule an der Stirn. Er wollte den Kosmonauten nach alter russischer Sitte küssen, vergaß aber vor Aufregung, daß dieser einen Helm trug.

Titow erinnert sich, daß Gagarin seinen Kameraden zugerufen habe: Einer für alle, alle für einen! »In diesem Moment begriff ich, daß das kein Training mehr war, sondern daß die langersehnte Stunde gekommen war.« Dann geht es Schlag auf Schlag. Gagarin meldet, militärisch knapp: »Pilot Gagarin zum ersten Flug mit dem Raumschiff »Wostok« bereit.« Dabei verwechselt er in der Aufregung den Adressaten: Er erstattet Marschall Moskalenko Meldung anstatt dem Vorsitzenden der Staatlichen Kommission, Rudnew.

Wostok-Landeapparat mit offener Einstiegsluke

Instinktiv hatte Gagarin als Militär zuerst Blickkontakt zum Ranghöchsten im Pulk aufgenommen, sich dann aber schnell korrigiert. In einer anderen Quelle heißt es, Gagarin habe Koroljow im Blick gehabt.

In Gagarins Buch »Mein Flug ins All« war der Kommissionsvorsitzende allerdings aus Geheimhaltungsgründen namenlos – ein Schicksal, das Rudnew noch jahrzehntelang mit seinen Nachfolgern teilte. Gagarins Ghostwriter umschrieben ihn umständlich als »eine in unserem Land bekannte, führende Persönlichkeit der Industrie.« Auch der Name Koroljows taucht aus demselben Grund in dem Buch nicht auf. Wenn es um ihn geht, ist immer nur vom »Chefkonstrukteur« die Rede, und zwar bis kurz vor seinem Tod im Januar 1966.

In allen offiziellen Publikationen der damaligen Zeit heißt es auch, Gagarin habe unmittelbar nach der Meldung eine Erklärung für Presse und Rundfunk abgegeben, die allerdings beim Start gar nicht zugelassen waren. Die »Prawda« hat die rund 40 Schreibmaschinenzeilen lange Rede bezeichnenderweise erst sechs Tage später, am 18. April, veröffentlicht. Inzwischen wissen wir, daß sie erst einen Tag zuvor nachträglich von Gagarin in den Studios des Rundfunkkomitees an der Moskauer Pjatnizkistraße auf Band gesprochen worden war. Die Welt wurde allerdings in dem Glauben gelassen, Gagarin habe den Text direkt auf der Startrampe verlesen.

Die Verabschiedung durch Rudnew und dessen »fester Händedruck« haben Gagarin offenbar in Euphorie versetzt. »Seine Stimme war nicht kräftig, aber fröhlich und warm, wie die Stimme meines Vaters«, beschreibt er später die »führende Persönlichkeit der Industrie«, um dann nach dem Willen seiner Ghostwriter fortzufahren: »Ich sah zum Raumschiff, mit dem ich nun in wenigen Minuten diese bisher einmalige Reise antreten sollte. Es war schön, schöner als alle Lokomotiven, Dampfer, Flugzeuge, Schlösser und Brücken zusammengenommen. Mir kam der Gedanke, daß dies eine ewige Schönheit sei, die für die Menschen aller Länder auf alle Zeit bestehenbleiben würde. Ich hatte nicht nur eine großartige

Schöpfung der Technik, sondern zugleich auch ein imponierendes Kunstwerk vor mir.«

»Bevor mich der Lift in die Druckkabine hinauftrug, gab ich eine Erklärung für die Presse und den Rundfunk ab«, schreibt Gagarin wider besseres Wissen und läßt erneut seinen Gefühlen freien Lauf: »Ich spürte einen noch nie empfundenen Aufschwung aller Kräfte. Ich hörte die Musik der Natur: vom Rascheln des Grases über das Brausen des Windes bis zum Gebrüll der Wogen, die bei Sturm gegen das Ufer schlugen. Diese Musik, die in mir klang, spiegelte eine ganze Skala von Empfindungen wider.« Deshalb, so Gagarin weiter, habe er in seiner Erklärung auch Worte gesprochen, die er noch nie zuvor im täglichen Leben gebraucht habe. (Das kommt, ungewollt, der Wahrheit nahe. Denn am endgültigen Text der Erklärung haben viele mitgewirkt.)

»In wenigen Minuten wird mich ein mächtiges Raumschiff in die fernen Weiten des Weltalls tragen«, leitet der Kosmonaut seine Erklärung ein, die die Anrede »Teure Freunde, vertraute und unbekannte Menschen, Landsleute, Menschen aller Länder und Konti-

Die Wostok-Rakete beim Start

nente« trägt. Dann fragt er: »Was kann ich euch in diesen letzten Minuten vor dem Start sagen?« und gibt die Antwort: »Mein ganzes Leben erscheint mir jetzt wie ein einziger herrlicher Augenblick. Alles, was sich bisher in meinem Leben ereignet hat und was ich bisher getan habe, ist um dieser Minute willen geschehen... Der erste Mensch im Weltraum zu sein, ganz allein einen beispiellosen Zweikampf mit der Natur zu bestehen – läßt sich Größeres erträumen? Aber danach dachte ich an die riesengroße Verantwortung, die auf mir lag: Als erster zu vollbringen, wovon Generationen geträumt haben, als erster der Menschheit den Weg in den Kosmos zu bahnen, nennen Sie mir eine schwerere Aufgabe als die, die mir zugefallen ist. Das ist eine Verantwortung nicht nur vor einem Menschen, nicht nur vor einem Dutzend Menschen, nicht nur vor einem Kollektiv. Das ist eine Verantwortung vor dem ganzen Sowjetvolk, vor der ganzen Menschheit, vor ihrer Gegenwart und Zukunft. Und wenn ich mich trotzdem zu diesem Flug entschlossen habe, dann nur deshalb, weil ich Kommunist bin, weil Vorbilder für den beispiellosen Heroismus meiner Landsleute, der Sowjetmenschen, hinter mir stehen«, wird Gagarin unter Hinweis auf den Revolutions-Haudegen Tschapajew, die Fliegerhelden Tschkalow und Pokryschkin, den Erfinder der russischen Atombombe Kurtschatow und den Aktivisten Mamai in den Mund gelegt. »Sie und nicht nur sie, sondern alle Sowjetmenschen schöpften und schöpfen ihre Lebenskraft aus einem tiefen und reinen Quell – aus der Lehre Lenins. Auch wir Kosmonauten und unsere ganze junge Generation, die von Lenins Partei der Kommunisten erzogen wurde, haben durstig aus diesem Quell getrunken.«

Dem Buch zufolge hat erst ein »verstohlener Blick« des Chefkonstrukteurs Gagarins Redeschwall unterbrochen. Er schloß deshalb mit dem Satz: »Ich möchte diesen ersten Weltraumflug den Menschen des Kommunismus widmen, den Menschen der neuen Gesellschaft, in die unser Sowjetvolk bereits eintritt und in der, davon bin ich überzeugt, alle Menschen der Welt einmal leben werden.«

Zwischen den einzelnen Passagen der Rede lassen die Ghostwriter

Gagarin zur Untermalung auch immer wieder gedankliche Ausflüge in seine Kindheit sowie in seine Schul-, Studenten- und Militärzeit machen. Er hütet dabei unter anderem barfuß die Kolchosherde in seinem Dorf, schreibt zum ersten Mal das Wort »Lenin«, stellt seine erste Form als Gießerlehrling her und schützt schließlich als Pilot die Staatsgrenze.

Erklärungen der Raumfahrer vor dem Start gab es natürlich auch bei den folgenden Flügen. Doch wurde nicht mehr behauptet, sie seien am Fuße der Rakete abgegeben worden. Als DDR-Kosmonaut Sigmund Jähn im August 1978 beispielsweise mit seinem sowjetischen Kommandanten Waleri Bykowski zur Orbitalstation Salut 6 aufstieg, verlasen beide Männer ihre knappen Texte, nachdem sie

Gagarin vor dem Start. (Rechts: Koroljow, Mitte: Moskalenko)

bereits in ihrem Zubringerraumschiff »Sojus 31« Platz genommen hatten. Die Ansprachen nur wenige Minuten vor dem Abheben wurden per Fernsehen übertragen.

Nach der Meldung und einer letzten Verabschiedung am Fuße der Rakete steigt Gagarin, assistiert von Iwanowski, etwas unbeholfen die 15 Stufen der eisernen Treppe hinauf, die zum Lift führt. Kurz davor dreht er sich auf der Plattform noch einmal um, hebt grüßend beide Arme und ruft den Zurückbleibenden zu »Auf ein

Links: Start einer Wostok-Rakete.

Unten: Gagarin beim Einstecken seines Ausweises vor dem Start

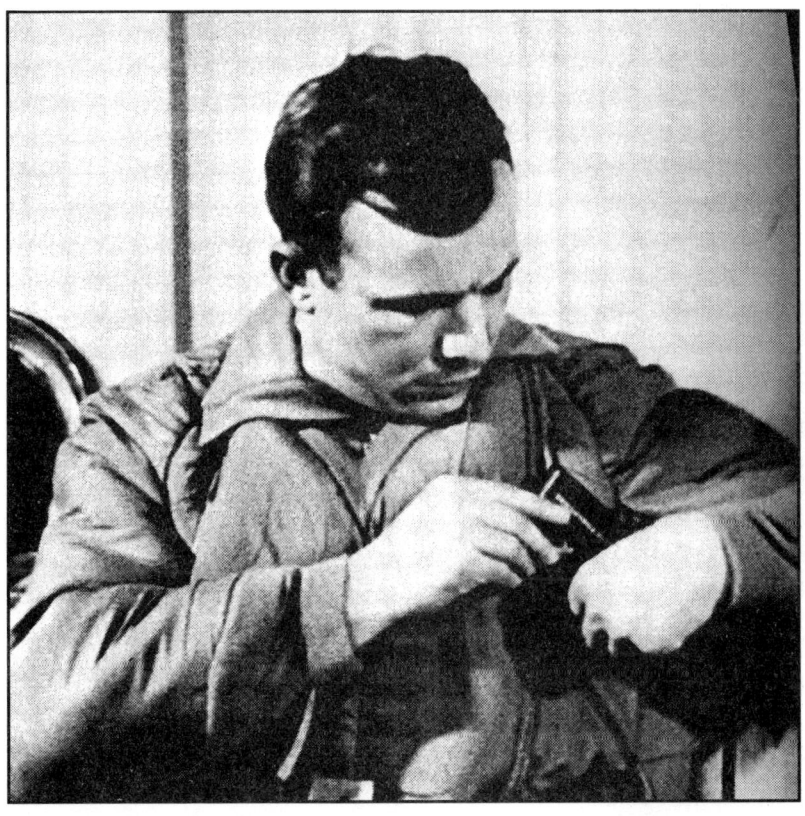

baldiges Wiedersehen!«. Dann fährt er in Begleitung von Iwanow-ski und von dessen Stellvertreter Fjodor Wostokow in der käfigar-tigen Kabine des Lifts zur Raketenspitze.

Dort wird er von dem Arzt Lew Golowkin, den Monteuren Wla-dimir Morosow und Nikolai Selesnjow sowie Chefkameramann Suworow erwartet, der den Kosmonauten auf Schritt und Tritt begleitet. Gagarin klettert, mit beiden Beinen voran, in das enge Raumschiff. Iwanowski und Wostokow helfen ihm bei der schwie-rigen Prozedur. Dann schnallt Wostokow den Kosmonauten an. Gagarin beginnt sofort mit der Überprüfung seines Skaphanders, der Funkverbindung und der Bordsysteme.

Gagarin vor dem Einstieg in den Lift, der ihn an die Spitze der Rakete brachte.

Um 07.55 Uhr verabschieden sich die Männer von dem Kosmonauten. Dieser verfolgt in seinem »Rückspiegel« an rechten Skaphanderärmel, wie Morosow hinter ihm die Einstiegsluke mit dem Deckel verschließt. Jetzt ist Gagarin allein in seinem Raumschiff. Morosow befestigt den Deckel mit 30 Schrauben, die in einer ganze bestimmten Reihenfolge angezogen werden müssen – zuerst die 1, dann die 7, dann die 15, danach die 23...

Gagarin beim Probeliegen auf dem Schleudersitz während des Trainings außerhalb des Raumschiffs. Hierbei entstanden offensichtlich auch viele der Fotos, die Gagarin angeblich beim Start in der Raumkapsel zeigen.

95

DER DEFEKTE LUKENKONTAKT

Inzwischen hat sich der Startplatz fast geleert. An der Rakete halten sich nur noch jene wenigen Ingenieure und Techniker auf, die die allerletzten Handgriffe auszuführen haben. Sie tragen rote Armbinden. Koroljow und die anderen Verantwortlichen haben sich in den Startbunker zurückgezogen, der, knapp 100 Meter von der Startrampe entfernt, ein Dutzend Meter tief in den Steppenboden getrieben wurde. Der kleine, längliche Raum ist mit allen erdenklichen Apparaturen und Geräten vollgestopft. Überall hängen Kästen an den Wänden, blinken unzählige rote, grüne, gelbe und blaue Lämpchen. Der Startknopf von der Größe etwa eines Groschen-Stücks befindet sich an einem kleinen Pult. Hier ist der Arbeitsplatz des Diensthabenden Operators. Rechts vom Bunkereingang sind auf einem Podest, dem sogenannten Schafott, zwei Periskope installiert, wie man sie von U-Booten kennt. Mit ihrer Hilfe kann man aus sicherer Entfernung die gesamte Rakete beobachten – allerdings nur in Postkartengröße.

Die Bunker-Besatzung besteht nur aus wenigen Männern: Neben Koroljow sind es General Kamanin, Nikolai Piljugin, der für die Steuerungssysteme der Rakete verantwortlich zeichnet, und sein Stellvertreter Wladimir Filogenow, Leonid Wosnessenski, einer der Koroljow-Stellvertreter, und sein Adjutant Boris Dorofejew, Anatoli Kirillow, der künftige Kosmonaut Pawel Popowitsch, der den Funkkontakt zu Gagarin hält, Gallai sowie einige Operateure. Woskressenski und Kirillow stehen an den Periskopen. Koroljow sitzt an einem kleinen Tisch mit grüner Tischdecke, vor sich lediglich ein Mikrofon für den Funkverkehr und ein Telefon mit rotem Hörer, über das er im Havariefall das Kommando für das Katapultieren des Kosmonauten geben kann. Auf einem TV-Bildschirm ist, leicht verschwommen, das Gesicht Gagarins zu sehen. Die Mitglieder der Staatlichen Kommission und die offiziellen Persönlichkeiten, die zum Start erschienen sind, haben auf einer eineinhalb Kilometer entfernten Beobachtungsplattform Platz genommen.

Für den Funkverkehr war vereinbart, daß sich Gagarin mit »Kedr« (Zeder) meldet, die Bodenstation mit »Sarja« (Morgenröte). Koroljow ist »Sarja-1«. Ansonsten wurde Klartext gesprochen. Bei späteren, längeren Flügen wurden gelegentlich in außergewöhnlichen Situationen verschlüsselte Formulierungen verwendet. Meldete beispielsweise ein Kosmonaut, daß sein Befinden »gut« sei, dann hieß das, er müsse möglicherweise vorzeitig zur Erde zurückgeholt werden. Bezeichnete er sein Befinden mit »zufriedenstellend«, dann mußte unverzüglich die Landung eingeleitet werden. Das Wort »Grosa« (Gewitter) signalisierte, daß sich der Raumflieger übergeben mußte. Gab der Kosmonaut jedoch an, daß er sich »ausgezeichnet« fühle und auch die Raumschiffsysteme »ausgezeichnet« funktionierten, dann war an Bord alles in bester Ordnung.

Allerdings hatte diese verschlüsselte Sprache auch ihre Tücken. Denn als einmal Popowitsch das Code-Wort »Gewitter« benutzte, geriet die Bodenmannschaft in helle Aufregung. Erst als per Funk besorgte Anfragen kamen, was denn mit ihm sei, bemerkte der Kosmonaut das Mißverständnis und korrigierte sich: »Ich beobachte ein meteorologisches Gewitter und Blitze.«

Das Gespräch zwischen Gagarin und dem Bunker plätschert dahin. Der Kosmonaut beschreibt laufend sein Befinden oder meldet den Vollzug dieser oder jener Überprüfungsaufgabe. Dazwischen wird immer wieder die Funkverbindung geprüft.

Gagarin bittet Koroljow, ihm in der Startphase die Flugdauer in Sekunden anzugeben. Koroljow seinerseits macht den Kosmonauten darauf aufmerksam, daß es vom Kommando »Kljutsch na start!« (Startschlüssel betätigen!), mit dem die Startautomatik ausgelöst wird, noch rund fünf Minuten dauert, bis die Triebwerke zünden und die Rakete langsam abhebt.

Der eher belanglose Dialog, der auf Tonband aufgezeichnet wird und 25 Schreibmaschinenseiten füllt, erfährt um 07.58 Uhr ein jähe Wendung. Eine Signallampe zeigt an, daß die Luke des Raumschiffes nicht hermetisch abschließt. Bis zum Start verbleibt nicht mehr viel Zeit. Koroljow berät sich kurz und fragt Iwanowski telefonisch, ob die Zeit ausreiche, um den Deckel noch einmal abzunehmen. Dieser bejaht die Frage.

»Dann tun Sie es, aber ohne Hast«, sagt Koroljow, obwohl er weiß, daß die Zeit arg knapp ist. Er warnt Gagarin vor, daß die Luke noch einmal geöffnet werde, um ihn nicht unnötig zu erschrecken. Morosow schraubt den Deckel wieder ab. Nach einem flüchtigen Blickkontakt mit dem Kosmonauten, der die Szene in seinem »Rückspiegel« verfolgt, nimmt er den entsprechenden Konktakt genau unter die Lupe. Eigentlich ist alles in Ordnung. Iwanowski biegt etwas an dem Kontakt herum, dann wird die Luke wieder geschlossen. Zeit, sich noch einmal von Gagarin zu verabschieden, bleibt leider nicht. Dieser scheint aber die Ruhe selbst zu sein und lächelt den Männern freundlich zu. Schnell werden die 30 Schrauben wieder angezogen...

Jetzt muß nur noch geprüft werden, ob die Luke wirklich hermetisch dicht ist. Dazu wird ein sogenannter Sauger angelegt, eine Art feste runde Schüssel, die über die Luke gestülpt wird. Dann pumpt man in ihr die Luft ab, so daß sie fest an die Kabinenwand gepreßt wird. Eine eventuelle Druckveränderung würde bedeuten, daß die Luke nicht richtig schließt. Doch das ist nicht der Fall. Iwanowski atmet auf. Er hatte übrigens von Anfang den Verdacht, daß es sich um blinden Alarm handele. In der Tat: Bald stellt sich heraus, daß am Kommandopult eine Kontrollampe durchgebrannt war.

Der Zwischenfall wurde erst 18 Jahre später, 1979, durch einen Bildband von Golowanow publik, der auch in deutscher Sprache erschien. Die Öffentlichkeit nahm allerdings die Information kaum zur Kenntnis. 1982, zum 21. Jahrestag des Fluges von Gagarin, stieg Golowanows Kollege Gubarew in der »Prawda« auf den Zwischenfall ein und zitierte sogar einen Augenzeugen. Es ist dies einer jener Jubiläumsartikel, die gerade in der DDR von Raumfahrtenthusiasten gründlichst analysiert wurden, weil sie neben dem Altbekannten auch immer eine mehr oder weniger bedeutsame Neuigkeit enthielten. Auf diese Weise wurde das arg lückenhafte Gagarin-Mosaik um ein weiteres Steinchen ergänzt.

Daß die Luke, wäre sie wirklich undicht gewesen, eine ersthafte

Gefahr bedeutete, zeigte sich am 30. Juni 1971. An diesem Tag kamen die sowjetischen Kosmonauten Wladislaw Wolkow, Wiktor Pazajew und Georgi Dobrowolski bei der Landung ihres Raumschiffes »Sojus 11« ums Leben. Wegen eines defekten Ventils war die Landekapsel enthermetisiert worden, so daß die Lungen der Männer barsten. Nach dieser Katastrophe mußten die Kosmonauten übrigens wieder Skaphander tragen, die eigentlich bei den »Sojus«-Schiffen vor allem aus Platzgründen nicht mehr vorgesehen waren.

Der Count-down kann weitergehen. Noch eine halbe Stunde bis zum Start. Koroljow teilt Gagarin mit, daß jetzt der Kabelturm zurückgeklappt wird. Kurz darauf geht ein spürbarer Ruck durch den Raketenkörper. Gagarins Puls- und Atemfrequenz wird gemessen. Die Ärzte sind zufrieden: Puls 64, Atem 24. Drei Minuten vor dem Start steigt der Puls allerdings auf 109, um dann nach dem Abheben auf 140 und sogar 150 hochzuschnellen. Die Aufregung zeigt ihre Wirkung.

Noch fünf Minuten. »Schießer« Kirillow, seines Zeichens Chef der Testmannschaft, stellt sein Periskop ein, wählt den geeigneten Lichtfilter und überprüft ein weiteres Mal die Funkverbindung. Auf einem kleinen Tisch zwischen den beiden Periskopen tickt – stilgerecht – laut ein Marinechronometer. Daneben liegt der Zeitplan des »Schießers« mit der Aufschlüsselung der Kommandos. Woskressenski schaut gespannt auf Kirillow. Obwohl niemand ein Wort spricht, ordnet dieser an: »Achtung, absolute Ruhe im Raum! Sämtliche Unterhaltungen sind einzustellen!«

»Bereitschaft eine Minute!« verkündet Kirillow. Jetzt ist es soweit. Alles liegt in deinen Händen, denkt er, und ihm läuft dabei ein Kälteschauer über den Rücken.

»POJECHALI – AUF GEHTS!«

09.03 Uhr – Koroljow gibt den Befehl: »Startschlüssel betätigen!«
Auch Gagarin quittiert: »Habe Sie verstanden!«

09.04 Uhr – Koroljow weist an: »Lüftungsschalter betätigen!« Wieder quittiert Gagarin: »Verstanden!«

09.05 Uhr – Koroljow: »Bei uns ist alles normal. Die Entlüftungsventile haben sich geschlossen.«
Gagarin: »Verstanden. Stimmung gut, Befinden gut, startbereit!«

09.06 Uhr – Koroljow: »Es wird durchgeblasen. Der Kabelmast ist zurückgeklappt. Alles normal.«
Gagarin: »Verstanden. Hab' es gemerkt. Ich höre, wie die Klappen funktionieren.«
Koroljow: »Habe Sie verstanden, gut.«

09.07 Uhr – Koroljow: »Es wird gezündet, Zeder. Alles normal.«
Gagarin: »Verstanden, Zündung.«
Koroljow: »Vorsystem... Übergangssystem... Hauptsystem... Aufstieg!«
Gagarin: »P o j e c h a l i !« (zu deutsch etwa: Auf gehts!) Der Lärm in der Kabine ist nur schwach. Alles verläuft normal. Befinden gut, Stimmung gut, alles normal.«
Koroljow: »Wir alle wünschen Ihnen einen guten Flug, es ist alles normal.«
Gagarin: »Auf Wiedersehen, auf ein baldiges Wiedersehen, liebe Freunde!«

Das russische Allroundwort »Pojechali!«, das viele Deutsche noch aus der Besatzungszeit nach dem Zweiten Weltkrieg zumeist als Aufforderung kennen, abzufahren, loszugehen oder etwa auch (Wodka) zu trinken, hat durch Gagarin eine neue, kosmische Dimension erhalten. Viele der Kosmonauten, die nach ihm starteten, waren ebenfalls versucht, »Auf gehts!« zu rufen, als ihre Rakete abhob. Doch sie unterließen es bewußt. Man war sich einig, daß nur Gagarin quasi das Copyright dafür habe.

Der Donner der Triebwerke mit ihren 20 Millionen Pferdestärken schwillt an. Als wolle sie es sich noch einmal überlegen, verharrt die Rakete scheinbar sekundenlang über dem Starttisch. Doch dann zieht sie, Feuer und Dampf speiend, unwiderstehlich gen Himmel davon.

Koroljow wischt sich den Schweiß von der Stirn und nimmt eine Zigarette, die ihm jemand anbietet, obwohl er Nichtraucher ist. Gierig saugt er den Rauch ein. Dann umarmt und küßt er Semjonow und Woskressenski, bevor er sich, sichtbar erschöpft, an die anderen Operateure wendet: »Haben Sie Dank, aufrichtigen, herzlichen Dank!«

Gagarin entpuppt sich in diesen historischen Minuten einmal mehr als Philosoph. Er beziehungsweise seine Ghostwriter erinnern sich so an den Start: »Ich vernahm ein Pfeifen und ein anwachsendes Dröhnen. Zugleich fühlte ich, wie das gigantische Raumschiff mit seinem ganzen Körper zitterte und sich langsam, sehr langsam von der Startrampe abhob. Das Dröhnen war nicht lauter als das in der Pilotenkanzel eines Strahlflugzeuges, aber es enthielt eine Vielzahl neuer musikalischer Nuancen und Timbres, die noch kein Komponist auf Notenpapier niedergeschrieben hat und die wohl bislang kein Musikinstrument, keine menschliche Stimme wiederzugeben vermag. Die mächtigen Triebwerke schufen die Musik der Zukunft, eine vielleicht noch bewegendere und herrlichere als die größten Tonwerke der Vergangenheit.«

09.08 Uhr – Gagarin meldet, daß die erste Raketenstufe ausgebrannt ist und daß die Vibrationen und die Überbelastung nachlassen. »Habe Abtrennung gespürt. Die zweite Stufe arbeitet. Alles normal.«

09.10 Uhr – Gagarin bestätigt, daß die aerodynamische Schutzverkleidung der Rakete abgesprengt ist. »Sehe im optischen Visier die Erde. Sie ist gut erkennbar. Überbelastung wächst etwas, Befinden ausgezeichnet, Stimmung gut.«

09.12 Uhr – Gagarin: »Abtrennung der zweiten Stufe erfolgt... Flug verläuft gut. Dritte Stufe arbeitet. Fernsehen funktioniert. Befinden ausgezeichnet. Stimmung gut... Sehe die Erde. Sehe den Horizont im Visier. Horizont ist zu den Seiten hin etwas gekrümmt.«

09.15 Uhr – Gagarin: »Apparat läuft normal. Über der Erde breitet sich immer stärkere Bewölkung aus. Die Haufenwolken werden von einer Schicht Regenwolken überzogen. Es liegt wie ein Film über der Erde, selbst die Oberfläche wird unsichtbar. Interessant. Jetzt sieht man wieder die Falten der Berge und Wälder.«

09.21 Uhr – Gagarin: »Abtrennung (der dritten Stufe – d. Autor) ist erfolgt. Zustand der Schwerelosigkeit hat begonnen... Ich fühle, nein, beobachte eine gewisse Drehung des Schiffes um seine Achse. Jetzt ist die Erde aus dem Sichtfenster verschwunden. Befinden ausgezeichnet. Gefühl der Schwerelosigkeit wirkt angenehm. Ruft keinerlei Begleiterscheinungen hervor... Jetzt verschwindet die Sonne aus dem Spiegel. Der Himmel, der Himmel ist schwarz, tiefschwarzer Himmel, aber es sind keine Sterne zu sehen... Schalte auf Arbeitslicht um. Das Fernsehlicht stört. Deshalb ist nichts zu sehen.«

Das Fernsehen, von dem Gagarin hier spricht, gibt noch heute Rätsel auf. Denn es wird nämlich in den Berichten und Büchern über den Flug so gut wie nie mehr erwähnt. Daraus schlossen einige besonders skeptische und kritische Beobachter, die Sowjets hätten etwas zu verbergen, etwa, daß nicht Gagarin als erster Mensch ins All geflogen sei, sondern ein anderer Kosmonaut. Deshalb habe man möglicherweise das Filmmaterial vernichten müssen.

Es gibt in der Tat keine wie auch immer geartete filmische Gesamtaufnahme vom Flug Gagarins, obwohl das technisch kein Problem gewesen wäre. Aus völlig unerklärlichen Gründen haben die Sowjets offenbar darauf verzichtet, eine Filmkamera an Bord zu installieren und einfach mitlaufen zu lassen.

Es gab allerdings zwei Fernsehkameras an Bord. Eine davon war unterhalb des Pults mit dem Globus angebracht. Mit ihr konnte der Kosmonaut aus Kniehöhe von vorn aufgenommen werden. Eine weitere Kamera befand sich in Kopfhöhe rechts von Gagarin und lieferte Profil-Bilder von ihm. Die TV-Aufnahmen wurden, wie bereits erwähnt, in den Kommandobunker übertragen. Sie sollten den Fachleuten in erster Linie einen visuellen Eindruck vom Kosmonauten liefern. Ähnlich war zuvor bei den Starts der Raumschiffe mit Hunden an Bord verfahren worden.

Allerdings handelte es sich bei dem System um ein sogenanntes kleinkadriges Fernsehen, das mit lediglich 10 Bildern pro Sekunde arbeitete, wie mir das Institut für Kosmosforschung (IKI) der Russischen Akademie der Wissenschaften in Moskau auf Anfrage mitteilte. Einen speziellen Film habe man wegen der schlechten Übertragungsqualität aus den Aufnahmen nicht herstellen können. Es seien allerdings einige Fragmente verwendet worden.

Einer der Stellvertreter Koroljows, Boris Tschertok, schrieb dazu gut 35 Jahre später in seinen Memoiren, die Fernsehübertragungen bei Gagarin hätten allen Beteiligten die Schamröte ins Gesicht getrieben.

Doch weiter in der Chronik:

09.26 Uhr – Gagarin: »Flug verläuft erfolgreich. Gefühl der Schwerelosigkeit ist normal. Befinden gut. Alle Geräte, alle Systeme funktionieren gut. Der Apparat dreht sich weiter. Diese Drehungen lassen sich anhand der Erdoberfläche bestimmen. Die Erdoberfläche verschwindet nach links. Der Flugapparat dreht sich also etwas nach rechts. Gut. Herrlich! ... Setze Flug fort.«

Diese Meldung Gagarins hört im Kommandobunker allerdings niemand, denn »Wostok« befindet sich im Funkschatten. Auch die Bahnverfolgungsstation im Fernen Osten mit dem Code-Namen »Wesna« (Frühling) kann sie nicht empfangen. Zuvor war dem Kosmonauten noch ein weiteres Mißgeschick passiert. Nach einer Eintragung in sein Bordjournal ließ er den Bleistift los. Dieser entschwebte in der Schwerelosigkeit mitsamt der Unterlage. Zu allem Unglück löste sich auch noch der Knoten der Schnur, mit der der Stift befestigt war. Der Bleistift verschwand unerreichbar für den Kosmonauten unter seinem Konturensitz.

Gagarin mußte seine Beobachtungen fortan per Funk mitteilen beziehungsweise mit dem Tonbandgerät aufnehmen, mit dem er schon vor dem Start Probleme hatte, weil das Band voll war und er es zurückspulen mußte. Auch diese zwar ärgerlichen, aber dennoch an sich eher harmlosen Episoden wurden zum Staatsgeheimnis erklärt und erst lange nach dem Unfall-Tod des Kosmonauten 1968 publik gemacht.

    09.57 Uhr – Gagarin: »Stimmung gut. Setze Flug fort. Befinde mich über Amerika.« Zur Freude des Kosmonauten antwortet die Erde wieder. »Wesna«, die Bodenstation im Fernen Osten, quittiert: »Habe verstanden. Sie befinden sich über Amerika.«

Zu diesem Zeitpunkt weiß die Welt noch nichts davon, daß sich bereits seit gut einer halben Stunde ein Mensch im Weltraum befindet. Die erste Meldung der amtlichen Moskauer Nachrichtenagentur TASS über das historische Ereignis läuft um 10.02 Uhr im Rundfunk.

Am Mikrofon ist der bekannteste sowjetische Nachrichtensprecher, Juri Lewitan. Mit seiner sonoren, pathetischen Stimme, die seit den Tagen des Zweiten Weltkriegs jedes sowjetische Kind kennt, verkündet er traditionsgemäß: »Achtung, Achtung! Hier sind alle Rundfunkstationen der Sowjetunion. Wir verlesen eine Mitteilung der Nachrichtenagentur TASS.« Dann folgt unter der Überschrift »TASS-Mitteilung über den weltweit ersten Flug eines Menschen in den kosmischen Raum« der Text der Eil-Meldung:

»Am 12. April 1961 ist in der Sowjetunion zum ersten Mal in der Welt ein Raumschiff-Sputnik, »Wostok«, mit einem Menschen an Bord auf die Reise um die Erde geschickt worden.

Der Pilot des Raumschiffes, des Sputniks »Wostok«, ist der Bürger der Union der Sozialistischen Sowjetrepubliken Fliegermajor Juri Alexejewitsch Gagarin.

Der Start der mehrstufigen kosmischen Rakete verlief erfolgreich, und nachdem das Raumschiff die erste kosmische Geschwindigkeit erreicht und sich von der letzten Stufe der Trägerrakete losgelöst hatte, begann es mit dem freien Flug auf einer Bahn um die Erde.

Nach den vorläufigen Angaben beträgt die Erdumlaufzeit des Sputniks 89,1 Minuten; das Perigäum beläuft sich auf 175 Kilometer und das Apogäum auf 302 Kilometer; der Neigungswinkel der Bahnebene zum Äquator macht 65 Grad 4 Minuten aus.

Das Raumschiff mit Raumfahrer wiegt 4.725 Kilogramm, die letzte Stufe der Trägerrakete nicht eingerechnet.

Mit dem Raumfahrer Gagarin besteht zweiseitige Funkverbindung, die Frequenz der Kurzwellensender an Bord des Raumschiffes beträgt 9,019 Megahertz und 20,006 Megahertz und im Ultrakurzwellenbereich 143,625 Megahertz. Mit Hilfe eines funktelemetrischen und eines Fernsehsystems wird der Zustand des Raumfahrers während des Fluges beobachtet. Der Raumfahrer Gagarin hat den Einflug in die Kreisbahn befriedigend überstanden und fühlt sich jetzt wohl. Die Systeme, die die nötigen Lebensbedingungen in der Kabine gewährleisten, funktionieren normal. Der Flug des Sputnikschiffs »Wostok« mit dem Raumfahrer Gagarin wird fortgesetzt.«

Am Text dieser Meldung hat kein einziger Journalist mitgewirkt. Er wurde am Startort von Kamanin, Koroljow und anderen hochrangigen Weltraumexperten verfaßt und dann nach Moskau übermittelt. Die Nachrichtenagentur TASS erhielt die Meldung per Boten auf »weißem Papier«, wie es bei allen wichtigen Mitteilungen üblich war. Alexander Romanow, später lange Jahre Sonderkorrespondent der Agentur in Baikonur, bekam die beiden weißen Bögen von seinem Generaldirektor mit der Bemerkung in die Hand gedrückt: »Unverzüglich an alle, an alle!« Romanow eilte in den Fernschreibraum im ersten Stock und diktierte die Meldung direkt in die Maschine. Die Fernschreiberin schrie: »Leute, ein Mensch ist im Weltraum.«

In Baikonur wartete man zu diesem Zeitpunkt bereits sehnsüchtig auf die Start-Mitteilung. Die Hälfte des Fluges war schon vorbei, aber der Rundfunk brachte nur Tanzmusik, Opernarien und schließlich auch noch eine Sendung für die Hausfrau. Endlich wurde das Programm unterbrochen, und die Stimme Lewitans erklang im Äther.

Aufatmen in Baikonur. Der Text war den Eingeweihten bekannt. Bis auf ein Detail war er nicht verändert worden: Moskau hatte Gagarin vom Oberleutnant gleich zum Major befördert. Diese Beförderung mußte erst abgestimmt werden, und Verteidigungsminister Malinowski ließ sich Zeit bei seiner Entscheidung. Deshalb hatte sich die Herausgabe der Meldung so unendlich lange verzögert.

Die Ungeduld von Kamanin, Koroljow und Co. hatte seine Gründe. Sie wollten, daß Gagarin so schnell wie möglich seine »Visitenkarte« im All präsentiert, wie es Gallai formulierte. Durch die Bekanntgabe der Frequenzen, auf denen »Wostok« sendete, sollten möglichst viele Amateurfunker in aller Welt Gelegenheit erhalten, den Funkverkehr Gagarins mit zu verfolgen. Auf diese Weise sollte der unwiderlegbare Beweis erbracht werden, daß sich wirklich ein Mensch im Kosmos befand.

Und in der Tat: Relativ schnell gelang es Funkern unter anderem in Schweden, Brasilien, Uruguay, Kostarika und Ozeanien, auf den genannten Frequenzen die fremden Laute zu empfangen.

Im »Sternenstädtchen« bei Moskau erhält Gagarins Frau Walja die sensationelle Nachricht von ihrer Nachbarin Swetlana Leonowa. Frau Gagarina versorgt gerade ihre Tochter Galja, als es an die Tür klopft. »Waljuschka, schalt den Radioapparat ein. Jura ist im Weltraum«, sprudelt die schwangere Frau des künftigen ersten »Weltraumspaziergängers« heraus. Walja fällt aus allen Wolken. Hatte ihr Mann beim Abschied nicht etwas vom 14. gesagt? »Bei mir drehte sich alles – ich sehe die Nachbarin an und weiß nicht einmal mehr ihren Namen. Ich renne zum Apparat und weiß nicht, wie man ihn einschaltet«, beschreibt sie später jene Minuten.

Gagarins Eltern, die in einem kleinen Dorf bei Smolensk leben, erfahren die Neuigkeit ebenfalls von Nachbarn. Zuerst wollen sie es nicht glauben, daß es gerade ihr Sohn sein soll, der da hoch über ihnen im All die Erde umkreist. Doch die Biographie, die über den Rundfunk verbreitet wird, räumte alle Zweifel aus. Als erste fängt sich Gagarins Mutter Anna Timofejewna. So, wie sie geht und steht, in Kittelschürze, macht sie sich sofort zum Bahnhof auf und fährt zu ihrer Schwiegertochter Walja.

10.06 Uhr – Gagarin: »Achtung! Ich sehe den Erdhorizont. Eine sehr schöne Aureole. Zuerst bildete sich ein Regenbogen unmittelbar über der Erdoberfläche. Sehr schön. Alles durch das rechte Sichtfenster zu sehen. Ich sehe im optischen Visier die Sterne vorüberziehen. Ein wunderschöner Anblick. Der Flug im Erdschatten geht weiter. Im rechten Sichtfenster beobachte ich jetzt einen Stern...«

10.09 Uhr – Gagarin: »Achtung, Achtung! 10 Uhr 09 Minuten 15 Sekunden. Habe den Erdschatten verlassen. Durch das rechte Sichtfenster sehe ich, wie die Sonne auftaucht. Der Apparat dreht sich. Offensichtlich funktioniert das Sonnenorientierungssystem. Jetzt beobachte ich im Visier die Erde... Überfliege das Meer. Die Flugrichtung über dem Meer ist leicht zu bestimmen. Jetzt bewege ich mich rechtsseitig fort... Der Apparat läßt sich ohne Schwierigkeit orientieren.«

Der sachliche Dialog Erde – Kosmos, den ich hier nur auszugsweise wiedergeben kann und will, war den Ghostwritern des Gagarin-Buches offenbar zu trocken, zu wenig politisch und vor allem zu wenig patriotisch. Als hätte man bei einem so komplizierten und auch gefährlichen Unternehmen nichts anderes zu tun, lassen sie den Kosmonauten enzyklopädisches Wissen und klassenkämpferische Parolen versprühen. Da mußte Gagarin zum Beispiel beim Überfliegen der westlichen Halbkugel daran denken, unter welchen »Mühen und Strapazen« Kolumbus die »Neue Welt« entdeckte, die dann allerdings ihren Namen nach Amerigo Vespucci erhalten habe, »der damit durch die zweiunddreißig Seiten seines Buches »Beschreibung der neuen Länder« unsterblich wurde«, wie er, Gagarin, es bei Stefan Zweig gelesen habe.

Beim Stichwort Amerika habe er natürlich auch an jene Männer gedacht, »die uns in den Kosmos folgen wollten«, sinniert Gagarin weiter. »Irgendwie vermutete ich, daß Alan Shepard der erste von ihnen sein würde, vielleicht deshalb, weil er mir sympathischer als die anderen war.« Gagarin offenbart damit geradezu Intimkenntnis der amerikanischen Astronauten-Garde, darf aber bezeichnenderweise in seinem eigenen Land nicht einmal sein Double Titow beim Namen nennen. Dieser bleibt bis zu seinem Start am 6. August 1961 als »Kosmonaut Nummer zwei« anonym. Sicherlich hat hier Kamanin die Hand im Spiel. Denn er war es schließlich, dem die Endredaktion des Gagarin-Buches oblag.

Warum ihm Shepard, dessen Vornamen in der DDR-Übersetzung aus unerfindlichen Gründen mit zwei »l« geschrieben wurde, sympathischer ist, weiß Gagarin auch: »Er hatte nicht am Koreakrieg teilgenommen wie die beiden anderen.« Und dann stellt der sowjetische Kosmonaut die bange Frage: »Werden die amerikanischen Kosmonauten dem Frieden dienen, wie wir, oder lassen sie sich zu willigen Werkzeugen jener machen, die Krieg wollen?« Die Politpassage endet mit der damals üblichen Verbeugung vor den kommunistischen Götzen: »Wie schön wäre es, wenn alle Völker der Welt dem vernünftigen Vorschlag von Nikita Sergejewitsch Chruschtschow folgen und alle Anstrengungen für einen allgemeinen und dauerhaften Frieden unternehmen würden. »Gemeint war die vor der UNO verkündete zahlenmäßige Reduzierung der sowjetischen Streitkräfte, die insgesheim durch die Aufstockung des Atomraketen-Arsenals wieder wettgemacht werden sollte. Ironie des Schicksals: Die Sowjetpropaganda polemisiert drei Wochen später heftig gegen Shepard, den Gagarin so sehr präferierte. Man spricht ihm das Recht ab, einen Raumflug absolviert zu haben. Der Grund ist nicht von der Hand zu weisen, schließlich hat der Amerikaner an jenem 5. Mai lediglich einen 15minütigen ballistischen »Hüpfer« vollführt.

John Glenn, einer der beiden »anderen«, von denen Gagarin sprach, sollte am 20. Februar 1962 als erster Amerikaner in seiner »Mercury«-Kapsel die Erde umrunden. 36 Jahre später, im Oktober 1998, unternahm er mit 77 Jahren als bisher absolut ältester Raumfahrer seinen zweiten Flug – diesmal allerdings in dem wesentlich bequemeren Shuttle. Das Unternehmen, bei dem es offiziell um die Erforschung des Einflusses der Schwerelosigkeit auf den Organismus alter Menschen ging, war bei den Fachleuten nicht unumstritten. Aus den Daten eines einzigen Fluges eines alten Menschen ließen sich keine wissenschaftlich gültigen Verallgemeinerungen ableiten, lautete das Hauptargument. Andere kritisierten, der Flug des erfolgreichen Ex-Senators Glenn sei reine Politikhilfe für den durch die Lewinsky-Affäre angeschlagenen Präsidenten Bill Clinton gewesen. Wie dem auch sei: Auf den Gedanken, zu diesem spektakulären Flug etwa auch den nach dem Tod Gagarins dienstältesten russischen Kosmonauten, Titow, einzuladen und daraus nach dem Ende des Kalten Krieges eine Goodwill-Mission nach dem Vorbild des Sojus-Apollo-Test-Projekts (ASTP) von 1975 zu machen, ist offenbar keiner gekommen.

Was Kamanin selbst von der vielgepriesenen Friedensmission der Sowjetraumfahrt hielt, ist in seinem Tagebuch nachlesen. Unter dem 5. Mai 1961 notierte er, daß am Flugtag Shepards die Mitglieder des Militärrates der Luftstreitkräfte (WWS) sowie Verteidigungsminister Malinowski mit Frau und Tochter abends mit den Kosmonauten und ihren Frauen im Kosmonautenausbildungszen-

Techniker bei Montagearbeiten am Zenit-Spionagesatelliten

trum (ZPK) zusammengesessen hätten. Der Minister habe an dem Abend »zweimal und das ziemlich lange« gesprochen. »Doch als ihm die Kosmonauten konkrete Fragen zur militärischen Erschließung des Kosmos zu stellen versuchten, wand er sich mit Scherzen und nebulösen Äußerungen heraus.« Bedauernd stellte daraufhin Kamanin fest: »Malinowski begreift zur Zeit noch nicht die militärische Bedeutung des Weltraums und möchte nichts unternehmen, um die Erfolge in dieser Sache zu vergrößern.«

Offenbar spielte Kamanin dabei auf seine beharrlichen Bemühungen an, eine militärische Variante des »Wostok«-Raumschiffes durchzusetzen. Die Planungen für einen Fotospionagesatelliten, der die Bezeichnung »Zenit 2« erhielt, waren zu diesem Zeitpunkt schon weit gediehen. Um das Vorhaben auch der Militärführung schmackhaft zu machen, hat Kamanin seinem Tagebuch zufolge Werschinin am 31. März zwei Alben mit Fotos übergeben, die am 25. März beim Flug von »Wostok-3A« aus aufgenommen worden sein sollen. Laut Kamanin belegen die Fotos insbesondere, daß das

Der Spionagesatellit Zenit-2 in einer schematischen Zeichnung

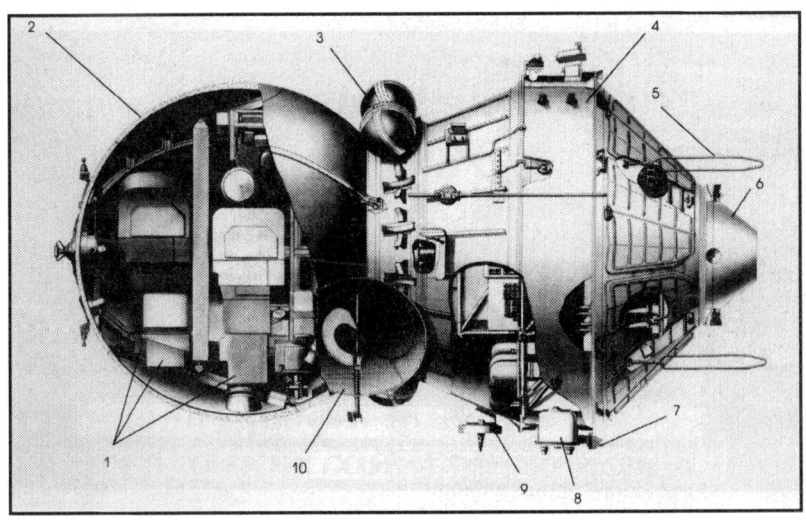

Raumschiff seine Umlaufbahn exakt eingehalten hat. So seien vier Aufnahmen völlig identisch mit vergleichbaren Fotos gewesen, die am 9. März beim vorausgegangenen Flug aufgenommen worden seien. Werschinin hat Kamanin zufolge die Fotos, darunter auch solche von atmosphärischen Erscheinungen, die »fliegenden Untertassen« ähnelten, »mit Interesse« betrachtet und sie an sich genommen, um sie auch den Marschällen Gretscho und Malinowski zu zeigen. Kamanin will die Fotos am 3. April auch Gagarin, Titow und Neljubow gezeigt haben, die ihn in der Meinung bestärkt haben sollen, daß solch Kosmosfotos von großem Wert als »Mittel der Aufklärung« seien.

Der Zenit-2-Satellit wird mit der Trägerrakete verbunden

Dieselben Fotos von ausgewählten Territorien Afrikas und der Türkei hatte Koroljow bereits am 29. März Ustinow präsentiert, wenn man Kamanin glaubt. Auf einer der Aufnahmen sollen die Stadt Iskanderun (Alexandrette) und die Landebahn eines Flughafens ausgezeichnet zu erkennen gewesen sein. Damit hat Kamanin ein weiteres Geheimnis gelüftet. Denn bislang galt, daß Kosmonaut Nr. 2, Titow, bei seinem 25-Stunden-Flug mit »Wostok 2« am 6./7. August 1961 die ersten Aufnahmen aus dem All angefertigt hat. Dabei benutzte er eine modifizierte Reporter-Filmkamera der einheimischen Marke »Konvas« mit drei Wechselobjektiven (18 – 135 mm Brennweite) und 60-Meter-Filmkassetten. Die ersten professionellen Spionagefotos aus dem All wurden den offiziellen Quellen zufolge im April 1962 beim ersten erfolgreichen Start eines »Zenit 2«-Satelliten gemacht. Fachleute wissen allerdings, daß die Sowjets bereits 1946 von Höhenraketen und im Jahr 1960 von Raumflugkörpern aus Fotos von der Erde gemacht haben. Das ist auch in der 1985 erschienenen Enzyklopädie »Kosmonawtika« (Raumfahrt) nachzulesen. Allerdings ist dort nicht vermerkt, um welche Raumschiffe es sich dabei handelte. Nach Kamanins Darstellung kann es sich nur um die »Wostok«-Prototypen handeln.

DIE LANDUNG

Doch weiter in der Chronik: 10.24 Uhr – Gagarin: »Flug verläuft erfolgreich. Befinden ausgezeichnet. Alle Systeme arbeiten gut ... Kabinendruck – 1. Luftfeuchtigkeit – 65. Temperatur – 20 Grad. Druck in der Zelle – 1,2. Im Handsteuerungssystem – 150. Im ersten autmatischen – 110. Im zweiten automatischen – 115. Im TDU-Behälter – 320 Atmosphären. Befinden gut. Setze Flug fort. Wie haben Sie verstanden?«

10.25 Uhr – Das Bremstriebwerk (TDU) schaltet sich automatisch ein. (In den Aufzeichnungen von Kamanin wird allerdings abweichend von allen anderen Dokumenten 10.30 Uhr angegeben)

Der Abstieg beginnt. Die Landung ist die wohl verantwortungsvollste Etappe eines Raumfluges. Eine Abweichung von nur einer Sekunde vom Plan bedeutet bei einer Geschwindigkeit von 8.000 Metern pro Sekunde, daß das Raumschiff 50 Kilometer vom vorausberechneten Punkt entfernt niedergeht.

Wie wir aus dem Geheimbericht Gagarins wissen, sollte sich 10 bis 12 Sekunden nach dem Abschalten des Bremstriebwerkes die Gerätesektion von der Landekapsel abtrennen. Laut Flugplan war das für 10 Uhr 25 Minuten und 57 Sekunden vorgesehen. Weil sich aber einige Kabelverbindungen nicht ordnungsgemäß lösten, zog die Landekapsel die Gerätesektion noch rund 9 Minuten im Schlepp hinter sich her und geriet dabei in höchst gefährliche Drehbewegungen. Erst um 10.35 Uhr rissen die Kabel mit einem Ruck.

Doch davon erfuhr die Welt damals kein Sterbenswort. In der offiziellen Version wird auch, wie ebenfalls schon ausführlich dargestellt, die Fallschirmladung verschwiegen. TASS meldete lediglich, daß das Bremstriebwerk um 10.25 Uhr eingeschaltet worden und der Kosmonaut um 10.55 Uhr wohlbehalten zur Erde zurückgekehrt sei. Die Agentur lügt dabei zwar nicht expressis verbis, läßt die Menschheit aber in dem Glauben, daß Gagarin in der Kapsel gelandet sei. Dieser Auslegung wird in der Folgezeit auch nicht widersprochen und damit in den Rang der Wahrheit erhoben. Auch in der deutschsprachigen Raumfahrtliteratur wird diese Version noch 1988 für bare Münze genommen.

In seinem Buch weicht Gagarin natürlich nicht von der offiziellen Sprachregelung ab. Wer aber schon damals seine Schilderungen etwas genauer gelesen hätte, hätte durchaus stutzig werden können. Denn Gagarin bestätigt zwar wahrheitsgemäß, daß die Bremsvorrichtung »ausgezeichnet« funktionierte. Doch dann deutet er durchaus auch an, daß nicht alles glatt lief. »Die Schwerelosigkeit war längst vorbei, die wachsende Überbelastung preßte mich in meinen Sitz. Sie nahm immer noch zu und war wesentlich stärker als beim Aufstieg«, schreibt der Kosmonaut und fährt dann fort: »Das Raumschiff begann sich zu drehen, ich meldete das zur Erde. Doch das Drehen, das mich beunruhigte, hörte bald wieder auf, und die weitere Landung verlief normal. Alle Systeme funktionierten ausgezeichnet, und es war nun sicher, daß das Raumschiff genau an der vorausbestimmten Stelle landen würde.«

Diese Erkenntnis muß Gagarin wie eine Erlösung vorgekommen sein. Denn er schreibt weiter: »Vor lauter Glück sang ich laut mein Lieblingslied »Die Heimat hört, die Heimat weiß...««

Diese Zeilen, die 1961 erschienen, erschließen sich uns erst heute, da wir um die ganze Dramatik der damaligen Situation wissen, in ihrer vollen Tragweite. Ich muß gestehen, auch ich bin bei dieser Passage nicht hellhörig geworden, obwohl ich das Buch mehrfach gelesen habe. Allerdings: Wer dachte damals auch schon daran, daß man selbst bei einem solchen Ereignis, das die ganze Welt in Atem hielt, manipulieren würde. Und wen interessierten damals die technischen und zeitlichen Details? Ich mußte seinerzeit vor allem über die »Revolutionslyrik« mit dem Lied schmunzeln, als ich das Buch zum ersten Mal in die Hand nahm und regelrecht verschlang. Denn es war damals gang und gäbe, daß der Sowjetmensch in der offiziellen Propaganda, aber auch in der Kunst, etwa im Film, bei seinem kommunistischen Aufbauwerk stets ein Lied auf den Lippen hatte.

Etwa in dem Moment, da das Bremstriebwerk zündet, wendet

sich Koroljow im Kommandobunker an die Funker: »Wann bekommen wir die nächsten Peilwerte?« Die Antwort lautet: »In 22 Minuten.«

Das ist die Zeit, die das Raumschiff braucht, um die dichten Schichten der Atmosphäre zu durchstoßen. Dabei entstehen Temperaturen von mehreren tausend Grad, die die Kapsel in einen glühenden Feuerball verwandeln, die Antennen schmelzen lassen und jeden Funkverkehr unmöglich machen – lange, bange Minuten, in denen den Bodenzentralen nichts anderes bleibt, als sich in Geduld zu üben.

Gagarin hat diese Phase in seinem Buch so beschrieben: »Jetzt kam das Raumschiff in die dichten Schichten der Atmosphäre. Seine äußere Hülle erhitzte sich rasch, durch die Klappen, die die Sehschlitze abdeckten, sah ich den gelbroten Widerschein der Flammen, die das Raumschiff umtosten. Doch in der Kabine waren nur 20 Grad Wärme, obwohl ich mitten in einem Feuerball saß, der der Tiefe zustürzte.«

Endlich kommt der erlösende Ruf: »Signal empfangen.« Gleich drei Bodenstationen haben nach dieser Höllenfahrt wieder Kontakt mit »Wostok«. Koroljow fällt ein tonnenschwerer Stein vom Herzen. Das Raumschiff rast indes mit einer Sinkgeschwindigkeit von 220 Metern pro Sekunde der Erde entgegen.

Als sich in sieben Kilometern Höhe der Bremsfallschirm öffnet, ruft Koroljow bei Chruschtschow an, der zur Erholung auf der Krim ist. Die Verständigung ist sehr schlecht. Koroljow schreit deshalb in den Hörer: »Der Fallschirm hat sich geöffnet, er landet! Das Raumschiff ist offenbar in Ordnung!« Und Chruschtschow brüllt fragend zurück: »Lebt er? Gibt er Signale? Lebt er? Lebt er?«

Minuten später erhält Koroljow die erlösende Nachricht vom Landeort: »Er lebt! Er lebt! Er ist gesund! Und keinerlei Verletzungen!« Koroljow antwortet todernst: »Das glaube ich nicht, das glaube ich nicht, bevor ich das nicht gesehen habe!«

Doch zurück zu Gagarin: Auch in einem zweiten Punkt hat er eigentlich klar gesagt, wie es wirklich war. Er freut sich nämlich, »wieder festen Boden unter den Füßen« gehabt zu haben, und beschreibt in einer eher distanzierten Weise die Wiederbegegnung mit seinem Raumschiff, das er ja in rund 7.000 Metern Höhe verlassen hatte: »Sorgfältig musterte ich die »Wostok«. Das Raumschiff und seine Innenausrüstung waren vollkommen intakt. Es konnte noch einmal in den Weltraum fliegen.«

Doch auf solche Feinheiten achtete der damals ahnungslose Leser natürlich nicht.

Die TASS-Nachricht von der glücklichen Landung Gagarins erreicht Kamanin im Flugzeug. Er war schon 20 Minuten nach dem Start des Kosmonauten mit seiner Begleitung zum Flughafen von Baikonur gefahren, um mit einer An-12 an den vermeintlichen Landeort zu fliegen, der nach den aktuellen Bahndaten rund 110 Kilometer südlich von Stalingrad (heute Wolgograd) vermutet wurde. Erst aus der Meldung erfährt Kamanin auch, daß die Landung erheblich weiter nördlich im Raum Saratow erfolgte. Die Kommandozentrale der Luftstreitkräfte teilt Kamanin zudem mit: »Alles in Ordnung, Major Gagarin fliegt nach Kuibyschew.«

Der General befiehlt, ebenfalls Kurs auf die Wolga-Stadt zu nehmen, die heute wieder Samara heißt, um den Kosmonauten gebührend zu empfangen. Einer der Begleiter holt eine Flasche Cognac heraus, um auf das Ereignis zu trinken. Doch Kamanin lehnt ab. Er schlägt vielmehr vor, die Flasche gemeinsam mit Gagarin zu leeren.·. Das geschieht denn auch, wie Kamanin später seinem Tagebuch anvertraut. Ob es bei der einen Flasche blieb, ist nicht bekannt. Man darf aber davon ausgehen, daß an einem solchen Tag noch mehr Flaschen daran glauben mußten. Dennoch vermerkt Kamanin, daß am Abend nach der Landung nur »wenig« getrunken wurde, was immer das auch im Sowjetland bedeuten mag.

Doch weiter in der Zeit-Chronik des Tages, in der zwischen der Landung um 10.55 Uhr und dem Eintreffen Gagarins am frühen Abend in Kuibyschew (Samara), wo er die Nacht nach dem Flug verbrachte, eine große Lücke klafft. Weder TASS noch Kamanin noch Koroljow noch Gagarin selbst teilen mit, was in diesen rund sieben Stunden genau passiert ist, sieht man einmal von dem Flug

Engels – Kuibyschew ab. Dabei ist aber gerade diese Zeitspanne von besonderem Interesse, um exakt die Vorgänge nach der Landung zu dokumentieren.

Offenbar sollte aber gerade das verhindert werden. Anhand der Zeiten hätte man nämlich sehr schnell feststellen können, daß an der offiziellen Landeversion etwas nicht stimmt. Denn sie suggeriert, Gagarin habe von der Landekapsel nur wenige Schritte bis zu der Bäuerin und ihrer Enkeltochter gehabt, die ihn als erste begrüßten. Doch das ist reine Fantasie. Wie wir ja von Gagarin selbst aus seinem Geheimbericht wissen, ist er rund vier Kilometer von der Landekapsel und rund 800 Meter von der Bäuerin entfernt niedergegangen, und zwar auf einem Sturzacker. Wenn man bedenkt, daß er anfangs noch seinen schwerfälligen Skaphander mit Helm trug, sind das enorme Entfernungen. Selbst wenn man davon ausgeht, daß ihm die Bäuerin auf halbem Weg entgegengekommen ist, bleiben noch 400 Meter Fußmarsch auf lockerem Boden.

1987 (!) hat Gagarins Biograph Wiktor Mitroschenkow erstmals die Fachwelt mit einem exakten Zeitplan für den Rest jenes 12. April 1961 überrascht, den die FAI in Paris im selben Jahr zum »Internationalen Tag der Luft- und Raumfahrt« erklärt hat. An der Landevariante rührte er jedoch nicht. Ob Mitroschenkow damit bewußt oder unbewußt den inzwischen veröffentlichten Gagarin-Geheimbericht ignoriert, ist nicht klar. Tatsache ist, daß die Landelüge von ihm nicht nur nicht korrigiert, sondern sogar noch erhärtet wird.

Bei Mitroschenkow liest sich das im einzelnen so:

10.59 Uhr – Eine Gruppe Soldaten unter Leitung von Major Gassijew trifft am Landeort ein und tritt auf Gagarin zu. Dieser meldet vorschriftsmäßig: »Genosse Major, Kosmonaut der Sowjetunion Oberleutnant Gagarin hat ...« Der Major läßt ihn nicht ausreden, hebt die Hand und sagt: »Du brauchst keine Meldung zu machen, Jura, du bist schon Major.«

11.06 Uhr – Gagarin begutachtet die Innenausstattung des Raumschiffs, seinen Zustand nach Durchdringen der dichten Schichten der Atmosphäre. Major Gassijew stellt einen Posten an der Kapsel auf. Mit einem Militärfahrzeug begibt sich Gagarin in Begleitung Gassijews zu der Einheit, die Rast macht, um mit Moskau zu telefonieren. Gagarin meldet die glückliche Landung und schüttelt jedem, der ihm auf dem Feld begegnet, die Hand. »Man muß unseren Menschen über den Flug berichten«, zitiert Mitroschenkow jemanden, ohne den Namen zu nennen. Darauf offenbar Gagarin: »Was sein muß, muß sein.« Das war das erste Meeting Gagarins nach der Landung.

11.12 Uhr – Im Rundfunk wird über die erfolgreiche Landung Gagarins berichtet. Direktor Sir Bernard Lovell vom größten Observatorium Englands in Jodrell Bank erklärt: »Ich betrachte den Flug Gagarins als eine der großartigsten wissenschaftlichen Errungenschaften in der Geschichte der Menschheit...«

11.37 Uhr – Eine Gruppe Korrespondenten zentraler Zeitungen und Zeitschriften trifft ein. Alle wollen mit Gagarin sprechen. Es gibt viele Fragen. Gagarin teilt sie aus eigener Initiative in Gruppen ein. »Wie sieht der Himmel im Kosmos aus?« wird Gagarin gefragt und antwortet: »Dunkel, Genossen, sehr dunkel.« »Und die Erde?« »Blau, wie eine große Kugel. Ein bemerkenswertes Bild...« Gagarin bittet, einen Teil der Fragen auf den nächsten Tag zu verschieben. Bei der von Mitroschenkow erwähnten »Korrespondentengruppe« handelte es sich um Georgi Ostroumow von der Regierungszeitung »Iswestija« und Nikolai Denissow vom KP-Zentralorgan »Prawda«. Ihr erstes Interview mit Gagarin fand allerdings nicht direkt am Landeort, sondern auf dem Flughafen der Stadt Engels statt.

12.03 Uhr – Die Il-14 nimmt Kurs auf Kuibyschew. Dr. Witali Wolowitsch untersucht Gagarin und stellt fest: Er ist gesund, keinerlei Veränderungen.

13.16 Uhr – Der Kommandeur des Wolga-Militärbezirks, General Andrej Stutschenko, gibt zu Ehren des ersten Kosmonauten der Welt ein Mittagessen. Er überbringt die Glückwünsche des Ministers für Verteidigung der UdSSR und des Oberkommandierenden der Luftstreitkräfte zum erfolgreichen Abschluß des Fluges und gratuliert zur vorzeitigen Beförderung zum Major. Ein Korrespondent der »Krasnaja Swesda« trifft (im »Sternenstädtchen« bei Moskau – d. Autor) mit Walentina Gagarina zusammen und bittet sie, ein paar Zeilen an ihren Mann Juri zu richten. Sie wischt sich die Tränen ab, unterdrückt ihre Erregung und schreibt: »Lieber Jura! Galotschka, Alena und ich gratulieren dir. Wir sind sehr froh und glücklich, daß du wohlbehalten aus dem Kosmos zurückgekehrt bist. Wir erwarten dich so schnell wie möglich zu Hause. Wir küssen und umarmen dich vielmals, unser lieber Kosmonaut! Deine Walja!« ...

14.11 Uhr – Die Ärzte verordnen Gagarin strikte Ruhe. Der Kosmonaut muß in seinem Hotel am Steilufer der Wolga unter ständiger Kontrolle der Mediziner das Bett hüten.

14.30 Uhr – Im Rundfunk wird der Appell des Zentralkomitees der KPdSU, des Präsidiums des Obersten Sowjets der UdSSR und der Regierung der Sowjetunion an die Kommunistische Partei und die Völker der Sowjetunion sowie an die gesamte fortschrittliche Menschheit übertragen...

17.00 Uhr – Die Chefredakteure der »Prawda« und der »Iswestija« rufen in Kuibyschew an und führen ein Gespräch mit Gagarin. Der Kosmonaut bittet sie, den Lesern einen herzlichen Gruß und gute Wünsche zu übermitteln, und spricht den Wissenschaftlern, Ingenieuren, Technikern und Arbeitern seinen tiefen Dank für die Schaffung des Raumschiffes aus. »Der erste Flug ins All«, sagt Gagarin, »ist der Beginn vieler Flüge in den Weltraum. Ich bin überzeugt, daß dem ersten Flug weitere folgen werden. Ich denke, daß die Zeit nicht mehr fern ist, da wir auf den Mond, auf den Mars und in andere Regionen des unermeßlichen kosmischen Raumes fliegen können.«

17.30 Uhr – Gagarin und Titow, der per Flugzeug gekommen ist, schlendern am Ufer der Wolga entlang...

18.01 Uhr – Es trifft ein Telegramm des Zentralkomitees des Komsomol ein, in dem mitgeteilt wird, daß der erste Kosmonaut der Welt in das Ehrenbuch des Kommunistischen Jugendverbandes eingetragen wurde...

18.19 Uhr – Die Abendausgabe der »Iswestija« erscheint... Als erste sowjetische Zeitung veröffentlicht sie die Biographie Gagarins...

20.25 Uhr – Nach dem Abendessen berichtet General Stutschenko Gagarin über seine Teilnahme an der Befreiung der Stadt Gshatsk (in deren Nähe der Kosmonaut geboren wurde – d. Autor). »Das heißt, daß mein Truppenteil Sie befreit hat«, sagt der General und fragt dann: »Und Sie erinnern sich nicht zufällig an mich? Denn ich war der einzige General, der durch ihre Geburtsstadt gekommen ist.« ...

Juri ging schlafen, während Zeitungen, Rundfunk und Fernsehen auf der ganzen Welt über seinen Flug berichten. Soweit die, wie gesagt, erst 1987 veröffentlichte Variante des Gagarin-Biographen Mitroschenkow vom Verlauf der zweiten Hälfte des 12. April. Bei Kamanin, dem »Chef« des Unternehmens, liest sich das allerdings ein bißchen anders.

DIE DATSCHA ÜBER DER WOLGA

Kamanin beschreibt die Sache so: Die Il-14 mit Gagarin an Bord landet gegen 18.00 Uhr in Kuibyschew. Auf dem Werkflughafen haben sich so viele Einwohner und Arbeiter aus den umliegenden Betrieben eingefunden, daß er, Kamanin, die Maschine an einen entfernten Standplatz beordern muß. Zur Begrüßung des Kosmonauten ist die gesamte Partei- und Verwaltungsspitze des Gebietes Kuibyschew angetreten. Kamanin schließt Gagarin glücklich in die Arme und küßt ihn väterlich. Auch Titow, sein Double, und die anderen vier Kosmonauten-Kameraden sind erschienen. »Zufrieden?« fragt Titow Gagarin. »Sehr«, gibt dieser zurück, »ebenso zufrieden wirst du sein – beim nächsten Mal.«

Dann stürmen die anderen auf den Raumfahrer ein. Dieser läßt die Zeremonie geduldig lächelnd über sich ergehen, obwohl er sichtlich erschöpft ist, schließlich sind seit Abschluß seiner Weltraumodyssee schon fast neun Stunden vergangen. Kamanin sorgt denn auch dafür, daß Gagarin gleich zur Datscha des Gebietsparteikomitees – bei Mitroschenkow ist es ein Hotel – weiterfahren kann, um endlich zur Ruhe zu kommen. Der Kosmonautenchef selbst bleibt auf dem Flughafen zurück, um Rudnew, Koroljow, Keldysch und die anderen Mitglieder der Staatlichen Kommission zu empfangen, die drei Stunden später direkt aus Baikonur eintreffen.

In der Datscha hoch auf dem Wolga-Ufer wird Gagarin mit einem Glückwunschtelegramm von Chruschtschow empfangen. Gleich darauf verbindet man ihn persönlich mit dem Partei- und Regierungschef, der im Krim-Kurort Pizunda an den Dokumenten für den XXII. KP-Kongreß arbeitet, der im Oktober stattfindet. »Ich freue mich, Sie zu hören, lieber Juri Alexejewitsch«, sagt Chruschtschow und gratuliert ihm zum erfolgreichen Flug. Dann erkundigt er sich nach dem Befinden Gagarins, fragt, ob er Frau und Kinder habe, ob seine Eltern noch lebten, wo sie wohnten und welchen

Beruf sie ausübten. Zum Schluß sagt der Kremlchef: »Noch einmal heiße ich Sie von ganzem Herzen auf der Erde willkommen. Bald werden wir uns in Moskau sehen. Ich wünsche ihnen das Allerbeste.«

Aufmerksame Beobachter haben damals mit einigem Erstaunen registriert, daß Chruschtschow, der sich ja angeblich persönlich sehr um den Flug gekümmert hat, so wenig von dem Kosmonauten wußte.

Weiter berichtet Kamanin:

In seinem Zimmer kann Gagarin endlich den Bordanzug mit den vielen Elektroden, Kabelanschlüssen und Schnüren ablegen. Er nimmt eine Dusche und ruht sich auf Anraten der Ärzte ein bißchen aus. Dann geht er mit Titow an der Wolga spazieren und spielt anschließend mit ihm eine Runde Billard.

Um 22.00 Uhr treffen sich alle bei Tisch: Die Mitglieder der Staatlichen Kommission, die Kosmonauten, die Chefkonstrukteure und die führenden Persönlichkeiten des Gebietes. Nach alter russischer Sitte bringen unter anderem Rudnew, Koroljow und Gagarin Toaste aus. »Aber sie tranken sehr wenig«, vermerkt Kamanin dazu in seinem Tagebuch. »Es war zu spüren, daß alle sehr müde waren.«

Gagarin, der offensichtlich nicht einmal mit seiner Frau telefonieren konnte, und Titow ziehen sich in ihr Zimmer zurück. »Bald legten wir uns schlafen und waren nach ein paar Minuten ebenso friedlich eingeschlafen wie am Abend vor dem Flug«, beschreibt Gagarin in seinem Buch das unprosaische Ende dieses historischen Tages.

MOSKAU IM FREUDENTAUMEL

Die Nachricht vom Flug des ersten Menschen ins All verbreitet sich in Windeseile um den »Blauen Planeten«, wie Gagarin die Erde getauft hat. Die Zeitungen erscheinen mit Extra-Ausgaben, Rundfunk und Fernsehen unterbrechen ihre Programme und bringen Sondersendungen.

Moskau versinkt im Freudentaumel. Hunderttausende liegen sich auf den Straßen in den Armen und feiern ihren Landsmann Gagarin, dessen Namen schon bald jedes Kind kennt. In einer Botschaft »an die Völker und Regierungen aller Länder« betont die Moskauer Führung, die Heldentat Gagarins, mit der das kosmische Zeitalter eröffnet worden sei, verkörpere den »Genius des Sowjetvolkes und die mächtige Kraft des Sozialismus«. Sie sei ein »beispielloser Sieg des Menschen über die Kräfte der Natur«. Zugleich wird betont, die Sowjetunion stelle ihre »Errungenschaften« und »Entdeckungen« bei der Erschließung des Alls nicht in den »Dienst des Krieges, sondern in den Dienst des Friedens und der Sicherheit der Völker« – eine Behauptung, die nicht der Wahrheit entspricht, wie sich schon bald herausstellte.

In Amerika, das sich noch gar nicht so richtig vom »Sputnik«-Schock erholt hat, schlägt die Nachricht vom Flug Gagarins wie eine Bombe ein. Wieder einmal sind die Sowjets der westlichen Führungsmacht im Wettlauf um das All zuvorgekommen. Schon lange bevor die erste kurze TASS-Meldung vom Start mit fast einer Stunde Verspätung über den Ticker geht, wissen die zuständigen Washingtoner Behörden, daß Gagarin unterwegs ist. Eine amerikanische Radarstation auf den Aleuten hatte die Funksignale des Kosmonauten aufgefangen. Fünf Minuten später hatte der Diensthabende im Pentagon die Information auf dem Tisch. Es war nachts 01.30 Uhr Washingtoner Zeit. Der Diensthabende informierte umgehend den Wissenschaftlichen Berater von Präsident John F. Kennedy, Dr. Jerome B. Wiesner. Dieser wiederum weckte den Präsidenten – seit dem Start waren lediglich 23 Minuten vergangen.

Der Anruf kam für Kennedy nicht überraschend. Im Gegenteil: Er hatte mit dieser Nachricht gerechnet. Denn die Funkaufklärung hatte ihm bereits den bevorstehenden Start der Russen signalisiert, und das Weiße Haus hatte sogar schon ein Glückwunschtelegramm an Chruschtschow vorbereitet.

Die Reaktion Washingtons auf diese erneute russische Herausforderung läßt nicht lange auf sich warten. Ermutigt durch den viertelstündigen suborbitalen Flug von Alan Shepard am 5. Mai, geht der Präsident zur Gegenoffensive über. Am 25. Mai ruft er beide Häuser des Kongresses auf, ein Programm für die Landung eines Amerikaner auf dem Mond zu beschließen.

»Kein anderes Raumflugprojekt wird die Menschheit mehr beeindrucken, für die langfristige Erforschung des Weltraums eine größere Bedeutung haben, und keines wird schwieriger zu vollbringen und kostspieliger sein«, sagt Kennedy in seiner großen Rede vor beiden Häusern des Kongresses. »Es ist jetzt an der Zeit für ein neues großes amerikanisches Unterfangen, Zeit für diese Nation, eine klare Führungsrolle bei den Fortschritten in der Weltraumtechnik einzunehmen, die auf mancherlei Weise den Schlüssel für unsere Zukunft auf der Erde darstellt. Wenn wir den Vorsprung in Betracht ziehen, den die Sowjets als Folge ihrer großen Raketentriebwerke haben und der mehrere Monate beträgt, und wenn wir außerdem annehmen, daß die Sowjets ihren Vorsprung noch für einige Zeit zur Erzielung eindrucksvoller Leistungen ausnutzen werden, so sind wir doch aufgerufen, neue Anstrengungen zu unternehmen. Denn obgleich wir nicht garantieren können, daß wir eines Tages die ersten sein werden, so können wir doch garantieren, daß wir die letzten sein werden, wenn wir bei unserem Bemühen versagen.«

Dann wird der Präsident konkret: »Ich denke, diese Nation sollte sich das Ziel setzen, vor dem Ende dieses Jahrzehnts einen Mann auf dem Mond zu landen und sicher zur Erde zurückzubringen. In einem ganz realen Sinn wird es nicht ein Mann sein, der zum Mond geht, sondern eine ganze Nation.«

NOCH EIN POWERS?

Obwohl in der Sowjet-Presse schon mehrfach angedeutet worden war, daß demnächst wohl ein Mensch ins All starten würde, dachte natürlich kaum jemand daran, einem zur Erde zurückkehrenden Raumfahrer leibhaftig zu begegnen. Doch genau das geschah an jenem 12. April.

Ein Kolchos-Brigadier wollte denn auch seinen Augen nicht zu trauen, als er am Himmel einen »Kessel« erblickte, der an einem Fallschirm hing. Sein erster Gedanke sei gewesen, daß es sich nur um noch einen Spion à la Powers handeln konnte, bekannte Wassili Kosatschenko später. Denn noch zu frisch war in Erinnerung, daß unweit von hier, bei Swerdlowsk, knapp ein Jahr zuvor, ausgerechnet am 1. Mai, der US-Pilot Francis Gary Powers mit seiner - U-2 von einer sowjetischen Rakete vom Himmel geholt wurde. Der Vorfall war im Zeichen der Kalte-Kriegs-Psychose von der Sowjetpropaganda weidlich ausgeschlachtet worden. Dem Spion wurde in einem Schauprozeß verurteilt und kam in das Gefängnis von Wladimir bei Moskau.

Im Februar 1962 war Powers aber in aller Stille gegen den sowjetischen Spion Abel ausgetauscht worden. Der Sohn von Powers hat übrigens dem Gefängnis im Frühjahr 1997 einen Besuch abgestattet. Einige Zeitungen brachten sogar Fotos, die ihn zeigten, wie er dem Gefängnisdirektor, der heute auf seinen berühmten Ex-Gefangenen nahezu stolz ist, freundschaftlich die Hand schüttelte.

Der Zwischenfall mit Powers so nahe an dem streng geheimen Kosmodrom hatte den sowjetischen Generalstab bewogen, in Baikonur ein Frühwarnsystem einzuführen. So hatte beim Code-Wort »Skorpion« jegliches Leben auf dem Riesengelände zu erstarren. Dabei gab es drei unterschiedliche Warnstufen. »Skorpion 1« bedeutete, daß sich im Zug Moskau – Taschkent, der das Versuchsgelände durchquerte, ein ausländischer Spion befand, der per Funkpeilung die Koordinaten und die Anzahl der Startplätze hätte ermitteln können, wie man befürchtete. Näherte sich ein US-Spionageflugzeug der Südflanke der UdSSR, so wurde die Stufe »Skorpion 2« ausgelöst. »Skorpion 3« schließlich signalisierte höchste Gefahr. Dann befand sich nämlich ein amerikanisches Aufklärungsflugzeug direkt über dem Kosmodrom.

Die vielen tausend Spezialisten, die in Baikonur arbeiteten, hatten freilich so ihre Zweifel, ob im kosmischen Zeitalter derartige Geheimhaltungsmethoden noch Sinn machten. Sie fügten sich aber in ihr Schicksal, daß die Arbeit von Zeit zu Zeit auf diese Weise einmal unterbrochen werden mußte, und führten sogar eine eigene Warnstufe ein – »Skorpion 4«. Wurde sie verkündet, so war Chefkonstrukteur Koroljow im Anmarsch. Höchste Betriebsamkeit war also geboten. Denn Koroljow sah es überhaupt nicht gern, wenn nicht fleißig gearbeitet wurde.

DER TAG DANACH

Der Tag nach dem Flug beginnt für Gagarin wie jeder andere, nämlich mit Frühsport. Er war allerdings nicht wie gewöhnlich nach dem Aufwachen gleich aufgestanden, sondern hatte noch eine halbe Stunde im Bett gelegen, um den vorangegangen Tag Revue passieren zu lassen. Noch immer erschien ihm alles wie ein Traum. Sollte wirklich gerade er der erste Mensch im All gewesen sein?

Nach der Morgengymnastik duscht Gagarin und rasiert sich seinen Zweitagebart ab. Denn nach alter Fliegersitte war er unrasiert in sein Raumschiff gestiegen.

Um 08.00 Uhr sind wieder die Ärzte an der Reihe. Die Diagnose lautet erneut: Alles in Ordnung. Keine Veränderungen.

08.30 Uhr – Schweigend frühstückt Gagarin. Beim Essen überlegt er, wie er am besten seinen Flugbericht aufbaut, den er in einer knappen Stunde erstatten muß. Er beschließt, sich auf die neuen Phänomene wie die Schwerelosigkeit sowie den grandiosen Blick ins All und auf unseren kleinen Planeten zu konzentrieren.

09.30 Uhr – Die Mitglieder der Staatlichen Kommission sowie Wissenschaftler, Konstrukteure, Vertreter der Raumfahrtindustrie, Militärs und Parteifunktionäre des Gebietes Kuibyschew haben sich versammelt, um Gagarins Bericht zu hören. Der Kosmonaut freut sich, als er unter den Anwesenden auch Koroljow ausmacht, der ihm zulächelt. Beide begrüßen und umarmen einander herzlich.

Dann beschreibt Gagarin, wie die Raumschiffsysteme funktioniert haben und was er außerhalb der Erdatmosphäre gesehen und erlebt hat. Der Kosmonaut hat nichts schriftlich vorbereitet, sondern spricht frei. »Man hörte mir aufmerksam zu. Ich geriet in Begeisterung und sprach lange«, erinnerte er sich später in seinem Buch. »Ich bemühte mich, nichts zu vergessen. Die Gesichter der Anwesenden zeigten mir, daß sie interessierte, was ich erzählte.« Und dann seien die Fragen gekommen. Auch hier habe er sich bemüht, »jede so exakt wie möglich zu beantworten, denn ich wußte, wie wichtig das für die weitere Arbeit zur Eroberung des Weltraums war«.

Der Bericht des frischgebackenen Majors, aus dem am Anfang dieses Buches ausführlich zitiert wird, und das Frage-und-Antwort-Spiel dauern insgesamt zwei Stunden und werden sogleich zur Geheimen Verschlußsache erklärt. Die Mehrzahl der Anwesenden erfährt in dem Bericht zum ersten Mal, daß es in der Endphase des Fluges höchst dramatisch zuging, als sich die Gerätesektion nicht rechtzeitig von der Landekapsel löste und diese gefährlich ins Trudeln geriet.

Koroljow faßt in einem Schlußwort die Ergebnisse dieser ersten Sitzung zur Auswertung des Fluges zusammen. Dann trifft er sich mit den Kosmonauten, bevor er zusammen mit den Mitgliedern der Staatlichen Kommission an den Landeort von »Wostok« fliegt.

Der Chefkonstrukteur, der sich in Hochstimmung befindet, gratuliert Gagarin und seinen Kollegen zu dem »gewaltigen allgemeinmenschlichen Sieg«. Mit dem Flug seien die Menschen »stärker, kühner und besser« geworden. Partei und Regierung widmeten alle Errungenschaften der sowjetischen Kosmoswissenschaft den friedlichen Zielen der Menschheit, behauptet er und fügt hinzu: »Und niemals werden wir, Wissenschaftler und Kosmonauten, diese heilige Regel unserer Macht vergessen.«

Dann philosophiert Koroljow über den neuen Beruf des Kosmonauten. »Ein Kosmonaut muß ernsthaft lernen«, sagt er. Dabei gehe es nicht nur um eine höhere technische Bildung. Mit dieser müsse man allerdings beginnen. Der Kosmonaut erprobe »komplizierteste Technik beim Raumflug«. Für eine solche Sache reichten »Kühnheit und sogar überdurchschnittliches Talent« nicht aus. »Erforderlich sind umfangreiche Kenntnisse und Arbeit.«

Koroljow, der Gagarin in der Tat ein Jahr später zum Studium an die Shukowski-Akademie schickte, beendet seine kleine Lektion, indem er sich direkt an ihn wendet: »Und die Hauptsache ist, daß ihr euch nicht... Bleibt euren moralischen und ethischen Überzeugungen treu. Bleibt ein Sowjetmensch.«

Im Anschluß an die Sitzung trifft sich Gagarin mit Journalisten.

Den Ton geben dabei »Prawda«-Korrespondent Denissow und Ostroumow von der »Iswestija« an. Sie überschütten den Kosmonauten förmlich mit Fragen wie »Kann man im Kosmos leben?«, »Was ist das, Schwerelosigkeit?« und »Wie sieht die Erde aus?« Gagarin antwortet so ausführlich wie möglich. Bald aber schreitet Kamanin mit dem Hinweis ein, der Kosmonaut brauche Ruhe.

Doch das ist nur die halbe Wahrheit. In Wirklichkeit braucht Kamanin den Kosmonauten, um mit ihm den Rapport zu üben, den er am nächsten Tag Chruschtschow beim großen Empfang auf dem Moskauer Regierungsflughafen Wnukowo erstatten soll. Gleich nach dem Mittagessen beginnen beide mit den Exerzitien. Wie Kamanin anerkennend bemerkt, beherrschte Gagarin den Text, den er vor dem Partei- und Regierungschef aufsagen sollte, binnen einer halben Stunde. Anfangs habe er ihn aber immer zu schnell gesprochen. Die Übungsstunde entbehrte nicht einer gewissen Komik. Denn Kamanin spielte dabei die Rolle Chruschtschows, und Gagarin mußte ein ums andere Mal im Paradeschritt auf ihn zumarschieren und dann seine Meldung herbeten.

Auch die Rede, die Gagarin am nächsten Tag auf dem Roten Platz halten sollte, wurde fleißig geübt. Zur Erleichterung Kamanins bewies der Kosmonaut aber auch hier »Talent«. Er sei »kein schlechter Redner«, konstatiert der General zufrieden.

Am Abend ruft Breshnew zweimal in der Datscha an. Auch Werschinin meldet sich mehrfach telefonisch. Beide sind über die Wetterprognose besorgt. Denn just für den Zeitpunkt, da Gagarin mit »großem Bahnhof« empfangen werden soll, haben die Meteorologen Regen vorausgesagt. Kamanin einigt sich zudem mit Breshnew darauf, daß Gagarin als erster die Sondermaschine verläßt und dann über den Roten Teppich zu Chruschtschow auf der Regierungstribüne marschiert, um ihm die Meldung zu erstatten. Der Troß soll am Fuße der Tribüne Aufstellung nehmen.

An diesem Abend haben Koroljow und Gagarin Gelegenheit, bei einem Spaziergang einmal ungestört unter vier Augen miteinander zu sprechen. Dabei überrascht der Kosmonaut seinen väterlichen Freund und Lehrer mit einem Souvenir besonderer Art. Im Wissen

Breshnew heftet Gagain das Kosmonautenabzeichen an die Uniformjacke

um den geheimen Wunsch des Chefkonstrukteurs, seine »Apparate« am liebsten selbst zu fliegen, hatte er ein Amateur-Foto Koroljows mit ins All genommen. Es stammte aus den 30er Jahren und zeigt ihn als Angehörigen der »Gruppe zum Studium der Rückstoßbewegung« (GIRD), die sich mit der Förderung der Raketen- und Raumfahrttechnik befaßte.

Anfänglich etwas ungehalten über die Undiszipliniertheit Gagarins, freut sich Koroljow schließlich doch sehr über das Mitbringsel, das ihn an seine Anfangszeit als Raketenbauer erinnert.

Bevor für Gagarin der lange erste Erdentag nach dem Flug zu Ende geht, muß er sich noch einer angenehmen Aufgabe entledigen. Vor dem Spiegel probiert er erstmalig seine nagelneue maßgeschneiderte Majors-Uniform an, die er beim Empfang in Moskau tragen wird. Sie sitzt tadellos.

Die »Prawda« veröffentlicht übrigens an jenem 13. April ein Interview mit dem »Vater der deutschen Raketentechnik«, Professor Hermann Oberth. Darin sagt Oberth, er freue sich, daß sich mit dem erfolgreichen Flug Gagarins seine Voraussage von 1923 bewahrheitet habe, daß es möglich sei, Menschen in den Weltraum zu schicken. Allerdings habe er damals geglaubt, daß der erste Kosmonaut ein Deutscher sein würde, fügte Oberth hinzu. Als die UdSSR am 4. Oktober 1957 den »Sputnik« gestartet habe, sei er aber zu der Überzeugung gelangt, daß das wohl ein Sowjet sein würde.

Gagarin und Koroljow

EMPFANG IN MOSKAU

Dieser 14. April, an dem Gagarin in Moskau ein triumphaler Empfang bereitet wird, beginnt mit einer guten Nachricht. Schon um 06.00 Uhr erfährt Kamanin bei einem Telefonat mit Moskau, daß sich die Meteorologen geirrt haben: Es wird nicht regnen, wie am Vortag vorausgesagt. Der Wettergott hat ein Einsehen.

Nach dem Frühstück trifft Gagarin einen alten Bekannten wieder – Dmitri Martjanow. Der ehemalige Instrukteur des Saratower Aeroklubs war Gagarins erster Fluglehrer. Martjanows Freude und Stolz ist natürlich groß, daß gerade seinem Schützling die Ehre zuteil wurde, als erster Mensch in den Weltraum zu fliegen.

Gagarin macht noch einen kleinen Spaziergang an der Wolga entlang, um seine Gedanken für das bevorstehende Zeremoniell zu sammeln. Dann muß er zum Flughafen. Um 10.40 Uhr hebt die Sondermaschine des Typs Il-18 in Kuibyschew ab und nimmt Kurs auf die Hauptstadt. Am Steuerknüppel sitzt übrigens Boris Bugajew, der es später bis zum Minister für Zivilluftfahrt der UdSSR bringen soll. Während des gut zweistündigen Fluges lädt Bugajew den Kosmonauten ins Cockpit ein und erläutert ihm die vielen Instrumente der viermotorigen Propellermaschine, die einst als Bomber konstruiert worden war.

Danach beantwortet Gagarin rund eine Stunde lang die Fragen von Journalisten, die mit an Bord sind, bevor er sich mit Kamanin zurückzieht, um mit ihm ein letztes Mal das bevorstehende Programm, insbesondere das Protokoll, durchzugehen. Dabei überrascht Kamanin Gagarin auch mit der Mitteilung, daß ihm am selben Tag der Titel »Held der Sowjetunion« verliehen wurde. Während Gagarin noch schnell die Tageszeitungen durchblättert, übernehmen sieben Düsenjäger die Ehreneskorte der Sondermaschine auf den letzten 50 Kilometern: Zwei links, zwei rechts und drei über der Il-18. Der Kosmonaut dankt für die Begrüßung und schickt seinen »Düsenjägerpiloten-Freunden« per Funk einen »heißen Gruß«.

13.00 Uhr – Nach einer Schleife über Moskau landet die Sondermaschine auf dem Regierungsflughafen Wnukowo und rollt langsam bis vor die Ehrentribüne. Gagarin, der sehr angespannt wirkt, zieht seinen funkelnagelneuen Paradeuniformmantel mit den glänzenden Majors-Schulterstücken an, bindet den weißen Schal um und setzt sich die Mütze auf. Im Spiegel kontrolliert er noch einmal, ob alles richtig sitzt. Mit einem leichten Klaps auf die Schulter schickt ihn Kamanin aus der Flugzeugtür auf die Gangway. Beifall brandet auf. Der Kosmonaut fixiert mit seinem Blick den 100 Meter langen roten Teppich, dann marschiert er los, seinem »großen und verdienten Ruhm entgegen«, wie es Kamanin formuliert.

Unter den Klängen des eigens für ihn komponierten Liedes »Herzlich willkommen in Moskau« und des vertrauten Fliegermarsches nähert er sich im Paradeschritt der Tribüne, auf der die Partei- und Staatsführung vollständig versammelt ist. Rechts von ihm ein dichtes Spalier jubelnder Menschen. Sie halten Transparente und große Fotos hoch. Gagarin erkennt zu seiner Überraschung, daß die Fotos ihn selbst zeigen.

Plötzlich durchzuckt den Kosmonauten ein Riesenschreck: Ein Schnürsenkel ist aufgegangen. Nur nicht drauftreten oder gar den Schuh verlieren, ist sein einziger Gedanke in dieser Sekunde. Doch nichts passiert. Dann steht Gagarin vor Chruschtschow, legte salutierend die Hand an die Mütze. Mit dem ersten Wort der Meldung bricht der Fliegermarsch abrupt ab:

»Genosse Erster Sekretär des Zentralkomitees der Kommunistischen Partei der Sowjetunion und Vorsitzender des Ministerrates der UdSSR!

Ich freue mich, Ihnen melden zu können, daß die Aufgabe des Zentralkomitees der Kommunistischen Partei und der sowjetischen Regierung erfüllt ist.

Der erste Flug in der Geschichte der Menschheit mit dem sowjetischen Raumschiff »Wostok« am 12. April ist erfolgreich abgeschlossen worden. Alle Geräte und Ausrüstungen des Raumschiffes haben zuverlässig und tadellos funktioniert. Ich fühle mich ausgezeichnet. Ich bin bereit, jede beliebige neue Aufgabe unserer Partei und Regierung zu erfüllen. Major Gagarin.«

Es ist geschafft, die Übungsstunde mit Kamanin hat sich gelohnt. Gagarin hat seinen Text fehlerfrei vorgetragen, nicht zu schnell und nicht zu langsam.

Chruschtschow umarmt und beglückwünscht Gagarin. Dann folgen, streng nach Protokoll, Breshnew und die anderen Mitglieder der Partei- und Staatsführung. Auch Nina Chruschtschowa küßt den Kosmonauten ab.

Erst dann kann Gagarin endlich seine Frau Walja, seine Eltern und die Geschwister in die Arme schließen, die angesichts der geballten kommunistischen Prominenz eher eine Statistenrolle spielen. »Nun hat sich unser Traum erfüllt, Jura«, sagt Walentina Gagarina mit Tränen in den Augen. Chruschtschow, der sich sichtbar im Glanze Gagarins sonnt, stellt den Kosmonauten höchstpersönlich dem Diplomatischen Korps vor.

Um 13.41 Uhr nehmen Gagarin und Ehefrau Walja in einer offenen blauen Sil-Limousine Platz. Es beginnt eine beispiellose Triumphfahrt durch die Millionen-Stadt zum Roten Platz. Ganz Moskau scheint auf den Beinen zu sein. Selbst am kilometerlangen Lenin-Prospekt, der damals noch nicht so dicht bebaut ist, sind die Plätze so rar wie heißbegehrte Theater-Karten, beschreibt ein Reporter die Szene. Nach einer Dreiviertelstunde Fahrt durch ein immer dichter werdendes Spalier wird Gagarin auf der Tribüne des Lenin-Mausoleums von einer unübersehbaren Menschenmenge mit Hurra-Rufen empfangen.

ZK-Sekretär Frol Koslow eröffnet die Kundgebung und erteilt Gagarin das Wort. Immer wieder von Beifall unterbrochen, dankt dieser all jenen, die ihm den Flug ermöglicht haben. »Vom Start an bis zur Landung hatte ich keinerlei Zweifel am erfolgreichen Ausgang des Raumfluges«, klingt Gagarins klare, helle Stimme über den Platz. »Wir können voller Überzeugung sagen, daß wir mit

Ehrenspalier für Gagarin in Moskau

137

unseren sowjetischen Raumschiffen auch auf weiter entfernten Bahnen fliegen werden.«

Chruschtschow feiert, temperamentvoll wie immer, Gagarins Flug als neuen Sieg der »Arbeit, der Wissenschaft und des Verstandes« der Völker der Sowjetunion. »Die Sowjetmenschen haben einen großen Weg des Kampfes für den Aufschwung der Volkswirtschaft, für die Entwicklung der Technik und der Wissenschaft zurückgelegt und erhielten dafür den verdienten Lohn, indem sie als erste einen Raumschiff-Sputnik mit einem Menschen an Bord gestartet haben«, ruft er aus. »Diese unsterbliche Heldentat, diese herausragende Leistung wird Jahrhunderte fortleben als eine großartige Errungenschaft der Menschheit.«

Koroljow erlebt die Rede seines Schützlings in seiner Moskauer Wohnung vor dem Fernsehgerät mit. Eigentlich wollte auch er auf dem Roten Platz sein, doch dann befiel ihn ein Unwohlsein. Die gewaltigen Anstrengungen der letzten Tage forderten ihren Tribut. Auf sanftes Drängen seiner Frau fährt er nach Hause und nimmt ein Medikament.

Außerdem würde er sowieso nicht vermißt. Denn Koroljow, dem die UdSSR ihre Weltraumerfolge maßgeblich verdankt, ist quasi nicht existent. Auf Weisung der Moskauer Führung darf sein Name nicht genannt werden, auch darf er auf keinem Bild erscheinen. Er taucht in Publikationen höchstens einmal anonym als »Chefkonstrukteur« auf – ein Umstand, der dem ehrgeizigen Wissenschaftler ungemein zu schaffen macht. Denn dieser Geheimhaltungs-Bannstrahl trifft ihn nicht nur tief als Menschen, er behindert auch seine wissenschaftliche Arbeit, seinen Gedankenaustausch etwa mit dem Ausland. Doch darauf komme ich später noch ausführlich zurück. Allerdings war Koroljows Tochter Natalja, eine Chirurgin, in der Menge auf dem Roten Platz. Gut 30 Jahre später gestand sie einem amerikanischen Reporter ein, daß ihr Vater sehr unter dieser Anonymität gelitten habe.

Im Anschluß an das mehr als dreistündige Meeting unterhält sich Chruschtschow kurz mit Gagarins Familie, die das Geschehen auf einer Nebentribüne miterlebte. Besonders erfreulich kann das

Gespräch aber nicht gewesen sein. In seinem Buch zitiert Gagarin daraus nur einen Satz, der es allerdings in sich hat. An Ehefrau Walentina gewandt, soll Chruschtschow mit dem ihm eigenen Takt gesagt haben: »Niemand konnte die volle Garantie dafür geben, daß das Geleit zum Weltraumflug für Juri Alexejewitsch nicht zugleich auch das letzte Geleit sein würde.« Es bedarf sicher nicht viel Phantasie, um sich vorzustellen, wie der jungen Frau nach diesen »einfühlsamen« Worten zumute war.

Nach dem obligatorischen Besuch am Sarkophag mit dem einbalsamierten Leichnam Lenins setzt Gagarin auf dem Kreml-Gelände zur Erinnerung an seinen Flug eine Eiche. Dann begibt er sich zum Großen Kremlpalast. Denn dorthin hat für 18.00 Uhr die Führung zu einem festlichen Empfang geladen. Fanfaren erklingen, ein Chor

Gagarin bei seiner Begrüßung auf dem Roten Platz

stimmt die Hymne »Ruhm dir« aus Glinkas Oper »Iwan Sussanin« an.

Im prunkvollen Georgs-Saal heftet der Vorsitzende des Präsidiums des Obersten Sowjets, Breshnew, dem Kosmonauten den Goldenen Stern eines »Helden der Sowjetunion«, den dazugehörigen Lenin-Orden sowie das neu geschaffene Kosmonauten-Abzeichen an die Brust. Gagarin erinnerte sich später, Breshnew habe dabei leicht nach »gutem Cognac« gerochen. Er selbst habe sich an diesem Tag bei Alkohol aber bewußt zurückgehalten, um nicht den Überblick zu verlieren.

Im Ukas des Obersten Sowjets heißt es, Gagarin erhalte diese höchste Auszeichnung der UdSSR für den »Mut, die Kühnheit und die Furchtlosigkeit«, die er bei seinem Kosmosflug an den Tag gelegt habe, der der sozialistischen Heimat zur Ehre gereiche.

Koroljow, dem es wieder etwas besser geht und der sich unerkannt unter die vielen Gäste des Empfangs gemischt hat, ist einer der ersten Gratulanten. Gagarin habe bewiesen, wozu der Mensch fähig ist, sagt er in kleinem Kreis. Er habe den Glauben der Menschen an ihre eigenen Fähigkeiten und Möglichkeiten gestärkt und ihnen Kraft gegeben, entschlossener, kühner voranzuschreiten. »Das ist eine prometheische Tat«, sagt Koroljow, dem es wie allen anderen Spitzenleuten der Raketentechnik aus Geheimhaltungsgründen nicht vergönnt ist, am Tisch von Chruschtschow und Gagarin Platz zu nehmen.

Die Parteiführung kündigte an diesem Abend für die nächste Zeit einen wahren Ordensregen für die Schöpfer von »Wostok« an. Sieben herausragende Wissenschaftler und Konstrukteure erhalten denn auch am 20. Juni den Ehrentitel »Held der sozialistischen Arbeit«, darunter Koroljow (er hatte die Auszeichnung erstmals am 20. April 1956 bekommen), 95 führenden Konstrukteuren, Wissenschaftlern, Leitern, Funktionären und Arbeitern wird der Titel erstmals verliehen. Natürlich werden auch Chruschtschow, Breshnew und Ustinow mit dem (wievielten?) begehrten Stern eines Arbeitshelden bedacht. Außerdem werden 6.924 weitere Personen, die im weitesten Sinne mit dem Flug zu tun hatten, mit Orden und Medaillen ausgezeichnet.

Gagarins Double German Titow erhält den Lenin-Orden, die anderen künftigen Kosmonauten der ersten 20er-Gruppe den Rotbanner-Orden. Auch Gagarins Frau Walentina wird nicht vergessen. Für sie war eigentlich der Orden »Für Heldentum in der Arbeit« vorgesehen. Doch dann wurde es auf direkte Intervention Chruschtschows sogar der Lenin-Orden. Die bescheidene und eher zurückhaltende Frau hat den Orden aber, wie zu hören ist, nie angelegt – aus welchem Grund auch immer.

Auf den Auszeichnungslisten, die in den Zeitungen veröffentlich

Gagarin und Koroljow im Gespräch

141

wurden, durften viele Namen nicht genannt werden, natürlich auch nicht der von Koroljow.

Der Abend in Moskau klingt mit einem prächtigen Feuerwerk aus. Auch in Baikonur gibt es ein Feuerwerk – ein ungewolltes allerdings. Denn kurz nach dem Start explodiert eine Atom-Rakete. Glücklicherweise hatte sie aber keinen Sprengkopf an Bord.

Erst spät sind die Gagarins, die man in einer Regierungs-Villa auf den Lenin-Bergen hoch über der Stadt einquartiert hat, endlich allein. Juri dankt seiner Frau für ihre Hilfe. »Es ist jetzt so schwer für mich«, bekennt er, »und ich brauche dich jetzt vielleicht noch mehr als früher.« Dann sagt er: »Ich habe nicht angenommen, daß man mich so empfängt. Ich habe gedacht, nun, ich fliege also und komme eben zurück... Was aber jetzt los ist...«

Gagarin auf der Pressekonferenz am 15.04.1961

DIE LANDELÜGE WIRD FESTGEKLOPFT

Am nächsten Tag, dem 15. April, hat Gagarin eine Feuertaufe besonderer Art zu bestehen: Erstmalig muß der frischgebackene »Held der Sowjetunion« eine Pressekonferenz bestreiten. Dabei hat er sich nicht nur den vergleichsweise harmlosen Fragen der einheimischen Journalisten, sondern auch denen der in Moskau akkreditierten westlichen Auslandskorrespondenten zu stellen.

Die Begegnung Gagarins mit der Weltpresse, zu der die Akademie der Wissenschaften und das Außenministerium der UdSSR eingeladen haben, findet im Moskauer »Haus der Wissenschaftler« statt und dauert knapp zwei Stunden. Dann hastet Gagarin weiter zu einem Rapport vor dem Militärrat der Luftstreitkräfte.

Hunderte sowjetischer und ausländischer Journalisten drängen sich in dem überfüllten Saal. Im Präsidium haben neben Gagarin nahezu die gesamte wissenschaftliche Elite der Sowjetunion, Chefkonstrukteur Koroljow ausgenommen, sowie hochrangige Vertreter von Partei und Regierung Platz genommen. Direkt hinter Akademiepräsident Alexander Nesmejanow, der die Pressekonferenz eröffnet, sitzt übrigens Michail Kroschkin, seines Zeichens Wissenschaftlicher Mitarbeiter der »Kommission zur Erforschung und Nutzung des Weltraums« bei der Akademie der Wissenschaften der UdSSR. Das Gremium, das von Akademiemitglied Anatoli Blagonrawow geleitet wird, hat die Aufgabe, jenes Material zum Thema Kosmos zu selektieren, das zur Veröffentlichung freigegeben werden kann. Von vielen wird Kroschkin, der darauf achtet, daß Gagarin und auch die anderen Redner nichts Falsches sagen und auf eventuell unangenehme Fragen »richtig« antworten, als eine Art Chefzensor angesehen.

Für Gagarin hieß das in erster Linie, bei der offiziell festgelegten Landevariante zu bleiben. Unmittelbar vor der Pressekonferenz hatte man ihm offenbar noch einmal eingeschärft, auf keinen Fall preiszugeben, daß er am Fallschirm zurückgekehrt sei.

Die Organisatoren der Pressekonferenz stellten die Journalisten auf eine harte Probe. Denn bevor sie ihre wenigen Fragen – es wurden nur etwa zwei Dutzend zugelassen – loswerden können, müssen sie erst eine wahre Redenflut über sich ergehen lassen. Eingangs gibt Nesmejanow eine ausführliche Schilderung des Fluges und seiner Vorbereitung, die man eigentlich eher von Gagarin selbst erwartet hätte. Er würdigt den Kosmonauten als einen »bemerkenswerten sowjetischen Menschen« und »Kolumbus des Kosmos«. Dann überreicht er Gagarin die Goldene Ziolkowski-Medaille, die ihm das Akademie-Präsidium für den ersten Flug eines Menschen ins All verliehen hatte.

Endlich kommt Gagarin an die Reihe. Er beginnt seine Rede überraschend mit einer Polemik. Er habe in einer Zeitung gelesen, daß sich in den USA entfernte Verwandte der Fürsten Gagarin gefunden hätten, die der Meinung seien, er, Gagarin, sei »irgendwie ihr Verwandter«. Aber er müsse sie »enttäuschen«, sagte der Kosmonaut offenbar unter Bezug auf die Nachrichtenagentur Reuters. Diese hatte aus New York gemeldet, zwei Amerikaner russischer Herkunft hätten erklärt, daß Gagarin nicht proletarischer Herkunft sei, wie behauptet. Ein gewisser Professor Alexis Schtscherbatow von der Fairleigh Dickinson University (New Jersey) hatte Journalisten gesagt, soweit ihm bekannt ist, sei Gagarin ein Enkel von Fürst Michail Gagarin, der bei Moskau und Smolensk riesige Ländereien besessen habe und von den Bolschewisten erschossen worden sei. Der 63jährige Reitlehrer Gregori Gagarin aus dem Staat Pennsylvania, der einst in der zaristischen Kavallerie gedient hatte, wollte indes ein Onkel des Kosmonauten sein.

Es gibt in der Tat ein uraltes russisches Fürstengeschlecht der Gagarins. Seine Wurzeln reichen bis zu Fürst Rurik von Nowgorod zurück, der im 9. Jahrhundert herrschte. Der Familie entstammt beispielsweise Fürst Juri Dolgoruki, der Gründer Moskaus. Der Name Gagarin taucht in der Ahnentafel, die im Internet nachzulesen ist, erstmals im 16. Jahrhundert auf. Fürst Juri »Gogara« Michailowitsch gilt als der Urahn. Sein Sohn Dmitri Jurjewitsch

Gagarin und Walentina Tereschkowa

Gagarin auf der Pressekonferenz im Haus der Wissenschaftler

Gagarin war Mitglied des Regentenrates während des Zarenfeldzuges 1555 nach Kostroma. Tatsache ist auch, daß in der Ahnentafel kein Fürst Michail Gagarin auftaucht, der der Großvater Juri Gagarins sein könnte. Allerdings stammt Fürst Michail, der laut Professor Schtscherbatow von den Bolschewisten erschossen wurde, aus der Gegend, aus der auch der Kosmonaut kommt. Reitlehrer Gregori Gagarin, der angebliche Onkel Juri Gagarins, ist in der Ahnentafel ebenfalls nicht aufgeführt.

Von den jüngsten Fürsten-Sprößlingen der Gagarins, so Fürstin Anne-Christine Nikolajewna Gagarin, Fürstin Cathérine-Nathalie Nikolajewna Gagarin und Fürst Nikolai Nikolajewitsch Gagarin, die 1949, 1959 beziehungsweise 1963 in Marokko (!) geboren wurden, hat bislang niemand den Anspruch auf nähere Verwandtschaft mit dem roten Namensvetter erhoben. So darf man wohl davon ausgehen, daß die Wortmeldungen unmittelbar nach dem Gagarin-Flug eher als Wichtigtuerei oder Trittbrettfahrerei anzusehen sind.

In Deutschland gibt es übrigens eine gastronomische Spur der Gagarins in Form des heutigen Nobelrestaurants »Palais Gagarin« in Baden-Baden. Der Name geht auf Fürstin Isabella Gagarina zurück, der Witwe von Fürst Sergej Gagarin, der einst dem russischen Zaren als Oberhofmeister diente. Sie erwarb 1868 die ehemalige Schweigert-Mühle und lebte bis zu ihrem Tod im Jahre 1886 in dem Palais, das ihre Tochter Tatjana schließlich 1916 verkaufte.

Gagarin sagte, mit all diesen Menschen habe er nichts zu tun. Anderslautende Behauptungen seien »unseriös und unsolide«. Dann stellte er klar: »Ich bin eine einfacher Sowjetmensch. Ich wurde am 9. März 1934 in der Familie eines Kolchosbauern geboren. Unter meinen Verwandten gibt es keinerlei Fürsten, und ich kenne keine Menschen dieses vornehmen Geschlechts und habe nie von ihnen gehört. Meine Eltern waren vor der Revolution arme Bauern. Mein Großvater war auch ein armer Bauer, und unter uns gibt es keinerlei Fürsten.« Er spreche diesen vornehmen »Verwandten« sein »Bedauern« aus, »aber ich muß sie enttäuschen«.

Dann berichtet Gagarin über seinen beruflichen Werdegang bis zu jenen Zeitpunkt, da sein langgehegter Traum Wirklichkeit wurde, Flieger zu werden. Auf seine »ausdrückliche Bitte« sei er schließlich in die Gruppe der Kosmonautenanwärter aufgenommen worden, habe das Auswahlverfahren durchlaufen und sei Kosmonaut geworden.

»Ich bin sehr glücklich und unserer Partei, unserem Volk und unserer Regierung unendlich dankbar, daß sie mir diesen Flug anvertraut haben. Ich habe ihn im Namen unserer Heimat, im Namen des gesamten sowjetischen Heldenvolkes, im Namen der Kommunistischen Partei der Sowjetunion und ihres Leninschen Zentralkomitees durchgeführt«, sagte Gagarin.

Dann schilderte der Kosmonaut Einzelheiten seines Fluges. Im aktiven Abschnitt, beim Aufstieg, hätten die Wirkung der Überbelastungen, die Vibrationen und andere Überbelastungen sein Befinden nicht negativ beeinflußt und es ihm erlaubt, »schöpferisch gemäß dem Programm zu arbeiten, das für den Flug vorgesehen war.«

Nach dem Eintritt in die Umlaufbahn, nach der Abtrennung der Trägerrakete sei der Zustand der Schwerelosigkeit eingetreten. Anfangs sei das Gefühl ein bißchen ungewöhnlich gewesen, obwohl er vorher die kurzzeitige Einwirkung der Schwerelosigkeit schon erlebt habe, berichtete Gagarin. Er habe sich bald an diesen Zustand der Schwerelosigkeit gewöhnt und die Erfüllung »jenes Programms fortgesetzt, das mir für diesen Flug aufgegeben worden war«. Seiner subjektiven Meinung nach wirke sich der Einfluß der Schwerelosigkeit nicht auf die Arbeitsfähigkeit des Organismus, auf die physiologischen Funktionen aus.

Während des Fluges habe er Nahrung und Wasser zu sich genommen und »ununterbrochen« in Funkverbindung mit der Erde gestanden. Er habe die Arbeit der Ausrüstungen des Raumschiffes überwacht, der Erde Bericht erstattet sowie Daten im Bordjournal und auf Tonband festgehalten.

Sein Befinden während der gesamten Periode des Zustandes der Schwerelosigkeit sei hervorragend gewesen, die Arbeitsfähigkeit voll erhalten geblieben. Dann sei »laut Flugprogramm zu einem bestimmten Zeitpunkt das Kommando zum Abstieg« gegeben worden. »Es wurden das Bremstriebwerk eingeschaltet und jene Geschwindigkeit hergestellt, die für den Abstieg des Raumschiffes auf die Erde erforderlich ist«, sagte Gagarin. Dann sprach er jenen Satz, auf den Zensor Kroschkin die ganze Zeit gespannt gewartet hatte: »Es erfolgte die Landung auf der Erde, die im Programm vorgesehen war, und ich habe mit Freude auf der Erde unsere vertrauten sowjetischen Menschen getroffen...«

Wie damals üblich, widmete Gagarin seien Flug »dem heldenhaften sowjetischen Volk, unserer Regierung, der teuren Kommunistischen Partei und dem XXII. Parteitag der Kommunistischen Partei«. Wir freuen uns, so fuhr er mit Blick auf den bevorstehenden Flug der Amerikaner fort, im Kosmos die Kosmonauten anderer Länder begrüßen zu können. »Wir wünschen ihnen gute Erfolge bei der friedlichen Erschließung des Kosmos und wollen mit ihnen bei der friedlichen Nutzung des Weltraums zusammenarbeiten.« Dann schloß Gagarin seine Rede mit den Worten: »Persönlich möchte ich

Gagarin, Kamanin und Titow (v.l.n.r.)

noch oft in den Weltraum fliegen. Es hat mir gefallen, zu fliegen. Ich möchte zur Venus, zum Mars... fliegen.«

Nach Gagarin sprachen noch andere Redner unter anderem über die Auswahl und das Training des Kosmonauten, über medizinische, biologische und psychologische Aspekte der Mission sowie über die internationale Bedeutung des ersten Fluges eines Menschen ins All, bevor – endlich – die Journalisten zu ihrem Recht kamen.

Eine der ersten Fragen, die Gagarin gestellt wurden, lautete: »Wie verlief der Abstieg von der Umlaufbahn?« Weisungsgemäß antwortete der Kosmonaut ausweichend: »Die Landetechnik war in verschiedenen Varianten ausgearbeitet worden, darunter auch in einer Fallschirm-Variante. Der Abstieg verlief erfolgreich und hat die hohe Effektivität aller Landesysteme unter Beweis gestellt.«

Damit war die Landelüge vor einem internationalen Auditorium festgeklopft worden. Gewiß, Gagarin sagte nicht explizit die Unwahrheit, sondern wich eben nur der konkreten Antwort auf die heikle Frage aus. Die Schuld daran ist am allerwenigsten ihm anzulasten. Wer sich ein bißchen in den Verhältnissen auskennt, die damals in der Sowjetunion herrschten, weiß, daß sich der Kosmonaut nur an die allgemein geltenden »Spielregeln« gehalten hat.

Inwieweit es Gagarin psychisch belastet hat, daß er im Auftrag »von oben« nicht die ganze Wahrheit sagen durfte, wissen wir natürlich nicht. Er selbst, dem nach seinem Flug nur noch sieben Lebensjahre vergönnt waren, hat sich dazu zumindest nicht öffentlich geäußert. Es darf aber davon ausgegangen werden, daß ihn das Ganze nicht völlig unberührt gelassen hat. Denn er war ein Mensch, der keine Winkelzüge mochte und auch einen ausgeprägten Gerechtigkeitssinn hatte. Von anderen Kosmonauten wissen wir, wie sehr die Raumfahrer darunter gelitten haben, daß der Öffentlichkeit nur die »Schokoladenseite« ihres Metiers gezeigt wurde. Auch die kleinste Panne wurde verschwiegen, ob es sich nun um ein mißglücktes Kopplungsmanöver, einen Unfall, eine relativ belanglose Terminverschiebung oder um den Fehlstart einer Planetensonde handelte.

Gagarin, wie ihn die ganze Welt kennt: mit Friedenstaube

Als schließlich Mitte der 80er Jahre die Wahrheit über die Fallschirmlandung Gagarins publik wurde, fragten sich alle, weshalb die Moskauer Führung diese Geheimniskrämerei veranstaltet hat. Niemand, auch die Armeezeitung »Krasnaja Swesda« nicht, konnte begreifen, daß man angeblich aus Angst, der Flug könnte von der FAI nicht anerkannt werden, zur Lüge griff. Denn immerhin war die Landung außerhalb des Raumschiffes von Anfang an im Programm vorgesehen, räsonierte das Blatt der Militärs und fügt hinzu: »Und das hätte zudem das Heldentum des Kosmonauten und die Größe (sagen wir) des Konstrukteursgeistes überhaupt nicht geschmälert.« Schließlich hätten die Amerikaner erst am 20. Februar 1962 einen Raumflug durchführen können und seien auf dem Wasser gelandet, was »technisch viel leichter ist«. Für Gagarin hingegen seien das Katapultieren und die Landung am Fallschirm »eine zusätzliche Mut- und Willensprüfung« gewesen, die er ebenfalls bestanden habe.

Gagarin und Walentina Tereschkowa 1963 bei ihrem DDR-Besuch in Berlin mit Ulbricht

152

Ich habe natürlich auch Gagarins Witwe gefragt, wie ihr Mann mit der Landelüge fertig geworden sei. In einem langen Brief schrieb sie mir dazu aus dem »Sternenstädtchen«, wo sie zurückgezogen lebt: »Gagarin hat immer nur wahrheitsgemäß über seinen Flug berichtet.« Das betreffe sowohl sein Buch »Der Weg in den Kosmos« als auch seinen Bericht vom 13. April 1961 vor der Staatlichen Kommission. Frau Gagarina zitiert dazu ausführlich die Landepassage aus dem Geheimbericht und stellt dann fest: »So war es in Wirklichkeit, so hat es auch Jura bei seinen Begegnungen mit allen Auditorien erzählt.« Die ersten sowjetischen Kosmonauten, die mit »Wostok«-Raumschiffen geflogen sind, seien »nicht im Landeapparat auf die Erde zurückgekehrt, sondern an Fallschirmen«. In den Büchern Gagarins und später Titows sei »all das richtig dargestellt«. Es habe »keinerlei ideologische, politische und staatliche Gründe« gegeben, die Wahrheit zu vertuschen. »Das ist eine Lüge«, schreibt Frau Gagarina in Sorge um das Ansehen ihres Mannes. Lei-

Gagarin und Tereschkowa bei ihrem DDR-Besuch 1963

der gebe es »gegenwärtig um den Flug J. Gagarins und sein Leben nicht wenige Erfindungen«. Das sei eine »vorsätzliche und abscheuliche Diskreditierung unserer nationalen Kosmonautik«. Daran seien auch »einige russische Journalisten« beteiligt. »Mögen sie das mit ihrem Gewissen abmachen«, stellt Walentina Gagarina fest.

Man kann natürlich verstehen, daß die Frau ihren Mann so vehement verteidigt und nicht wahrhaben will, daß er für diese Staatslüge mißbraucht wurde. An der Tatsache, daß dies geschehen ist und zu seinen Lebzeiten nicht mehr korrigiert wurde, ändert das allerdings nichts.

Interessanterweise hat Gagarin in seinem Buch »Der Sprung ins Weltall«, das er kurz vor seinem tragischen Tod 1968 gemeinsam mit Wladimir Lebedew abschloß, ausführlichst den Vorgang der Landung am Fallschirm beschrieben. Als Beispiel führte er dabei aber nicht seine eigene Rückkehr zur Erde, sondern die Titows an. Der aufmerksame Leser kann sich dabei des Eindrucks nicht erwehren, daß sich Gagarin hiermit etwas von der Seele schreiben wollte. Aber möglicherweise hat er genau das Gegenteil dessen erreicht, was er eigentlich beabsichtigte.

Denn selbst unter Fachleuten war die Verwirrung groß. So konnte man noch 1988 in der einschlägigen Literatur nachlesen, daß Gagarin als einziger »Wostok«-Kosmonaut in der Landekapsel zurückgekehrt sei, während sich die anderen aus dem Raumschiff herauskatapultieren mußten.

Doch zurück zur Pressekonferenz. Verständlicherweise fielen die meisten der Antworten Gagarins etwas knapp und lakonisch aus. Denn erstens war er den Umgang mit den Medien nicht gewohnt, und zweitens befürchtete er offenbar, irgendwelche »Geheimnisse« auszuplaudern. Denn als Offizier war er zu strengster Geheimhaltung verpflichtet. So versuchte er sich dadurch über die Runden zu retten, daß er immer gerade nur soviel sagte, wie es ihm vertretbar erschien, ohne allerdings unhöflich zu sein. So antwortete Gagarin auf die Frage eines lateinamerikanischen Journalisten, wie Südamerika aus dem All aussehe, lediglich »Sehr schön«, obwohl der

Gagarin mit seinen Töchtern

Kontinent während seines Überfluges im Dunklen lag, er ihn also gar nicht sehen konnte.

Am ausführlichsten war Gagarin immer dann, wenn es nicht so sehr um Einzelheiten des Fluges, sondern mehr um allgemeine Dinge ging. Dann hängte er auch meistens ein »ideologisches Schwänzchen« an seine Antworten. So sagte er auf eine Frage nach der Rolle des Funkverkehrs bei dem Flug: »Ich schätze die Rolle der Funkverbindung bei diesem Flug sehr hoch ein. Diese Verbindung erlaubte es mir, einen ständigen Austausch mit der Erde zu führen: Kommandos zu empfangen, Informationen von Bord des Raumschiffes über die Arbeit aller Systeme zu übermitteln und Beobachtungen mitzuteilen. Außerdem spürte ich die ständige Unterstützung unseres Volkes, der Regierung und der Partei, bei dem Flug nicht alleingelassen zu sein.«

Ideologisch »einwandfrei« reagierte der Kosmonaut auch auf die »ketzerische« Frage, ob er einen Talisman mit an Bord gehabt habe: »Ich kann Ihnen versichern, daß ich an keinerlei Dinge, Talismänner oder ähnliche Sachen glaube. Ich hatte keinerlei Fotos dabei, da ich zuverlässig wußte, daß ich auf die Erde zurückkehre und meine Verwandten und Familie hier auf der Erde mit eigenen Augen wiedersehe.«

Das stimmte freilich nicht ganz. Denn Tatsache ist, daß Gagarin zu diesem Zeitpunkt schon seinem väterlichen Freund Koroljow »gebeichtet« hatte, daß er ein Foto von ihm mit an Bord hatte. Doch das erfuhr die Menschheit erst viel, viel später.

Einige Journalisten haben übrigens die lakonischen Antworten später als Beweis dafür gewertet, daß Gagarin nicht mehr sagen konnte, weil er einfach nicht mehr wußte, da er ja gar nicht geflogen sei. Nemere beispielsweise führte in diesem Zusammenhang insbesondere die Aussage des Kosmonauten ins Feld, daß die Erde aus dem All etwa so aussehe wie man sie aus hochfliegenden Flugzeugen kenne. Daß der Pilot Gagarin damit einen durchaus treffenden Vergleich gefunden hatte, kam ihm offenbar nicht in den Sinn.

KAMANIN WIRD ZUM OBER-ZENSOR

Es scheint, daß die Pressekonferenz selbst und die Berichterstattung darüber in den Medien nicht ganz nach dem Geschmack der Kreml-Führung ausgefallen sind. Denn während Gagarin sich nach einem kurzen Erholungsaufenthalt in der Residenz Chruschtschows am 18. April zu einer gründlichen medizinischen Untersuchung für sechs Tage ins Zentralkrankenhaus der Luftstreitkräfte begibt, werden in Moskau die Chefredakteure von Presse, Funk und Fernsehen ins Zentralkomitee der KP einbestellt. Dort ermahnt man sie eindringlich, von nun an keinen Artikel und kein Foto zum Thema Weltraum mehr ohne die ausdrückliche Genehmigung Kamanins zu veröffentlichen. Damit begann eine verhängnisvolle Entwicklung, die bis zur Gorbatschow-Ära dauerte und mit daran schuld ist, daß nach Schätzungen von Experten bis heute erst etwa 80 Prozent der sowjetischen Weltraumgeschichte offengelegt sind.

Gagarin und Gina Lolobridgida auf dem 2. Internationalen Filmfestival zu Moskau 1961

Kamanin geriet mit diesem Zensur-Ukas in eine Zwickmühle. Zum einen gehörte er zu jenen, die bislang immer wieder hartnäckig mit der Führung um mehr Öffentlichkeit in Sachen Raumfahrt gerungen haben. Zum anderen wurde er nun selbst die letzte Instanz bei einem brandheißen Thema, das fortan die Medien bestimmte. Die Folge war, daß der General mit einer wahren Flut von Telefonanrufen und Artikeln überschwemmt wurde, die ihn mehr und mehr von seiner eigentlichen Arbeit abhielten. Zudem war Kamanin mit Gagarin in der kommenden Zeit sehr viel im Ausland unterwegs, so daß sich das Material auf seinem Schreibtisch türmte.

Es mußte also eine Lösung gefunden werden. Diese bestand im wesentlichen darin, daß in den zentralen Medien ein relativ kleiner, überschaubarer Kreis von Journalisten gebildet wurde, die sich nur mit der Raumfahrt befaßten und »vergattert« waren. Damit wurde die Gefahr, daß einmal etwas unkontrolliert veröffentlicht wurde, von vornherein erheblich eingedämmt. Ungeachtet dessen mußten aber auch die Beiträge dieses erlauchten Kreises weiter vorgelegt werden. Das System hat übrigens reibungslos funktioniert. Bekannt wurde eigentlich nur eine »Panne«, aber die soll nach Angaben der Gewerkschaftszeitung »Trud« (Arbeit) für einen erheblichen »Skandal« gesorgt haben. Eine nicht näher genannte »zentrale« Zeitung hatte einen Artikel veröffentlicht, in dem ein Augenzeuge beschrieb, wie er Gagarin am Fallschirm zur Erde schweben sah. Ob das Zufall oder etwa der gezielte Versuch war, die Zensur auf die Probe zu stellen, ist nicht überliefert. Tatsache aber ist, daß diese »Disziplinlosigkeit« einigen Staub aufwirbelte und sicher nicht dazu angetan war, die Zensur zu lockern.

Gerade diesem engen Kreis von Raumfahrtjournalisten ist es allerdings auch zu verdanken, daß viel mehr Informationen an die Öffentlichkeit kamen, als es der Zensur lieb war. Denn alles, was sie nicht in ihren Artikeln unter- oder durchbringen konnten, verarbeiteten sie früher oder später in Büchern, die sie unter ihrem eigenen Namen, als Ghostwriter für Kosmonauten oder mit einem der Raumfahrer als Co-Autor herausbrachten.

Die Bücher wurden zwar auch zensiert, aber eben nicht annähernd so gründlich und streng wie Zeitungsbeiträge. Zudem waltete eine gewisse Ehrfurcht, wenn der Autor etwa Gagarin, Titow, Nikolajew oder Popowitsch hieß. Und so rutschte vieles durch, was normalerweise im Netz der Zensur hängengeblieben wäre. Für diejenigen, die über die nötigen Sprachkenntnisse verfügten, für die wurden die Bücher so bekannter Raumfahrtjournalisten wie Michail Rebrow, Wladimir Gubarew, Boris Konowalow, Nikolai Denissow, Georgi Ostroumow, Wassili Peskow oder Jaroslaw Golowanow eine wahre Fundgrube. Mit viel Geduld und Fleiß konnte man so das sowjetische Raumfahrt-Puzzle zumindest bis zu einem gewis-

Gagarin spricht vor dem Obersten Sowjet

sen Grade zusammensetzen, obwohl es immer noch arg löchrig blieb.

Speziell Rebrow und Golowanow, der es selbst mit Hilfe von Kamanin immerhin bis zum Kosmonauten-Kandidaten brachte und dabei viele Insiderkenntnisse erwarb, haben sich dann in der Ära Gorbatschow erfolgreich bemüht, viele der »weißen Flecken« in der Geschichte der sowjetischen Kosmonautik zu tilgen. Sie waren die ersten, die Details aus der Anfangszeit besonders der bemannten Raumfahrt und bis dato streng geheime Akten veröffentlichten.

Die Frage, ob Kamanin als Zensor der große »Verhinderer« war oder eher ein Glücksfall für die Journalisten, kann so eindeutig nicht beantwortet werden. Tatsache ist, daß auch er fest in das nahezu lückenlose Kontroll- und Überwachungssystem eingebunden war, das nicht nur die Pressefreiheit unterdrückte. Und bei den ganz großen Entscheidungen hatten schließlich nicht er, sondern sein unmittelbarer Vorgesetzter, der Chef der Luftstreitkräfte, beziehungsweise das Zentralkomitee oder gar der Parteichef persönlich das letzte Wort.

Wer Kamanins Tagebuchaufzeichnungen liest, deren erster Band 1995 erschienen ist, bekommt allerdings den Eindruck, daß dieser eher zu den kritischen Geistern zählte. Mehrfach äußert er darin nämlich Unverständnis, wenn Informationen beispielsweise über mißglückte oder nur teilweise gelungene Raketenstarts unterdrückt wurden, obgleich doch eigentlich jedem klar war, daß solche Dinge bei dem damaligen Stand der Technik vor den Amerikanern nicht zu verheimlichen waren. Auch an der militärischen und politischen Führung übte Kamanin in seinem Tagebuch wiederholt und zudem sehr deutlich Kritik.

Als am 22. Dezember 1960 der Start eines Raumschiffes mit den Hunden Shemschushna und Shulka an Bord wegen eines Fehlers in der 3. Raketenstufe scheiterte, versuchte Koroljow in Moskau durchzusetzen, daß der Flug wenigstens in einer knappen TASS-Meldung registriert wird. Doch vergeblich. Kamanins eindeutiger Kommentar dazu lautete: »Mit der Ablehnung, über den Flug zu informieren, hat das ZK der KPdSU selbst das ernsthafte Scheitern dieses Starts eingestanden.« Tatsache aber war, daß die Kapsel zwei Tage später gefunden wurde und die Hunde die ballistische Landung gut überstanden hatten. (siehe S. 45/46)

Knapp sechs Wochen später ereignete sich ein ähnlicher Fall, doch diesmal interveniert Kamanin mit Erfolg: Am 4. Februar 1961 wird die automatische Station »Venus-1« gestartet. Alles verläuft zunächst normal, nur dann zündet die 4. Raketenstufe nicht, weil das Kommando dafür aus irgendeinem Grunde ausbleibt. Die Station gelangt somit nicht auf ihre Venus-Bahn, sondern umkreist als Riesen-Sputnik mit einem Gewicht von acht Tonnen die Erde. Die in der 4. Stufe untergebrachten Antennen hatten sich nicht entfaltet, so daß auch kein Funkkontakt mit der Sonde aufgenommen werde konnte, die somit »stumm« bleibt.

In der Kommissionssitzung, die den Fall auswertet, plädiert Kamanin vehement dafür, unverzüglich über den Start zu berichten. Man sei zwar nicht zur Venus geflogen, habe aber immerhin in kürzester Zeit eine Rakete mit einer neuen 3. und 4. Stufe sowie die Sonde gebaut, was allein schon ein großer Erfolg sei, zu dem man sich nur beglückwünschen könne, lauten seine Argumente. Koroljow und einige andere zweifeln jedoch, ob es Sinn mache, über den Start zu berichten. Doch Kamanin hält ihnen entgegen, daß der Koloß in der Umlaufbahn von den Amerikanern als »Himmelsspion« oder gar als mißlungener Versuch eines bemannten Weltraumunternehmens fehlgedeutet und propagandistisch ausgeschlachtet werden könnte.

Offenbar wurde sein Flehen in der Moskauer Führung erhört. Denn mit Erleichterung nimmt der General am Abend zur Kenntnis, daß Rundfunk und Fernsehen ihre Sendungen unterbrechen und eine offizielle TASS-Meldung über den Start eines »neuen schweren Sputniks« verlesen. Ungewollte Rückendeckung für seine Argumentation zu Gunsten einer Veröffentlichung erhält Kamanin am nächsten Tag unter anderem aus Italien. Hier mutmaßen einige Zeitungen in der Tat in großer Aufmachung, bei den Sowjets sei der Start eines Menschen fehlgeschlagen. Ein Blatt zitiert sogar Ohrenzeugen, die ein »Stöhnen« und russische Wortfetzen über den Äther vernommen haben wollen.

Mit wechselndem Erfolg hat Kamanin weiterhin versucht, innerhalb des politisch vorgegebenen, sehr engen Rahmens so etwas wie Normalität in die Weltraumberichterstattung einziehen zu lassen. Immerhin wurden zum Start von Kosmonaut Nummer zwei, German Titow, am 6. August 1961 erstmals Journalisten zugelassen. Damit war gewissermaßen der erste Stein aus der Mauer der völligen Abschottung der Raumfahrt vor der Öffentlichkeit herausgebrochen.

Mit viel Geschick und Ausdauer hat der handverlesene Kreis der Raumfahrtjournalisten in der Folgezeit diesen »Brückenkopf« gegen den Widerstand der Bürokratie und Zensur Stück für Stück erweitert. Daß bei der Berichterstattung die politischen und propagadistischen Aspekte der unbestritten beachtlichen sowjetischen Kosmoserfolge überwogen, die technischen Details aber so gut wie keine Rolle spielten, lag im Zug der Zeit. Die Sowjets wollten sich um keinen Preis in die Karten gucken lassen, die sprichwörtliche »bolschewistische Wachsamkeit«, die die Bürger quasi mit der Muttermilch eingetrichert bekamen, wurde ganz groß geschrieben. Und wenn es bis zu den Olympischen Spielen 1980 in Moskau aus eben diesen überzogenen Sicherheitserwägungen nicht einmal einen Stadtplan der Sowjet-Metropole gab, weshalb sollte man dann Einzelheiten über ein Gebiet verraten, auf dem man endlich einmal dem kapitalistischen »Klassenfeind« überlegen war? So zeigte die Berichterstattung der Medien im wesentlichen nur die Sonnenseite der Sowjetraumfahrt.

Der Ehrlichkeit halber muß aber auch gesagt werden, daß das Interesse der Öffentlichkeit damals natürlich in erster Linie den Menschen, den Kosmonauten, galt, die als wahre Helden und Vorboten einer neuen Zeit erschienen. »Schuld« daran war nicht zuletzt die Person Juri Gagarins, der mit seinem offenen, klugen Gesicht und dem unnachahmlichen Lächeln weltweit die Herzen im Sturm eroberte. Mit ihm hatte die Sowjet-Propaganda einen absoluten Volltreffer gelandet. Keine PR-Agentur der Welt hätte ein besseres »Gesicht des Jahrhunderts« präsentieren können.

Der Wunsch, auch mehr technische und andere Details der sowjetischen Raumfahrt zu erfahren, wuchs in dem Maße, wie sich der Westen in dieser Frage öffnete. Viele Informationen, die Moskau seiner eigenen Bevölkerung vorenthielt, lieferte der Westen zwar frei Haus. Doch erst mit dem Zusammenbruch des kommunistischen Riesenreiches bot sich die reale Chance, die vielen »weißen Flecken« in der sowjetrussischen Raumfahrtgeschichte zu tilgen.

Anfang 1962 erschien die erste Nummer der neuen Zeitschrift »Awiazija i Kosmonawtika« (Luftfahrt und Raumfahrt). Mit ihr verfügte Kamanin, der dem Redaktionskollegium angehörte, quasi über eine Hauspostille, mit der er einerseits die Raumfahrtinformationen gezielt kanalisieren, andererseits aber auch die Grenzen des Machbaren ausloten konnte. Nicht ohne Eigennutz verhalf Kamanin dem Blatt zu guten Kontakten mit Keldysch, Koroljow, Gluschko und anderen maßgeblichen Wissenschaftlern. Auf diesem Wege stärkte er nicht zuletzt seine Hausmacht auch gegen jene Militärs, die ihm, der damals ja als einziger namentlich genannt werden durfte, seinen Raumfahrtruhm offen neideten und ihm mehr als einmal Knüppel zwischen die Beine warfen.

Gelegenheit dazu gab es immer wieder. So mißglückten im August und September 1962 zwei weitere Startversuche von »Venus«-Sonden. Beide Male versagte erneut die vierte Stufe der Trägerrakete. Auch die Funkverbindung klappte nicht. Moskau entschloß sich einmal mehr, die Fehlschläge einfach zu verschweigen. Kamanin hielt seine Enttäuschung darüber mit den Worten in seinem Tagebuch fest: »Unsere unnötige Geheimnistuerei bei den Starts schlägt jetzt auf uns zurück. In beiden Fällen hätte man mitteilen können, daß sieben Tonnen schwere Sputniks zu experimentellen Zwecken auf eine Umlaufbahn gebracht wurden.« Ähnlich unzufrieden zeigte sich der Kosmonauten-Chef mit dem Film »Himmelsbrüder« über den ersten Gruppenflug von Andrijan Nikolajew und Pawel Popowitsch mit »Wostok 4« und »Wostok 5« (11. bzw.

12. – 15. 8. 1962). Die Version, die schließlich das Wohlwollen von Werschinin, Rudenko, Agalzow und anderen maßgeblichen Militärs fand, war in seinen Augen über weite Strecken die Wiederholung zweier vorangegangener Filme. Kamanin bemängelte außerdem viele »Allgemeinplätze« in dem Streifen sowie das Fehlen von Aufnahmen vom Start, von der Rakete, den Raumschiffen und Personen, die mit dem Flug zu tun hatten. Diese »Geheimnisse« seien den Amerikanern schon seit langem bekannt, notiert Kamanin dazu in seinem Tagebuch. Als die Amerikaner ihre »Saturn«-Rakete bauten, hätten sie Koroljows R-7 (Semiorka) schon genau gekannt. Außerdem würden in den USA und in Westeuropa über Koroljow und andere Konstrukteure schon seit langem Vorträge gehalten und ausführliche Artikel geschrieben. »Dadurch ergibt sich eine ziemlich dumme Situation: wir verbergen unsere Errungenschaften sowie herausragenden Konstrukteure und Wissenschaftler vor unseren eigenen sowjetischen Menschen.« Deutliche Worte eines Mannes in so einer Position, Worte, die allerdings erst Mitte der 90er Jahre, also lange nach seinem Tod, publik wurden.

In den Folgejahren wurde die Zensur vielfach noch verschärft, vor allem dann, wenn es um Zwischenfälle bei bemannten Starts ging. So erfuhr die Welt erst mit jahrzehntelanger Verspätung, daß Alexej Leonow im März 1965 beim Flug von »Woßchod 2« in akuter Lebensgefahr schwebte. Nach seinem historischen Weltraumspaziergang kam er nur mit sehr viel Glück wieder in das Raumschiff zurück, weil sich sein Außenbordskaphander aufgebläht hatte, so daß er nicht mehr in die Übergangsschleuse paßte. Auch die Probleme bei der anschließenden ballistischen Landung infolge Ausfalls der Automatik wurden ein Jahr lang verschwiegen.

Den tödlichen Absturz von Wladimir Komarow mit dem neuen Raumschiff »Sojus« am 24. April 1967 teilte die Moskauer Führung zwar mit, wenn auch mit zwölfstündiger Verspätung, doch exakte Einzelheiten wurden lange nicht genannt. Jahre später erst erfuhr die Menschheit zudem, daß dieser erste Tote in der bemannten Raumfahrt auch Juri Gagarin hätte heißen können. Denn Gagarin fungierte, wie wir heute wissen, als Double von Komarow. Da

Komarow, mit 40 Jahren damals einer der ältesten Kosmonauten, Gesundheitsprobleme hatte, wäre ein Einsatz Gagarins zumindest nicht ausgeschlossen gewesen. Das Sündenregister der sowjetrussischen Zensur könnte beliebig fortgesetzt werden. An der geradezu manischen Geheimhaltungsstrategie änderte sich auch kaum etwas, als die Sowjets in der Hoch-Zeit der Entspannung im Juli 1975 mit den USA das Sojus-Apollo-Testprojekt (SATP) durchführten und drei Jahre später im Rahmen des Interkosmos-Programms auch Kosmonauten aus ihren Satellitenstaaten mit zu ihren Raumstationen nahmen.

Übrigens: Bereits im Juni 1966 war der französische Staatspräsident Charles de Gaulle als erster Ausländer überhaupt in Baikonur gewesen. In Begleitung von Parteichef Breshnew, des Präsidiumsvorsitzenden des Obersten Sowjets, Nikolai Podgorny, und Ministerpräsident Alexej Kossygin wohnte er dem Start einer Interkontinentalrakete des Typs R-12 und eines Kosmos-Satelliten bei. Mit dem Besuch, der unter der Code-Bezeichnung »Operation Palma« ablief, wollte Moskau die ausgezeichneten Beziehungen zwischen beiden Ländern demonstrieren und zugleich den Austritt Frankreichs aus der militärischen Struktur der NATO honorieren. Auf seine direkte Frage »Und solche Raketen sind also auf Paris gerichtet?« erhielt de Gaulle damals die unverblümte Antwort: »Sie zielen dorthin, wo NATO-Streitkräfte stationiert sind.«

Beim Flug von Sigmund Jähn im August/September 1978 habe ich als ADN-Korrespondent die sowjetische Zensur aus eigener Erfahrung erlebt. Jede Zeile, die ich aus Baikonur nach Berlin schickte, mußte vorher einem unsichtbaren Zensor vorgelegt werden. Ihm wurde der Text von einer eigens dafür engagierten Dolmetscherin Wort für Wort vorgelesen. Beanstandungen gab es allerdings kaum, da die DDR-Journalisten von Anfang an gehalten waren, außer denen der Kosmonauten keine anderen Namen oder Details zu nennen, die nicht unmittelbar mit dem Flug zusammenhingen. So durfte nicht einmal der richtige Name der damals 80.000 Einwohner zählenden Wohnstadt des Kosmodroms, Leninsk, erwähnt werden.

Noch ärger erging es den Fotografen. Sie mußten mit einem speziell vorgegebenen japanischen Filmmaterial arbeiten, da die Zensoren in Baikonur nur dieses entwickeln konnten. Die Bildreporter mußten bei ihrem Eintreffen in Baikonur alle mitgebrachten Filme abliefern und erhielten dann von einem Sicherheitsbeamten immer nur einen davon ausgehändigt. Dieser Film wurde markiert, indem der KGB-Mann einfach 15 bis 20 Zentimeter davon aus der Kapsel zog, eine Nummer draufschrieb und diese dann unter dem Namen des jeweiligen Reporters in einer Kladde notierte, bevor er den Filmstreifen wieder ins Gehäuse zurückschob. Damit konnte grundsätzlich nur mit einer Kamera gearbeitet werden, obgleich mindestens zwei gebraucht wurden, da man zu der damaligen Zeit noch parallel mit Schwarz-Weiß- und Farbmaterial arbeitete. Der belichtete Film mußte anschließend dem Beamten zurückgegeben werden, der das seinerseits erneut umständlich in seiner Kladde vermerkte. Erst dann gab er einen neuen Film nach der bereits beschriebenen Prozedur heraus.

Es gehört nicht viel Phantasie dazu, sich vorzustellen, wie nervenaufreibend dieses »Spielchen« war, zumal der »Mann mit dem Koffer« mehrere Reporter zu bedienen hatte und in den meisten Fällen nicht dort anzutreffen war, wo er gerade gebraucht wurde. Da aber Jähns Rakete etwa beim Roll-out zur Startrampe nicht wartete, bis irgendjemand seinen Film getauscht bekam, ging so manches interessante Motiv verloren. Die restriktive Pressepolitik des Kreml trieb zeitweilig seltsame Blüten. So wurde beispielsweise mit Waleri Bykowski, der im Juni 1963 an Bord von »Wostok 5« einen Gruppenflug mit der ersten Frau im All, Walentina Tereschkowa (»Wostok 6«), durchführte, ein regelrechtes »Pressekonferenz-Training« gemacht. Unter den gestrengen Augen des neu ernannten Chefs des »Sternenstädtchens«, Generalmajor M. P. Odinzow, bombardierten sechs Journalisten den späteren Kommandanten von DDR-Kosmonaut Sigmund Jähn mit Fragen wie »Wer ist Ihr Lieblingsschriftsteller?«, »Welches ist Ihr Lieblingsbuch?«, »Welches war Ihr denkwürdigster Tag?« oder »Welchem Menschen gegenüber fühlen Sie sich am meisten verpflichtet?«

Die ersten Antworten des schon immer als wortkarg und schwierig geltenden Bykowski, die leider nicht überliefert sind, sollen nicht gerade berauschend gewesen sein. Mit der Zeit aber habe sich der Delinquent freigeredet. Kamanin war jedenfalls insgesamt mit dem ungewöhnlichen Training, das er übrigens bei Auslandsreisen vor Pressekonferenzen etwa in Indonesien mehrfach selbst praktiziert hat, zufrieden. Er empfahl sogar, Bykowski und Tereschkowa wiederholt auf diese Weise auf öffentlichen Auftritte vorzubereiten. Das geschah denn auch prompt. So wurde die erste große internationale Pressekonferenz von Walentina Tereschkowa im Rahmen des Moskauer Weltkongresses der Frauen am 1. Juli 1963 geradezu generalstabsmäßig inszeniert. Kamanin persönlich ordnete die rund 300 Fragen, die schriftlich eingereicht worden waren, und verschickte sie an die Akademie der Wissenschaften, das Oberkommando der Luftstreitkräfte und das Außenministerium, die auch im wesentlichen die Antworten zulieferten, die die Kosmonautin dann vorzutragen hatte. Kamanin ging vor der Pressekonferenz, die im Säulensaal des Moskauer Hauses der Gewerkschaften stattfand und 1 3/4 Stunden dauerte, die Fragen und Antworten mit ihr gründlich durch. Die »Möve« – der Kosename Walentina Tereschkowas ist von ihrem Funk-Code »Tschaika« (Möve) abgeleitet – hat ihre komplizierte Aufgabe offenbar ganz gut gemeistert. Denn Kamanin bemängelte lediglich, daß die Antworten auf einige Fragen etwas kurz und unpersönlich ausgefallen seien.

Noch heute sehe ich die entsetzten Gesichter der Bildreporter vor mir, wenn sie abends im Hotel ihre Tagesausbeute von der Zensur zurückbekamen. Zumeist war pro Film nur ein einziges Bild übriggeblieben, wenn überhaupt. Rückfragen nach den anderen Aufnahmen auf dem Film oder gar ein wie auch immer gearteter Protest verboten sich von selbst. Schließlich gab es am »Großen Bruder« nichts zu kritisieren – und erst recht nicht hier, im strenggeheimen Baikonur. Doch es sollte noch schlimmer kommen. Nach Abschluß des Jähn-Fluges wurde den Reportern das unbelichtete Rest-Material ausgehändigt. Dafür hatten sich die Zensoren etwas ganz Besonderes ausgedacht. Die Filme wurden kurzerhand aus der Kapsel gezogen und so unbrauchbar gemacht. Mit Tränen in den Augen mußten die Bildreporter zusehen, wie sich ihr schönes »Westmaterial« im Hotelzimmer in ein Riesenknäuel verwandelte.

Aber die sowjetische Zensur hatte auch ihre Lücken. So war es den schreibenden Journalisten nicht ausdrücklich verboten worden, zu fotografieren. Und da sich die Chance, einen Raketenstart live mitzuerleben, nach damaligem Verständnis sicher nur einmal bot, hatte jeder seine Privatkamera mitgebracht. Ich habe so völlig unbehelligt 13 Schwarz-Weiß-Filme belichtet und dabei so manches aufs Bild gebannt, was man den Profis herausgeschnitten hat. Diszipliniert, wie ich damals war, habe ich natürlich gerade mit Blick auf die mißliche Materiallage unseres Bildreporters meine Filme der ADN-Fotoabteilung zur Auswertung angeboten. Doch diese winkte ab. Kein Bedarf. Anfangs habe ich mich darüber geärgert, denn es waren einige einmalige Aufnahmen dabei. Doch schon bald war ich mehr als froh über diese Entscheidung. Denn dadurch konnte ich meine Raumfahrtbeiträge, die ich beispielsweise regelmäßig in der Frauen-Zeitschrift »Für Dich« veröffentlicht habe, mit eigenen Fotos illustrieren.

VIELES KAMERAS UND WENIG BILDER

Eigentlich hätte man annehmen müssen, daß die Sowjets in höchstem Maße interessiert gewesen seien, der Weltöffentlichkeit den grandiosen Start in das kosmische Zeitalter umfassend in Wort, Bild und Ton nahezubringen. Doch weit gefehlt. Aus Geheimhaltungsgründen gab es so gut wie keine PR-mäßige Vorbereitung, sieht man einmal von den mageren Meldungen der offiziellen Nachrichtenagentur TASS und der Erklärung der Moskauer Führung ab. Das meiste schriftliche Material wurde erst nach dem Flug Gagarins zusammengestellt, und bei den Bildern ließ man sich zum Teil Jahre Zeit. Juri Gagarin hatte sich schon auf seiner Pressekonferenz beeilt, Bilderwünsche mit dem Hinweis abzuschmettern, es habe »keine einzige Fotokamera und keine fotografische Anlage« an Bord gegeben. Es seien keine Aufnahmen gemacht worden, »und darum gibt es nichts, was zu veröffentlichen wäre«, obwohl er genau wußte, daß zwei TV-Kameras in seiner Kapsel installiert waren. Sie lieferten allerdings nur in der Vorstart-Phase Kontrollbilder, die zudem wegen der damals noch nicht ausgereiften Technik denkbar schlecht waren.

Beim Start in Baikonur waren aber genügend Filmkameras vor Ort, wie wir heute wissen. Das Moskauer Studio für populärwissenschaftliche Filme (Nautschfilm) hatte eigens eine spezielle militärische Aufnahmegruppe unter Leitung von Direktor Juri Kuprijanow gebildet. Regisseur war Grigori Kossenko, als Chefkameramann fungierte, wie bereits erwähnt, Wladimir Suworow. Er war es auch, der 1986 in allen Einzelheiten beschrieben hat, mit welchem Aufwand in tagelanger Vorbereitung ein lückenloses Netz stationärer Kameras in unterschiedlichen Entfernungen rund um die Rakete und den ganzen Startkomplex in Position gebracht wurden. Über kilometerlange Kabel miteinander verbunden, wurden sie zum Teil zentral bedient. Die Optiken waren so gewählt, daß alle Details des Starts eingefangen werden konnten. Eine spezielle Kamera war auf die Einstiegsluke der Rakete gerichtet. Mit ihr sollte für den Fall einer Havarie die Rettung Gagarins gefilmt werden.

Besonderes Kopfzerbrechen bereiteten Suworow die Handkameras, deren Kassetten gerade einmal für 30 Sekunden reichten. Er startete deshalb seinen ganz speziellen Count-down, um zu verhindern, daß just im allerwichtigsten Moment die Filmkassette gewechselt werden mußte. Der Chefkameramann selbst war mit der Handkamera bei den wichtigen Stationen – vom Anlegen des Skaphanders über die Fahrt zur Startrampe hin zum Einstieg Gagarins in das Raumschiff – dabei.

Koroljow entwickelte zu Suworow und dessen Team so etwas wie eine Haßliebe. Auf der einen Seite verfluchte er die Männer, weil sie ihm immer vor den Füßen herumliefen. Andererseits aber wußte er nur zu gut, wie wichtig es war, das Ereignis für die Nachwelt auf Film zu bannen. Zum Start selbst gab der Chefkonstrukteur, der auf keinem der zur Veröffentlichung bestimmten Bilder auftauchen durfte, die Erlaubnis, Suworows Team durch Kameramänner des Zentralen Studios für Dokumentarfilme (ZSDF) zu verstärken. Beim ersten »Konzert« (Code-Wort für Raketenstarts) mit einem Menschen an Bord sollte und durfte nichts schiefgehen.

Trotz des Großaufgebots an Kameras und Hunderter belichteter Kassetten gibt es bisher nur ganz wenige Filmsequenzen über den Flug. Der übergroße Teil des Materials landete in den Giftschränken des Staatlichen Archivfonds der UdSSR in Moskau, wo es noch heute schmort. Als Grund für die »Verbannung« reichte es schon, wenn Koroljow, der Vorsitzende der sogenannten Staatlichen Kommission oder irgendein anderer Geheimnisträger beziehungsweise spezielle technische Details auf den Bildern zu erkennen waren.

Da kein Fotograf beim Start von Gagarin zugelassen war, wurden die wenigen Fotos, die damals zur Veröffentlichung freigegeben wurden, ebenfalls von den Filmen gemacht. Dazu wurde einfach das entsprechende Motiv aus dem Film herausgeschnitten. Das rief übrigens auch geschäftstüchtige Leute auf den Plan, die den kommerziellen Wert der raren Gagarin-Bilder schnell erkannten. So rissen sich zwei Mitarbeiter des Verlages der offiziellen Presseagentur

Nowosti (APN) Filmreste unter den Nagel und »vermarkteten« sie im Westen. Dadurch sind viele Aufnahmen beim »Klassenfeind« zu sehen gewesen, lange bevor sie in den eigenen Medien erschienen. So erblickte auch das erste Bild, das Juri Gagarin im Skaphander zeigt, zuerst im Westen das Licht der Welt. Natürlich fanden die Moskauer Sicherheitsbehörden sehr schnell heraus, wo die »Lücke« im System war. Denn der Kreis derjenigen, die mit dem Filmmaterial zu tun hatten, war denkbar klein. Die beiden APN-Mitarbeiter, einer von ihnen war übrigens ein bekannter Bildreporter, landeten vor dem Kadi.

Der erste Film über Gagarin war drei Wochen nach dem Flug fertig. Das war Rekordzeit, denn das Zentralkomitee der KPdSU hatte erst eine Woche nach dem Start entschieden, überhaupt einen Film darüber zu zeigen. Der Streifen hatte den Titel »Der Weg zu den Sternen«. Möglich wurde seine schnelle Fertigstellung, weil vorsorglich insgeheim bereits umfangreiche Vorarbeiten geleistet worden waren. Der Film entstand in heftiger Auseinandersetzung mit den Zensoren in der zuständigen Operativen Abteilung des ZK, die das Material über das Komitee für Staatssicherheit (KGB) bekam und ständig dieser oder jene Verletzung der Geheimhaltungsrichtlinien bemängelte. Am 7. Juli 1961 hatte ein weiterer Film in Moskau Premiere. Er wurde allerdings nur in einer geschlossenen Veranstaltung einem handverlesenen Personenkreis gezeigt, darunter Partei- und Staatsfunktionäre, Raumfahrtverantwortliche mit Koroljow an der Spitze sowie Chefs von Filmstudios.

Bis zum Februar 1963 wuchs die Zahl der Kosmosfilme auf acht an. Haupthelden waren dabei neben Gagarin auch schon seine »kosmischen« Brüder Titow, Nikolajew und Popowitsch, die im August 1961 beziehungsweise im August 1962 geflogen waren. Die neuen Filme unterschieden sich aber wegen der unnachgiebigen Haltung der Zensoren nur unwesentlich vom ersten Gagarin-Streifen. Kosmonauten-Chef Kamanin hat das am meisten geärgert. Er beklagte sich im Zentralkomitee bitter darüber, daß zahlreiche Szenen ständig wiederkehrten.

Diese Geheimniskrämerei rächte sich im März 1968 bitter. Nach dem tragischen Tod Gagarins bei einem Flugzeugabsturz in der Nähe von Moskau schrie förmlich die ganze Welt nach Filmmaterial über den Kosmospionier. Doch die Sowjets mußten passen. Das einzige, was sie anzubieten hatten, waren stundenlange Berichte über seine Auslandsreisen und politischen Auftritte. Die sowjetischen Filmchronisten, die über Nacht Gedenksendungen machen mußten, standen ebenfalls mit leeren Händen da. Das einzig Neue, über das sie verfügten, waren Bilder eines maßstabgerechten Modells der »Wostok«-Trägerrakete, das im Juni 1965 vor dem Eingang des Kosmos-Pavillons auf der Moskauer Volkswirtschaftsausstellung (WDNCH) aufgestellt worden war, so daß sich die Öffentlichkeit erstmals aus eigner Anschauung einen Eindruck von Gagarins Arbeitsgerät verschaffen konnte.

Einer der größten Geheimniskrämer und zudem Roßtäuscher, was Flugzeuge, Panzer und selbstverständlich auch Raketen anging, war Partei- und Regierungschef Chruschtschow selbst. Er führte die Weltöffentlichkeit ein ums andere Mal an der Nase herum. So fotografierten zu seiner Zeit ausländische Militärattaches bei den Paraden auf dem Roten Platz mit glänzenden Augen die gigantischen dreistufigen Interkontinentalraketen »713«, die angeblich aus reiner Friedensliebe verschrottet worden seien. Was sie aber nicht wußten: Es handelte sich dabei nur um Attrappen. Diese Raketen gehörten nie zur Bewaffnung der Sowjetarmee und konnten somit auch nicht außer Dienst gestellt werden.

Furore machte 1967 auch ein Foto in der Regierungszeitung »Iswestija«, das angeblich erstmals den Start eines Raumschiffes zeigte. Zu sehen war aber lediglich eine »Gurke«, wie sowjetische Raumfahrtjournalisten später schrieben, die sich aus einem dicken, schwarzen Rauchschwall erhob. Die Aufnahme wurde auch ins Kiewer Handbuch »Astronomie und Raumfahrt« aufgenommen. Daneben stellte man ein Foto, auf dem eine echte »Wostok«-Kapsel mit ihrer Verkleidung abgebildet war. Damit war die Konfusion bei den Fachleuten perfekt. Denn ihnen war bis zum damaligen Zeitpunkt keine einzige sowjetische Rakete mit einer solchen Nutzlastverkleidung bekannt.

Nach Jahren erst stellte sich heraus, daß dieses Raumschiff nicht auf den Reißbretten des Konstruktionsbüros von Koroljow, sondern in der Retusche-Abteilung der Fotoredaktion des Regierungsblattes entstanden war, dessen Chefredakteur damals kein geringerer als Chruschtschows Schwiegersohn Alexej Adshubej war. Adshubej will übrigens diese Aufnahme aus dem Safe von Verteidigungsminister Rodion Malinowski erhalten haben.

In dem bereits 1961 im »Prawda«-Verlag erschienenen Buch »Der Morgen der kosmischen Ära« hatte man sich noch einer anderen Methode bedient. Die aus drei Bildern bestehende Fotoserie vom angeblichen Start Gagarins war in Wirklichkeit eine willkürliche Komposition. Sie zeigte den Feuerschweif der ersten sowjetischen Großrakete R-1, die der deutschen V-2 wie ein Ei dem anderen glich, die letzte Stufe der R-7, der ersten sowjetischen Interkontinentalrakete, sowie die Startrampe einer ballistischen Rakete des Typs R-5.

GAGARIN RAPPORTIERT INS LEERE

Ein ganz besonderes Kapitel der Zensur ist die, vorsichtig ausgedrückt, Manipulation oder letztlich auch bewußte Fälschung von Fotos, Filmen und Tondokumenten. Das betrifft insbesondere die Aufnahmen, die Gagarin angeblich unmittelbar vor dem Start oder beim Start selbst im Skaphander im Raumschiff liegend zeigen. Auffällig ist, daß dabei manchmal die Buchstaben »CCCP« (UdSSR) am Helm stehen und dann wieder auch mal nicht. Des Rätsels Lösung: Auch diese Aufnahmen stammen nicht vom Starttag aus dem Raumschiff, sondern wurden aus Filmen über das Training herausgeschnitten. Dabei hat man die Negative aus den einzelnen Vorbereitungsstadien durcheinandergebracht bzw. Gagarin mit unterschiedlichen Helmen abgebildet.

Bei Gagarins triumphaler Begrüßung in Moskau zwei Tage nach der Landung gab es übrigens nur zwei verschiedene Aufnahmen von ihm, die auf allen Straßen und Plätzen zu sehen waren. Die eine zeigte ihn in seiner neuen Majors-Uniform und die andere als Fallschirmspringer, die rechte Hand am Griff der Reißleine, in seiner Zeit im Aeroklub.

Einen anderen Fälschungsfall vom Starttag hat Gagarins Biograph Wladimir Gubarew 1985 enthüllt. Er habe sich wiederholt die Tonbandaufzeichnungen vom Funkverkehr zwischen Koroljow und Gagarin angehört. Weder vor dem Start noch danach sei eine irgendwie geartete Aufregung bei Koroljow zu spüren gewesen. Ihm schien, als hätte der Chefkonstrukteur »keinerlei Emotionen«, schreibt Gubarew. Beide, Koroljow und Gagarin, seien »ruhig« gewesen.

Später habe er aber Filmaufnahmen gesehen, die Koroljow mit einem Mikrofon in der Hand zeigen, über das er mit Gagarin spreche, fährt der Autor fort und stellt dann fest: »Und wir sehen sein Gesicht... Dieser Mensch auf der Leinwand hat nur wenig Ähnlichkeit mit dem normalen Koroljow. Er ist unendlich aufgeregt!«

Den Grund dafür nennt Gubarew auch: »Die Aufnahmen waren

später gemacht worden, bereits nach der Landung Gagarins. Die Militär-Kameraleute hatten Sergej Pawlowitsch gebeten, all das zu wiederholen, was er beim Start gesagt hatte. Und Koroljow hat erneut jene Gagarinschen Minuten durchlebt. Diesmal hatte er sich allerdings schon nicht mehr in der Gewalt...«

Zum Stichwort Koroljow muß auch noch folgendes angemerkt werden: Wie bereits erwähnt, durfte er bis zu seinem Tode im Januar 1966 namentlich nicht in Erscheinung treten. Natürlich wurden bis zu diesem Zeitpunkt auch keine Fotos von ihm veröffentlicht, obwohl es genug gab, die ihn im Kreise der Kosmonauten und speziell auch mit Gagarin zeigen.

Die ersten Aufnahmen Koroljows erschienen also nach dem Januar 1966 – und das auch nur höchst zögerlich und selektiv. Denn auch jetzt kamen noch nicht alle Fotos mit dem Chefkonstrukteur durch die Zensur, weil zum Beispiel ein technisches Detail, ein Ort oder eben eine Person mit abgebildet waren, die weiter der Geheimhaltung unterlagen. Die Zensoren gingen nach dem Prinzip vor, daß nicht im Bild gezeigt werden durfte, was textlich noch nicht freigegeben war.

So wurde zum Beispiel erstmalig am 2. April 1986 (!) in der Regierungszeitung »Iswestija« ein Foto vom Mai 1961 publiziert, das Koroljow im Kreis der ersten 20 Kosmosanwärter zeigt. Bis dahin hatte man die Welt glauben gemacht, die sogenannte Gagarinsche Garde habe aus lediglich sechs Kosmonauten bestanden, nämlich aus jenen, die mit den »Wostok«-Schiffen geflogen sind. Genau genommen war auch dieses Bild noch »getürkt«, denn es gibt zwei Varianten davon. Die eine zeigt die 20 Männer zusammen mit Koroljow, dessen Frau Nina Iwanowna mit Pawel Popowitschs Tochter Natascha auf dem Schoß, dem 1. Chef des Kosmonautenkorps, Karpow, dem Arzt Fjodorow und Fallschirmtrainer Nikitin. Auf der zweiten Variante sitzt zudem ein gewisser Michail Titow vom KGB in der ersten Reihe, der später noch einmal insofern in den Tagebuchaufzeichnungen Kamanins in Erscheinung trat, als er zu dessen Verärgerung »Disziplinlosigkeiten« von Kosmonauten »nach oben« meldete.

Nach dem tragischen Tod Gagarins im März 1968 mußte die Zensur zwangsläufig mehr Fotos freigeben, weil die Verlage sonst auch gar nicht in der Lage gewesen wären, die vielen Gedenkausgaben zu illustrieren, die in den folgenden Jahren erschienen. Dem Fachmann boten insbesondere die Bildbände sowie Aufnahmen mit dem bei den Sowjets üblichen Hinweis »Dieses Foto wird erstmals veröffentlicht« reichlich Material für die »vergleichende Forschung«. Da in der Regel nicht mitgeteilt wurde, aus welchem Jahr die Bilder stammten, mußte man sich anderweitig behelfen. Das war zumindest bei Gagarin nicht schwer, wenn er Uniform trug. Denn anhand der Rangzeichen ließ sich der Aufnahmezeitpunkt relativ exakt bestimmen. Dazu mußte man allerdings wissen, daß er vom 12. April 1961 bis zum 12. Juli 1962 Major, danach bis zum 6. November 1963 Oberstleutnant und anschließend bis zu seinem Tode Oberst war.

Als weiteres »Erkennungszeichen« kam im Oktober 1961, also nur wenige Monate nach seinem Flug, eine böse Schramme hinzu, die Gagarins Gesicht fortan verunzierte und von der noch ausführlich zu sprechen sein wird.

Diese Schramme »verriet« dem Kenner so manche Manipulation, etwa bei Gagarin-Fotos im Skaphander, die einfach in die April-Tage zurückdatiert worden waren.

Trotz einer aufwendigen plastischen Operation blieb Gagarins linke Augenbraue gespalten, und eine S-förmige Narbe zog sich bis in die Stirnmitte. Die Moskauer Führung nahm das zum Anlaß, von dem Kosmonauten neue »Protokoll«-Fotos anfertigen zu lassen, wie es sie damals von allen wichtigen Persönlichkeiten gab. Das geschah am 24. Oktober.

Die Aufnahmen wurden sofort unter anderem Verteidigungsminister Malinowski und Chruschtschow zur Bestätigung vorgelegt. Schon am darauffolgenden Tag erschien Gagarin mit »neuem« Gesicht in den Zeitungen. Kaschiert wurde der »Bildwechsel« mit einem Auftritt des Kosmonauten auf dem XXII. KP-Parteitag. Es war dies zugleich das erste Erscheinen in der Öffentlichkeit nach dem Unfall. Kamanin zeigte sich mit der Kunst der Ärzte des Fliegerkrankenhauses im Moskauer Stadtteil Sokolniki zufrieden. »Die Spuren der Verletzung im Gesicht sind fast nicht mehr zu sehen«, schrieb er in sein Tagebuch. »Die Augenbraue ist sehr kunstvoll gemacht und verdeckt gut die Schramme darüber.«

Doch mehr als jede physische Veränderung bereitete den Zensoren ein politischer Wechsel Kopfzerbrechen: 1964 stürzte Breshnew seinen Rivalen Chruschtschow und riß die ganze Macht an sich. Das bedeutete zugleich, daß alle Fotos, auf denen Chruschtschow im allgemeinen und mit Gagarin im besonderen zu sehen war, im »Giftschrank« verschwinden mußten. Das galt natürlich ebenso für Filme. Selbst Bücher wurden »aktualisiert«: Bilder und Zitate von Chruschtschow wurden bei Neuauflagen, die zumeist nicht lange auf sich warten ließen, kommentarlos durch solche von Breshnew ersetzt.

Auch Chruschtschows Schwiegersohn Alexej Adshubej (1924-93) hat sich zu diesem Thema geäußert. Er hatte im Zuge des Chruschtschow-Sturzes ebenfalls seinen Posten als Chefredakteur der »Iswestija« verloren und sich nach langer politischer Abstinenz auf die Seite Gorbatschows geschlagen. Zum 30. Jahrestag des Fluges von Gagarin vermerkte er sarkastisch auf der Titelseite seines ehemaligen Blattes zur Chruschtschow-bereinigten Version des Films über die Begrüßung in Moskau, der Kosmonaut »rapportiert« ins »Leere«. Auch auf der Tribüne des Lenin-Mausoleums »organisiert man« eine »seltsame Einsamkeit« des Helden. Die »großen Möglichkeiten der Filmmontage und Retusche haben seit langem in unsere Praxis Einzug gehalten«. Und es »finden sich mehr Leute als genug, die gerade auf diese Weise den Beginn der Epoche der Raumfahrt darstellen möchten«.

SCHRAMME MIT POLITISCHEN FOLGEN

Die Schramme im Gesicht Gagarins brachte die Sowjetführung in arge Verlegenheit. Denn die Geschichte ihrer Entstehung ist mehr als delikat. Kamanin hat sie ausführlich beschrieben. Danach hatte Gagarin am 3. Oktober 1961 während eines gemeinsamen Erholungsaufenthaltes unter anderem mit Titow und Rudnew auf der Krim »übermäßig« Abschied gefeiert, weil er am nächsten Tag nach Moskau zurückkehren sollte. Nach dem Abendessen habe er sich hingelegt, während die Frauen, darunter auch Walentina Gagarina, im Klubraum Karten und die Männer Schach gespielt hätten. Gegen 22.00 Uhr sei Gagarin aufgewacht und in den Klubraum gekommen. Hier habe er mal den Frauen, mal den Männern beim Spiel zugesehen, zwischendurch Schallplatten aufgelegt und auch getanzt. Eine Viertelstunde vor Mitternacht habe er seine Frau aufgefordert, mit dem Kartenspielen aufzuhören und schlafen zu gehen. Daraufhin habe er den Klubraum verlassen. Nach etwa drei Minuten habe Walja gefragt »Und wo ist Jura?« Daraufhin habe ihr eine der anwesenden Frauen »voller Boshaftigkeit« geantwortet, er sei nach rechts im Korridor und dort in einem Zimmer verschwunden. Daraufhin sei Frau Gagarin dorthin gegangen, um nach ihm zu sehen. Zwei der drei Zimmer seien leer, das dritte von innen abgeschlossen gewesen. Walja habe kräftig an die Tür geklopft, die dann auch »nach einigen Sekunden« geöffnet worden sei. Im Rahmen habe die »Krankenschwester Anja« gestanden, das Zimmer sei erleuchtet gewesen. Auf die Frage von Frau Gagarin, wo ihr Mann sei, habe Anja geantwortet: »Ihr Mann ist vom Balkon gesprungen.«

In der Tat fand man Gagarin auf einem asphaltierten Weg in seinem Blute liegend. Beim Sprung vom zwei Meter hohen Balkon war er, wie sich später herausstellte, am Weinspalier hängengeblieben, hatte das Gleichgewicht verloren und war mit dem Kopf auf eine Betonumrandung aufgeschlagen.

Walentina Gagarina sei in Tränen ausgebrochen und habe geschrien »Was steht Ihr alle so herum, helft ihm! Er stirbt!« Der eilig herbeigerufene Arzt des Sanatoriums habe Erste Hilfe geleistet, und nach vier Stunden seien Marine-Ärzte von der Schwarzmeerflotte gekommen und hätten Gagarin auf der Stelle operiert. Die Diagnose: »Zertrümmerung des Knochens über der Augenbraue. Die Verletzung ist aber nicht tödlich. Über der linken Augenbraue bleibt eine Schramme zurück.« Außerdem verordneten die Mediziner Gagarin drei Wochen Bettruhe.

Was dem verhängnisvollen Sturz vorausging, hat die Krankenschwester so geschildert: Sie sei nach der Schicht in das Zimmer gegangen, um sich auszuruhen. Sie habe angekleidet auf dem Bett gelegen und ein Buch gelesen. Da sei Gagarin in das Zimmer gekommen und habe die Tür hinter sich abgeschlossen. Mit den Worten »Nun, wirst Du schreien?« habe er sie zu küssen versucht... In diesem Augenblick habe es an der Tür geklopft, und der Kosmonaut sei vom Balkon gesprungen.

Wie Kamanin schreibt, hat dieses Vorkommnis ihm und vielen anderen Menschen, die für Gagarin verantwortlich waren, viel Ärger bereitet. Zudem hätte die Sache für Gagarin, für ihn und für das Land »sehr traurig« ausgehen können. »Juri Gagarin ist um Haaresbreite einem widersinnigen und äußerst dummen Tod entgangen.«

Am 14. Oktober wird Gagarin zur weiteren Behandlung auf dem Luftweg nach Moskau ins Fliegerlazarett gebracht. Die Ärzte hier bestehen auf weiteren zehn Tagen Bettruhe. Diese Entscheidung hat schwerwiegende politische Konsequenzen: Gagarin kann damit nämlich nicht an der Eröffnung des XXII. Parteitages teilnehmen, der am 17. Oktober beginnt, und auch nicht in das Präsidium gewählt werden. German Titow, sein kosmischer Bruder, bleibt damit zwangsläufig ebenfalls nur einfacher Delegierter.

Natürlich ist die Kremlführung, allen voran Chruschtschow, der sich auf dem Parteitag in Gagarins Licht sonnen wollte, alles andere als erbaut über den folgenschweren Seitensprung ihres kommunistischen Musterknaben. Marschall Werschinin kommentiert Kamanins detaillierten Bericht über den Vorfall mit den Worten: »Mit dem Kosmos sind sie zurechtgekommen, aber auf der Erde benehmen sie sich sonderbar.« Der Luftwaffenchef war mehr als verbittert und äußerte gegenüber Kamanin die nicht ganz von der Hand zu weisende Befürchtung, daß die Gagarin-Affäre von seinen Neidern gegen ihn ausgenutzt werden könnte.

Kamanin selbst hielt sich erstaunlich zurück. Er wollte seinem Schützling zumindest im Lazarett keine »Standpauke« halten, zumal auch Ehefrau Walja dabei war. Dennoch hat er ihm ins Gewissen geredet. »Danke Gott, daß Du noch einmal davongekommen bist, denn es hätte sehr schlecht ausgehen können«, sagte der General. »Ich hoffe, Du begreifst nicht schlechter als ich, welche Unannehmlichkeiten Du Dir, dem Oberkommando, der Partei und dem Volk bereitet hast. Du hast eine sehr wertvolle Lehre erhalten, aus der man Schlußfolgerungen für das ganze Leben ziehen muß.« Und Gagarin antwortete kleinlaut: »In diesen Tagen habe ich über vieles nachgedacht. Die Dummheiten, die ich begangen habe, kann ich mir selbst nicht verzeihen. Ich muß mein Verhalten ändern.«

Wie es sich für einen guten Kommunisten gehört, hat Gagarin natürlich vor dem Partei-Kollektiv der Kosmonauten die übliche Selbstkritik geübt. Dabei kam es am 14. November im »Sternenstädtchen« gleich zu einem »Generalaufwasch«. Denn auch Titow mußte sich Asche aufs Haupt streuen. Hier ging es aber nicht wie bei Gagarin um eine Frauengeschichte, sondern um Teufel Alkohol. Beide Kosmonauten waren mehrfach dabei erwischt worden, daß sie zu tief ins Glas geschaut hatten. Titow hatte sich außerdem – und das auch noch im Ausland – eine Disziplinlosigkeit besonderer Art geleistet. Bei seinem offiziellen Besuch in Rumänien war er im offenen Wagen durch Brasov gefahren. Danach sollte er für die Weiterfahrt nach Ploiesti in ein geschlossenes Fahrzeug umsteigen, zumal es auch noch leicht zu regnen begonnen hatte. Doch zum Entsetzen seines Delegationsleiters General Nikolai Goregljad schwang sich Titow auf eines der Motorräder der Ehreneskorte und fuhr der Fahrzeugkolonne davon.

Was Gagarin betrifft, so ist er übrigens, wenn er getrunken hatte, wiederholt nicht gerade fein mit seiner Frau umgegangen, um es höflich auszudrücken. Dabei scherte es ihn herzlich wenig, wenn Fremde dabei waren.

Kamanin, der von solchen Auftritten, die man Gagarin eigentlich gar nicht zutraut, immer wieder peinlich berührt war und ihm dies auch unverblümt sagte, akzeptierte im wesentlichen die Selbstkritik der beiden übermütigen und trinkfreudigen Kosmos-Helden. Sie hätten die »Fälle von Alkoholmißbrauch, leichtfertigen Beziehungen zu Frauen und die anderen Vergehen eingestanden«, notierte der General. Gagarin habe zudem die Umstände seiner Verletzung »glaubwürdig« dargelegt. Allerdings, so fügte Kamanin einschränkend hinzu, habe der Kosmonaut – offenbar um seine Frau nicht zu kränken – betont, nicht gewußt zu haben, daß sich die Krankenschwester in dem Zimmer befand, in das er hineingegangen sei, um sich »aus Jux« vor Walja zu verstecken.

Diese umständliche und nicht sehr überzeugende Erklärung hat ihm Kamanin natürlich nicht abgenommen. Dennoch ließ er sie gelten und kommentierte sie mit der Bemerkung: »Obgleich auch ich überzeugt war, daß das Motiv für den Besuch des Zimmers ein anderes war, bestand ich nicht darauf.« Gagarins Version dürfe allerdings auch nicht gänzlich als »unglaubwürdig« abgetan werden. Sie schwäche das Vorkommnis selbst etwas ab und sei angetan, Familienstreit zu vermeiden, meinte der General versöhnlich.

Dennoch mußte natürlich auch der Öffentlichkeit irgendwann einmal plausibel erklärt werden, was es denn mit der frischen Narbe an der Stirn des Kosmonauten auf sich hatte. Diese Gelegenheit bot sich in einem Interview mit Gagarin, das die Gewerkschaftszeitung »Trud« (Arbeit) am 15. November 1961 veröffentlichte. Anlaß war seine Auszeichnung mit der FAI-Goldmedaille. Wie das Leben so spielt, war sie ihm kurz nach der bewußten Parteiversammlung im Rahmen eines Vortrages an der Moskauer Staatlichen Universität (MGU) von dem berühmten russischen Testpiloten Kokkinaki überreicht worden.

Die Schrammen-Erklärung fiel ebenso »heldisch« wie knapp aus. Er habe auf der Krim mit Töchterchen Galja herumgealbert und sei dabei gestolpert, sagte Gagarin dem »Trud«-Reporter Baraschow. Während er die Tochter noch habe auffangen können, sei er selbst mit dem Gesicht auf einen Stein geschlagen. Bis zu Galjas Hochzeit sei sicher alles wieder gut, scherzte Gagarin, möglicherweise aber auch schon früher – »bis zum nächsten Raumflug«.

Wie Gagarins Frau auf den mißglückten Seitensprung ihres Mannes reagiert hat, ist nie an die Öffentlichkeit gedrungen. Zumindest äußerlich hat sie sich nichts anmerken lassen, immerhin hat sie ihren Mann in der Folgezeit auf vielen seiner Auslandsreisen begleitet. Auch in ihren beiden Büchern fiel kein böses Wort. Sie verteidigt im Gegenteil mit Stolz und einem gewissen Trotz ihren Mann gegen alle wie auch immer gearteten Attacken. Doch wer weiß schon, wie es im Inneren dieser Frau aussieht, die seit nunmehr 30 Jahren sehr zurückgezogen im »Sternenstädtchen« lebt.

DIE MÄR VON FRIEDLICHEN KOSMOS

Die von den Sowjets gebetsmühlenartig wiederholte Beteuerung, den Kosmos lediglich zu friedlichen Zwecken zu nutzen, kann man getrost in das Reich der Legende verweisen. Die mit der Raumfahrt befaßten Generäle, allen voran Kamanin, aber auch Koroljow, waren sich schon lange vor dem Start Gagarins darüber im Klaren, welche strategischen Vorteile die militärische Beherrschung des Weltraums im atomaren Wettlauf mit den USA bot. Sie drängten deshalb die Militärführung, alle diesbezüglichen Aktivitäten unter dem Dach der Luftstreitkräfte zusammenzuführen. Doch die hatte offenbar die Gunst der Stunde noch nicht erkannt. Kamanin führte das nicht zuletzt auf das hohe Durchschnittsalter der Kommandospitze um Marschall Werschinin von über 60 Jahren zurück und begann ernsthaft darüber nachzudenken, ob er sich nicht besser gleich an Chruschtschow persönlich wenden sollte. Ihn verfolge ständig das ungute Gefühl, »daß wir langsam und mit gespreizten Fingern« handeln, schrieb Kamanin am 20. März 1961 in sein Tagebuch.

Koroljow bemängelte vor allem, daß die Entwicklung der Spionageapparaturen für die Raumschiffe so zögerlich vonstatten ging. Er erhoffte sich generell von einer Konzentration der Mittel und des wissenschaftlichen Potentials unter der Ägide der Luftwaffe einen kräftigen Leistungsschub, der ihn seinem ehrgeizigen Ziel, 1965 einen Menschen zum Mond zu schicken, einen großen Schritt näherbringen würde. Immer wieder versuchte er, Rüstungsminister Ustinow, Werschinin, Generalstabschef Sacharow und andere einflußreiche Militärs anhand der schon erwähnten Spionagefotos unter anderem von einem türkischen Flughafen die Sache schmackhaft zu machen. Kamanin und Koroljow zeigten sich geradezu euphorisch ob der Tatsache, daß vier der Fotos von Ende März, die am Boden stehende Flugzeuge zeigten, nahezu 100prozentig mit früheren Aufnahmen vom 9. März identisch waren. Für Kamanin war das insbesondere ein Beweis für die Fähigkeit seiner Leute, ein

Raumschiff exakt auf einer vorausberechneten Bahn zu halten. Doch vorerst blieb sein Bemühen ohne durchschlagende Wirkung, obwohl sich die senile »Natschalstwo«, die Führung also, schon irgendwie von der Qualität der Aufnahmen beeindruckt zeigte. Kamanin hatte auch am 3. April, als er zusammen mit Gagarin, Titow und Neljubow im Stab der Luftwaffe auf Abruf bereitstand, um notfalls ins Zentralkomitee zu fahren, dessen Präsidium an diesem Tag über den Termin für den bemannten Flug entschied, ein Album mit Kosmosfotos bei sich. Für den Fall, daß er dem Präsidium Rede und Antwort zu stehen hatte, wollte er der Parteiführung die Aufnahmen präsentieren, um deren »besonderen Wert als Mittel der Aufklärung«, wie er es nannte, zu unterstreichen. Doch dazu kam es nicht. Das ZK-Präsidium entschied, ohne Kamanin oder die drei Kosmonauten-Anwärter zu hören.

Doch Kamanin ließ nicht locker. Als die Luftwaffe im Juni 1962 eine wissenschaftliche Konferenz »Über die militärische Bedeutung des Weltraums und die nächsten Perspektiven« veranstaltet, wittert er seine Chance. Er beklagt die »sehr bescheidenen« sowjetischen Weltraumerfolge in diesem Jahr und warnt vor der Gefahr, daß das Land 1963 und 1964 von den USA überholt werden könnte. Dabei nutzt er zur Untermauerung seiner Argumentation geschickt die Botschaft von Präsident John F. Kennedy an den Kongreß über die Leistungen von Luft- und Raumfahrt im Jahre 1961 und läßt zudem eigene Erfahrungen einfließen, die er im April/Mai bei seinem Amerika-Besuch zusammen mit Titow gewonnen hat.

Die Kennedy-Botschaft war natürlich sofort Verteidigungsminister Malinowski vorgelegt worden. Der beauftragte Marschall Werschinin, »kurz das Wesen der Frage darzulegen« sowie daraus »Schlußfolgerungen und Vorschläge« abzuleiten und ihm zu unterbreiten. Werschinin wiederum reichte diesen Auftrag an Kamanin weiter.

Dieser war darüber hocherfreut. »Ich werde versuchen, diesen Anlaß zu nutzen, um Rudenko, Werschinin, aber hauptsächlich Malinowski von der dringenden Notwendigkeit der Stärkung des militärischen Kosmos und insbesondere des Programms für die bemannten Raumflüge zu überzeugen«, schrieb er in sein Tagebuch. Die Amerikaner hätten richtig entschieden, indem sie ausreichend Mittel für die Raumfahrt zur Verfügung stellten, die Arbeiten in der Hand der Nationalen Luft- und Raumfahrtbehörde NASA und der Luftwaffe konzentrierten sowie die Aufmerksamkeit auf die bemannte Raumfahrt und auf die Erschließung des Mondes richteten.

Wenn die USA mit ihrer höherentwickelten Elektronik und Funktechnik nicht dem Automaten, sondern dem Menschen den Vorzug im All geben, dann müsse auch die Sowjetunion »mit ihrer bislang schwächeren Automatik« die entscheidende Rolle des Menschen bei Raumflügen verteidigen. »Doch entgegen dem gesunden Menschenverstand treten bei uns viele für die Automatik und gegen den Menschen ein«, klagt Kamanin. Das sei »befremdlich und dumm« und »das Ergebnis dessen, daß der militärische Kosmos von Leuten geführt wird, die davon keine Ahnung haben«.

Als ob es diese These Kamanins bestätigen wollte, lehnte das Verteidigungsministerium im August den Antrag auf Bau weiterer zehn »Wostok«-Raumschiffe ab. Zugleich wurde mit dem Start von »Kosmos-1« am 16. März 1962 das bislang umfangreichste, aber zugleich geheimnisumwobenste Satellitenprogramm in der Geschichte der Raumfahrt aufgelegt. Bis heute sind über 2.340 solcher Raumflugkörper aufgestiegen, über die lange Zeit offiziell nichts verlautete, weil ein Großteil davon militärische Aufgaben hatte. So war bereit die Seriennummer vier vom 26. April 1962 ein Foto-Spion, und die Nummer 20 diente der Funkaufklärung. Später wurden unter dem Deckmantel dieses Programms auch sogenannte Killer-Satelliten, militärische Raumstationen und Raketenfrühwarnsysteme gestartet oder getestet.

Bitter enttäuscht über die Ablehnung des Ministeriums, beschloß Kamanin Ende August 1962, sich nun wirklich an Chruschtschow zu wenden und einen Brief zu schreiben, den auch die Kosmonauten unterzeichnen sollten. »Vielleicht bringt dieser Schritt den Generalstab und den Minister wenigsten ein bißchen auf Trab«, kommentierte Kamanin seine Entscheidung.

Entgegen allen anderslautenden Behauptungen spielten auch die Kosmonauten eine aktive Rolle bei der Militarisierung des Alls. So berichteten nach Angaben Kamanins am 13. September Andrijan Nikolajew eineinhalb Stunden und Pawel Popowitsch eine halbe Stunde auf einer Sitzung der Wissenschaftlich-Technischen Kommission (NTK) des Generalstabs vor Generalen und Offizieren aller Waffengattungen »ausführlich über die Möglichkeiten von Kosmonauten, im »Wostok«-Raumschiff militärische Aufgaben zu lösen«.

»Die Schlußfolgerungen aus ihren Vorträgen lauten: Der Mensch ist in der Lage, im Kosmos alle militärischen Aufgaben analog den Aufgaben der Luftwaffe zu erfüllen (Aufklärung, Abfangen, Angriff); die »Wostok«-Raumschiffe können für die Aufklärung hergerichtet werden, für Abfang- und Angriffsaufgaben müssen schnell neue, vollkommenere Raumschiffe geschaffen werden«, resümierte damals Kamanin.

Unmittelbar nach den Vorträgen waren Kamanin, Nikolajew, Popowitsch und auch Gagarin von Generalstabschef Sacharow zu einem 30-Minuten-Gespräch empfangen worden. Daran nahmen auch der Sekretär des Verteidigungsrates, General Semjon Iwanow, und weitere hohe Militärs teil. Sacharow habe bei der Begegnung von allen »die dümmsten Fragen« über die Möglichkeiten des Menschen und der »Wostok«-Schiffe gestellt, militärische Aufgaben im All zu erfüllen, hielt Kamanin in seinem Tagebuch fest. Malinowski entschied darauf: »Die »Wostok«-Raumschiff haben keine militärische Bedeutung, wir werden sie deshalb nicht in die Bewaffnung aufnehmen und bestellen. Möge sich damit die Militärindustrie-Kommission befassen.« Kamanin kommentierte diese für ihn völlig unverständliche Entscheidung mit den Worten: »Die Geschichte wiederholt sich: Vor genau 50 Jahren hatten zaristische Generale etwa genauso die militärischen Möglichkeiten von Flugzeugen eingeschätzt. Malinowski, Gretschko und Sacharow vergeben unsere Möglichkeiten, als erste eine militärische Kosmosmacht – ich würde sogar sagen, eine absolute Kosmosmacht, zu schaffen, die zur Bestätigung der Herrschaft des Kommunismus auf der Erde beitragen könnte.«

Knapp acht Wochen später, am 9. November, konnte Kamanin jedoch Werschinin für einen Plan gewinnen, der unter anderem den Bau von zehn neuen »Wostok«-Raumschiffen und die Umrüstung von »Wostoks« für militärische Zwecke, das heißt Aufklärung, Abwehr, Angriff, vorsah. Der Marschall schloß sich allen Vorschlägen an und leitete das Papier an Generalstabschef Sacharow weiter, der für Dezember eine Entscheidung versprach.

Doch dazu sollte es nicht mehr kommen, weil das »Wostok«-Programm langsam auslief. 1963 umkreisten mit Waleri Bylowski bzw. der ersten Frau im All, Walentina Tereschkowa, an Bord die letzten beiden Raumschiffe dieses Typs die Erde.

Doch inzwischen nahmen schon die »Sojus«-Kapseln auf den Reißbrettern Gestalt an. Diese Raumschiffe der dritten Generation, die ab 1967 den »Woßchods« folgten, von denen nur zwei – 1964 und 1965 – flogen, waren von Anfang an auch für militärische Zwecke vorgesehen. Die Grundidee bestand darin, einen Raumflugkörper zu bauen, der steuerbar war und auf der Umlaufbahn an einen anderen angekoppelt werden konnte. Damit sollten Langzeitflüge mit wissenschaftlicher *und* militärischer Aufgabenstellung ermöglicht werden. Einer der maßgeblichen Konstrukteure von »Sojus« war übrigens Konstantin Feoktistow, der im Oktober 1964 zusammen mit Wladimir Komarow und dem Arzt Boris Jegorow in dem ersten mehrsitzigen Raumschiff »Woßchod 1« 24 Stunden lang im All war.

Der »Sojus«-Komplex, dessen Entwurf Kamanin im Januar 1963 in Koroljows Konstruktionsbüro (OKB-1) im damaligen Kaliningrad (heute Koroljow) bei Moskau in Augenschein nahm, bestand aus einem dreisitzigen Raumschiff (7K) mit einer Masse von 5,5 Tonnen, einer Rakete (9K) mit einer Masse von 18 Tonnen für das Manövrieren auf der erdnahen Umlaufbahn und die Beschleunigung des Schiffes auf die sogenannte Flucht- oder Entweichgeschwindigkeit (rund 11,2 km/s) für eine Mondumkreisung sowie einem Tanker (11K) mit einer Masse von fünf Tonnen. Mit ihm sollte der Zwei-Komponenten-Treibstoff zum bemannten »Sojus«-Komplex gebracht werden, der für eine Lebensdauer von drei Jahren konzipiert war, wie wir es dann bei der 1977 gestarteten Raumstation »Salut 6« und später beim Raumlabor MIR erlebt haben.

Vom »Sojus«-Raumschiff selbst waren auch eine Abfang- und eine Aufklärungsvariante vorgesehen, die nach der russischen Abkürzung »Sojus-P« (perechwatschik) beziehungsweise »Sojus-R« (raswetschik) hießen.

Wie wir heute von der russischen Seite offiziell wissen, waren »Kosmos 249« (Start: 20. 10. 1968), »Kosmos 397« (25. 2. 1971), »Kosmos 910« (23. 5. 1977) und »Kosmos 1397« (29. 7. 1982) solche Abfang- oder »Killer«-Satelliten, wie sie im Westen genannt wurden. Als »Zielscheiben« dienten unter anderem »Kosmos 185« (27. 10. 1967), »Kosmos 291« (6. 8. 1969), »Kosmos 394« (9. 2. 1971) und »Kosmos 1241« (21. 1. 1981).

Am 13. und 14. Dezember 1962 hatte sich eine Militärwissenschaftliche Konferenz an der Shukowski-Akademie, an der auch Gagarin und die meisten anderen Kosmonauten studierten, mit Fragen der militärischen Nutzung kosmischer Flugapparate, wie es damals hieß, befaßt. Dabei ging es unter anderem um die Entwicklung von Quantengeneratoren, sogenannten Orbitalflugzeugen und Raketenstarts aus der Luft. Einer der Redner, der legendäre Flugzeugchefkonstrukteur Viktor Bolchowitinow, legte Berechnungen vor, nach denen Orbitalflugzeuge ballistischen Raketen ökonomisch und militärisch überlegen sein sollten, wenn es um die Bekämpfung kleiner strategischer Ziele ging, zum Beispiel von U-Booten und Raketensilos. Anstelle von neun solcher Raketen, so rechnete Bolchowitinow dem Auditorium vor, seien lediglich zwei Orbitalflugzeuge erforderlich.

Nach Ansicht von Kamanin ist die Konferenz insgesamt »zufriedenstellend« verlaufen. Der General bemängelte aber, daß es zwar »viel Agitation für die Militarisierung des Kosmos« gegeben habe, aber wenig über konkrete Maßnahmen dafür gesprochen worden sei. Er forderte, »schon jetzt« konkrete Fragen der Zweckbestimmung, Anwendung und Ausrüstung der verschiedenen kosmischen Flugapparate zu erörtern und zu entscheiden.

Eine wichtige Entscheidung in diese Richtung traf Kamanin bald darauf selbst. Auf einer Wahlberichtsversammlung der KP im »Sternenstädtchen«, an der neben Gagarin und Titow auch Vertreter der Luftwaffe und der Politischen Hauptverwaltung der Streitkräfte teilnahmen, erteilte er der Parteiorganisation unter anderem den Auftrag, die Möglichkeiten der militärischen Anwendung von kosmischen Apparaten »tiefschürfend zu untersuchen« und »in die Praxis jedes Fluges Elemente der Kampfanwendung einzuführen«.

Inzwischen hatte offenbar auch Generalstabschef Sacharow so langsam begriffen, worum es ging. Auf einer Militärwissenschaftlichen Konferenz des Verteidigungsministeriums sprach er vor praktisch der gesamten Militärführung von der »entscheidenden Bedeutung« der Kernwaffen und strategischen Raketen beim militärischen Erstschlag. Kamanin bemerkt dazu in seinem Tagebuch, der Hauptinhalt des Vortrages sei »richtig« gewesen, mehrfach sei vom Kosmos als dem »wahrscheinlichen Schauplatz militärischer Aktionen der nahen Zukunft« gewesen. Er vermisse aber erneut »entschiedene Empfehlungen zur organisatorischen Umsetzung der neuen Ziele«, etwa für den Umbau der Führungsstruktur. Logisch wäre beispielsweise, die Raketentruppen »unablässig zu verstärken« und dafür andere Teilstreitkräfte zu reduzieren. Doch Wassili Tschuikow, der Held von Stalingrad, und andere Generäle hätten die Infanterie »grimmig« verteidigt.

Letztlich konnte Kamanin auf der Konferenz doch noch einen großen Erfolg verbuchen: Zum ersten Mal hielten die Kosmonauten in einen Rechenschaftsbericht des Oberkommandierenden der Luftwaffe, Marschall Werschinin, Einzug. In seinem Bericht über die Ergebnisse bei der Gefechtsausbildung im Jahr 1962 und die Aufgaben für 1963 erwähnte er »den ersten Gruppenflug von Nikolajew und Popowitsch, die ersten Experimente zur Gefechtsanwendung der Raumschiffe und den Abschluß der Rekrutierung einer neuen Kosmonautengruppe«, notierte Kamanin erfreut. Allerdings sei vom »Kampf um den Kosmos« keine Rede gewesen.

Von Kamanin kommt auch der Vorschlag an Werschinin, die Raumschiffstarts voll in die Hände der Militärs zu legen. Als Hauptargument führte er ins Feld, daß »Dutzende« Chefkonstrukteure wie Koroljow, Gluschko und Piljugin »monatelang« auf dem Kosmodrom leben müßten und somit keine Möglichkeiten hätten, an der Vervollkommnung ihrer Systeme zu arbeiten, solange die Industrie das Sagen habe.

Kamanin schlug vor, eine Spezialeinheit von 200 bis 300 Offizieren aufzustellen. Diese sollten zwei bis drei Monate lang in Koroljows Konstruktionsbüro und am Startplatz selbst ausgebildet werden und schon 1964 die volle Verantwortung für die Vorbereitung und Durchführung des Starts übernehmen. Damit hätte quasi die Geburtsstunde der Weltraumstreitkräfte geschlagen, die dann noch bis 10. August 1992 auf sich warten ließ.

Werschinin stimmte dem Vorschlag zwar im Prinzip zu, drückte sich dann aber einmal mehr um die konkrete Entscheidung – aus Angst vor dem Neuen und dem Risiko, wie Kamanin meinte. »Denn der Kosmos bedeutet nicht nur große Siege, sondern auch Risiken und Verantwortung sowie mögliche große Unannehmlichkeiten«, schrieb er dazu in sein Tagebuch.

Auch Verteidigungsminister Malinowski war nicht bereit, in dieser Frage das entscheidende Wort zu sprechen. Wenn die Luftstreitkräfte die volle Verantwortung für die Starts übernehmen und dafür auch eine spezielle Abteilung schaffen wollten, so sollten sie das tun, ließ er wissen. Doch zusätzliche Planstellen werde er dafür nicht genehmigen. Außerdem gehe es Koroljow offenbar nur darum, die Verantwortung auf die Militärs abzuwälzen, wenn etwas passieren sollte. Dann könne er sagen: Seht mal, solange ich die Sache in der Hand hatte, ist alles in Ordnung gegangen. Und nun, da die Militärs die Führung haben, geht alles schief. Kamanin kommentierte die wankelmütige Haltung seines Ministers mit den Worten: »Wer vor der Verantwortung Angst hat, kann und soll nicht führen. Für Malinowski ist es schon lange Zeit, in den Ruhestand zu treten, und je schneller er das begreift, desto besser ist das für die Verteidigung des Landes und die Erschließung des Kosmos.« Die militärischen Führer seien »alt« geworden und hätten nichts mehr von dem »ehemaligen Scharfsinn« und der einstigen Fähigkeit, »kühne Entscheidungen zu treffen«.

Auch Rudenko kam nicht besser weg. Er sei »eine Nachtigall, die für sich selbst singt und alles behindert«, schreibt Kamanin etwas verquast.

Während der Streit um die Kosmos-Zuständigkeiten zwischen Verteidigungsministerium, Luftwaffe und der entsprechenden ZK-Abteilung hinter den Kulissen weiterging, arbeitete Kamanin mit eben jenem Rudenko vorsichtshalber schon einmal einige Varianten für die Leitung der Kosmosaktivitäten in der Luftwaffe aus. Sie entschieden, beim Staatlichen Wissenschaftlichen Rotbanner-Forschungsinstitut (GKNII) eine 300 Personen starke Abteilung zu gründen. Sich selbst brachte Kamanin als Gesamt-Verantwortlichen für die Raumfahrt ins Spiel. Dazu sollte, wie er vorschlug, seine Dienststellung in »Gehilfe des Oberkommandierenden für Kosmosfragen« umbenannt werden.

Mit diesem Handstreich kam Kamanin vielen anderen Generälen zuvor, die Ruhm und Ehre witterten, plötzlich ihre Liebe für das Raumfahrtprogramm entdeckten und ihren Anspruch auf den lukrativen Chef-Posten anmeldeten.

Wie immer, wenn es in einer Sache nicht recht vorwärts geht, wurde eine Kommission gebildet, in diesem Fall beim Verteidigungsministerium. Sie sollte unter Leitung von Werschinin Vorschläge für das weitere »Wostok«-Programm erarbeiten.

Dabei ging es um folgende Fragen:

1. Welche Aufgaben militärischen oder militärwissenschaftlichen Charakters können mit Hilfe von Raumschiffen des Typs »Wostok-3A« bei der bestehenden Geräte-Ausrüstung gelöst werden?

2. Welche zusätzlichen Kampfaufgaben können mit Hilfe welcher Apparatur bei einer Modernisierung des Raumschiffes »Wostok-3A« unter Berücksichtigung der zulässigen Masse und Abmessungen gelöst werden?

3. Welchen Platz können bereits existierende und modernisierte Raumschiffe des Typs »Wostok-3A« im System der kosmischen

Rüstung unter Berücksichtigung der Arbeiten an (dem Nachfolger-raumschiff – d. Autor) »Sojus« einnehmen?

4. Müssen die Aufträge für die Raumschiffe »Wostok-3A« dem Verteidigungsministerium übertragen werden, oder ist es zweckmäßig, die bisherige Bestellweise beizubehalten?

5. Welche Anzahl »Wostok-3A«-Raumschiffe müssen in den Jahren 1963 – 1964 für das Verteidigungsministerium neben den Aufträgen für Objekte des Typs »Zenit« unter Berücksichtigung ihrer gemeinsamen Produktionsbasis gebaut werden?

6. Muß das Verteidigungsministerium anstelle der Staatlichen Kommission die Leitung bei den Starts der »Wostok-3A«-Raumschiffe übernehmen?

7. Welche organisatorisch-technischen Maßnahmen müssen vom Verteidigungsministerium durchgeführt werden, wenn ihm die Organisierung der Arbeiten am Raumschiff »Wostok-3A« inklusive Aufträge, Starts, Flugleitung, Landung usw. übertragen wird?

Kamanin war sichtlich zufrieden mit dem Katalog, wurden die von ihm aufgeworfenen Probleme doch erstmals offiziell festgeschrieben. Der General notierte deshalb in seinem Tagebuch: »Die letzte Frage ist die wichtigste. Die Aufträge, die Entgegennahme und die Nutzung der »Wostok-3A«-, »Sojus«- und anderen Raumschiffe müssen unbedingt den Luftstreitkräften übertragen und alles für dieses Ziel Erforderliche geschaffen werden (Leitung, Unterabteilungen, zentraler Apparat und vieles andere mehr, was für den Gang der weiteren Entwicklung bemannter Raumflüge erforderlich ist).«

Der erste Entwurf des Berichts der Kommission für den Minister und schließlich das ZK, den Kamanin maßgeblich mitformuliert hat, kulminierte in dem Vorschlag, der Luftwaffe die Verantwortung für die Ausarbeitung der taktisch-technischen Aufgaben sowie für die bemannten Raumschiffe und deren militärische Nutzung zu übertragen. Das wurde von den Vertretern des Generalstabs und der Strategischen Raketentruppen strikt abgelehnt. Sie stimmten zwar dem Bau weiterer vier »Wostok«-Raumschiffe zu, waren aber zu keinerlei weiteren Zugeständnissen an die Luftwaffe zu bewegen.

Fünf verschiedene Entwurf-Varianten wurden auf diese Weise abgeschmettert, wobei sich die Raketentruppen als besonders hartnäckige Gegner der Vorstellungen Kamanins erwiesen. Doch dieser gab nicht auf. Unerwartet deutliche Rückendeckung erhielt er dabei von der Industrie und der Wissenschaft, allen voran Koroljow, Keldysch, Mischin, Buschujew, Tschertok, Bogomolow und Ischlinski. Koroljow und Keldysch plädierten ferner dafür, »Wostok« als »erstes Lehr- und Trainingsraumschiff« in die Bewaffnung der Luftstreitkräfte aufzunehmen. Kamanin war darüber natürlich hocherfreut und wertete das als Beweis für den »neuen Kurs Koroljows zur Stärkung der Beziehungen zu den Luftstreitkräften«.

Im Juni 1963 zeigte Koroljow, daß es ihm ernst war mit seinem Kurswechsel. Unmittelbar nach der glücklichen Landung von Walentina Tereschkowa sagte er zu Kamanin: »Nehmen Sie das auf Ihr Konto, Nikolai Petrowitsch. Die Kosmonauten sind von euch, Leute, die sich auskennen, habt ihr genug – also leitet auch die Raumflüge. Und ich werde euch aus Moskau mit meinem Rat zur Seite stehen.«

Koroljow hat mit diesem Schritt Kamanins Position enorm gestärkt. Damit schien sich auch das Verhältnis zwischen beiden Männern, das lange Zeit von Spannungen bestimmt war, endgültig zu entkrampfen. Was Koroljow angeht, so mag ihm die ausdrückliche Zustimmung Kamanins zu seinen Plänen, neue, steuerbare »Sojus«-Raumschiffe zu bauen und damit auch zum Mond zu fliegen, die schwere Entscheidung erheblich erleichtert haben.

Indessen zog sich die Entscheidung Malinowskis über das organisatorische Schicksal der Raumfahrt weiter hin. Mehr noch: Auf den x-ten Vorschlag des Generalstabs, sie nun endlich der Luftwaffe zu unterstellen, schrieb der Minister Ende November 1963: »Alles so belassen, wie es ist«.

Kamanins Kommentar dazu klingt bissig und bitter. Die Weigerung Malinowskis, diesen vernünftigen Vorschlag zu akzeptieren,

»kann man nur als Dummheit und Unvermögen qualifizieren, über die eigene Nasenspitze hinauszublicken«, schrieb er. Die Kosmosangelegenheiten verbesserten sich damit nicht. »Und die Sache der Eroberung des Kosmos erleidet sichtbar Schaden; wir bleiben hinter den Amerikanern zurück, und dieses Zurückbleiben wird bald für alle sichtbar werden.«

Zum wiederholten Male erwog Kamanin, das ZK und Chruschtschow persönlich in die Sache einzuschalten und dabei auch die Autorität der Kosmonauten zu nutzen. Doch dann nahm er davon wieder Abstand, weil er befürchtete, einen zu großen Wirbel auszulösen, der letztendlich den Kosmonauten und auch ihm nur schaden könnte.

Ungeachtet dessen wurde weiter fleißig an dem streng geheimen »Zenit-2«-Programm gearbeitet. Der erste Startversuch des ersten sowjetischen Satelliten für die »Fotoaufklärung« am 11. Dezember 1961 war mißglückt, doch beim zweiten Himmelsspion am 26. April 1962 klappte es. Nach Abschluß des Erprobungsprogramms – von insgesamt 13 Starts schlugen drei fehl – wurden die »Zenit-2« schließlich in die Bewaffnung aufgenommen.

»Zenit-2«, mit dessen Entwicklung Koroljow noch vor dem Start von »Sputnik 1« begonnen hatte, war ein komplexer Spionagesatellit. Er hatte drei Fotoapparate SA-20, die topografische Kamera SA-10 sowie die Funkaufklärungsapparatur KUST 12M an Bord. Die höchste Auflösung betrug 10 bis 12 m, und jede Kamera konnte 1.500 Aufnahmen machen. Das belichtete Filmmaterial wurde mit einer kleinen Kapsel zur Erde gebracht.

Der Satellit war der Form nach im wesentlichen mit »Wostok« identisch. Allerdings hatte man unter anderem das Lebenserhaltungssystem, den Katapultsessel für den Kosmonauten, das Steuerpult, die Handsteuerung, die Funkanlage und das TV-System ausgebaut. Dafür wurden die Fotoapparate und Kameras, ein spezielles funktelemetrisches System, das Funksystem »Majak« (Leuchtturm), eine Kommando- und EDV-Anlage, ein Steuerungssystem sowie eine Einrichtung eingebaut, mit der der Satellit automatisch gesprengt würde, sollte er von seiner vorausberechneten Bahn abkommen.

1968 wurde die modernisierte Variante »Zenit-2M« in Dienst gestellt, und 1992/93 wurde die »Zenit«-Klasse schrittweise aus der Bewaffnung genommen. Der letzte derartige Fotospion verbarg sich unter der unverfänglichen Bezeichnung »Kosmos 2281«.

Auch die Besatzungen der »Wostok«-, »Woßchod«- und »Sojus«-Raumschiffe hatten immer wieder mal militärische Aufgaben zu lösen. Eine militärische Standardausrüstung hatten sie dafür allerdings nicht. Auch bei den bemannten Mond-Expeditionen waren militärsche Aktivitäten vorgesehen.

Dagegen waren die bis Anfang der 90er Jahre streng geheimen Raumstationen »Almas« (Diamant) reine Militärobjekte. Für die breite Öffentlichkeit hießen sie Salut 2, 3 und 5 und wurden 1973, 1974 beziehungsweise 1976 gestartet. Die Stationen hatten ausschließlich militärische Besatzungen und flogen tiefer als die zivilen Stationen Salut 1, 4, 6 und 7, um die Erde besser ins Visier nehmen zu können.

Die »Almas«-Stationen, die rund 19 Tonnen wogen, waren als kosmische Beobachtungsstützpunkte für zwei- bis dreiköpfige Besatzungen ausgelegt und hatten die entsprechenden Apparaturen an Bord. Dazu gehörten Großformatkameras, Teleskope, Periskope für die Rundumbeobachtung und Anlagen für die Entwicklung der Filme. Das Spionagematerial wurde mit einer Spezialkapsel zur Erde zurückgeführt. Eilige Fotos konnten direkt zur Erde gefunkt werden.

Die Stationen verfügten zudem über ein spezielles Lageregelungssystem, um sie exakt auf Kurs zu halten, und der Funkverkehr erfolgte über verschlüsselte Militärkanäle. Zur Abwehr von »feindlichen« Abfangsatelliten und Abschlepppraumschiffen gab es eine Schnellfeuerkanone, wie sie sonst Flugzeuge an Bord haben. Als Zubringer dienten die von Koroljow entwickelten Raumschiffe »Sojus« (7K-T).

Das bemannte »Almas«-Programm wurde Ende 1978 beendet. Fortan orientierte man sich auf identische unbemannte automatische Stationen, die nur noch zu Wartungs- und Reparaturzwecken angeflogen werden sollten. Im Dezember 1981 schließlich wurde das Programm gänzlich eingestellt.

Das bedeutet allerdings nicht, daß die Russen bei ihrem bemannten Missionen fortan nur noch friedliche Forschung betrieben. Auch die Besatzungen der Orbitalstationen der zweiten und dritten Generation, »Salut 6«/«Salut 7« und »MIR«, bekamen, wenn auch in weitaus geringerem Maße, militärische Aufträge mit auf den Weg. Öffentlich gesprochen wurde darüber allerdings nicht. Nur ein- oder zweimal gab es eine Reaktion dazu von offizieller Seite. So begründete »MIR«-Chefkonstrukteur Juri Semjonow noch im März 1990 die militärische Komponente der Station mit der Bemerkung, daß die USA schließlich ihre Strategische Verteidigungsinitiative (SDI) auch noch nicht aufgegeben hätten.

KOROLJOW: VON STALINS GEFANGENEM ZUM »VATER DER MODERNEN SOWJETISCHEN RAUMFAHRT«

Von Adshubej stammt die bemerkenswerte Feststellung, daß »in der Rakete, die Juri Gagarin ins All trug, leider die aufopferungsvolle Arbeit vieler Wissenschaftler und Ingenieure – ehemaliger Gefangener steckte«. Nachzulesen ist dieser Satz auf der Titelseite der damaligen Regierungszeitung »Iswestija« vom 11. April 1991 in einem Kommentar des Chruschtschow-Schwiegersohns unter der Schlagzeile »Heldentat im Kosmos und Drama auf der Erde«.

In der Tat: Die meisten jener Männer, denen die UdSSR ihren atomaren »Raketenschild« und später die Raumfahrterfolge verdankt, wurden 1937/38 während der Massenrepressionen grundlos verhaftet und gingen durch die Hölle der Stalinschen Straflager. Der Diktator im Kreml verfuhr dabei nach dem zynischen Motto »Einsitzen und arbeiten«. Viele überlebten diese Hölle allerdings nicht, darunter auch der deutschstämmige Georgi Langemak (1898 – 1938), der maßgeblich an der Entwicklung der legendären »Katjuschas« (Stalinorgeln) beteiligt war.

Einer der wenigen, die dieser Hölle durch glückliche Umstände gleich zweimal entkamen, war Koroljow, der später zu Recht als »Vater der modernen sowjetischen Raumfahrt« in die Geschichte einging. Leider konnte er diesen Ruhm zu Lebzeiten nicht mehr genießen. Denn sein Name durfte auch unter Stalins Nachfolgern Chruschtschow und Breshnew bis unmittelbar vor seinem frühen Krebstod im Januar 1966 nicht genannt werden – aus Geheimhaltungsgründen.

Koroljow war am 27. Juni 1938 von Stalins Geheimpolizei NKWD verhaftet worden. Man beschuldigte ihn, Mitglied einer antisowjetischen konterrevolutionären Organisation zu sein. Am

27. September wurde ihm der Prozeß gemacht. Das Militärkollegium des Obersten Gerichts der UdSSR unter Vorsitz eines Richters mit dem deutsch klingenden Namen Ulrich verurteilte ihn nach nur kurzer Verhandlung aufgrund einer Denunziation als »Volksschädling« zu zehn Jahren Gefängnis. Die Anklage stützte sich im wesentlichen auf einen verleumderischen Brief des Ingenieurs Andrej Kostikow aus dem Raketenforschungsinstitut (RNII), dessen stellvertretender Direktor Koroljow damals war.

Am 10. Oktober wurde Koroljow in das Gefängnis von Nowotscherkassk eingeliefert, wo er acht Monate einsaß. Im August 1939 wurde er in das Übergangslager »Wtoraja retschka« (Zweites Flüßchen) und von dort mit dem Motorschiff »Dalstroj« in die Nagajew-Bucht gebracht, wo auch die Stadt Magadan liegt.

Von hier wiederum führte ihn sein Leidensweg weiter auf dem sogenannten Kolyma-Trakt zu schwerster Zwangsarbeit in der Goldgrube Maljdjak.

Koroljows Mutter Marija Nikolajewna ließ nichts unversucht, um ihren Sohn aus den Klauen des NKWD zu retten. Kurz nach seiner Verhaftung schickte sie sogar ein Telegramm an Stalin und riskierte damit ihr eigenes Leben. »Mein Sohn, der kürzlich bei der Erfüllung seiner dienstlichen Pflichten verletzt wurde und eine Gehirnerschütterung erlitten hat, befindet sich im Gefängnis, was sich tödlich auf seine Gesundheit auswirkt«, schrieb sie. »Ich flehe Sie an, retten Sie meinen einzigen Sohn, der ein junger talentierter Spezialist, Raketeningenieur und Flieger ist.« Die Hoffnung auf eine baldige Freilassung des Sohnes erfüllte sich jedoch nicht.

Mehr Erfolg hatten dagegen die Eingaben zweier Freunde Koroljows, der legendären Piloten Walentina Grisodubowa und Michail Gromow. In selbstloser Weise warfen sie ihr ganzes Prestige als Volkshelden und Parlamentsabgeordnete in die Waagschale und erreichten schließlich die Wiederaufnahme des Verfahrens. Diese fand am 10. Juli 1940 in Abwesenheit Koroljows statt. Das Gericht verringerte die Strafe auf »nur noch« acht Jahre Gefängnis.

Eine nicht unwesentliche Rolle spielte dabei der Umstand, daß Berija, der Ende der 30er Jahre Jeshow auf dem Posten des NKWD-

Chefs abgelöst hatte, dessen Terrorregime etwas lockerte, um sich selbst den Anstrich eines gerechten und humanen Menschen zu geben. Auf einer Sondersitzung des NKWD, die Berija persönlich leitete, wurde daraufhin auch Koroljow vom »Mitglied einer antisowjetischen konterrevolutionären Organisation« zu einem »Schädling auf dem Gebiet der Militärtechnik« heruntergestuft.

Koroljow selbst hatte die ganze Zeit über ebenfalls um die Wiederherstellung seiner Ehre gekämpft und zahllose Briefe an das ZK der KP und die Generalstaatsanwaltschaft geschickt, die allerdings unbeantwortet blieben.

Übrigens hatte Koroljow an dem Wiederaufnahmeverfahren teilnehmen sollen, das in Wladiwostok stattfand. Er hatte jedoch den Dampfer »Indigirka« verpaßt, der ihn von der Kolyma-Halbinsel dorthin bringen sollte, wie er viel später seiner zweiten Frau Nina Iwanowna anvertraute. Das Zuspätkommen hat ihm übrigens das Leben gerettet, denn der Dampfer, auf dem sich einige hundert Leidensgenossen Koroljows befanden, ist aus ungeklärter Ursache gesunken.

Am 13. September 1940 wurde Koroljow, für ihn völlig unerwartet, als Strafgefangener aus der mörderischen Goldgrube im Fernen Osten in das Besondere Technische Büro (OTB) beim NKWD nach Moskau abkommandiert. Hier arbeitete er im Zentralen Konstruktionbüro 29 (ZKB-29), das von dem ebenfalls inhaftierten und später weltberühmten Flugzeugkonstrukteur Andrej Tupolew geleitet wurde.

Tupolew, der damals mit der Konstruktion seines Bombenflugzeuges S-103 (der späteren Tu-2) befaßt war, brauchte für den schnellen Abschluß der Arbeiten dringend Spezialisten, von denen sich einige, wie er wußte, in Haft befanden. Er erstellte daraufhin eine Liste mit den Namen von Flugzeugingenieuren, die ihm geeignet schienen, und übergab sie dem NKWD. Einer der Namen war der von Koroljow, den man schließlich in der Goldmine ausfindig machte.

Das Büro von Tupolew, bei dem Koroljow 1930 seine Diplomarbeit – ein zweisitziges leichtes Motorflugzeug – verteidigt hatte, lag in der Radio Straße. Die oberen Stockwerke des sechsgeschossigen Baus dienten als Gefängnis, in den unteren befanden sich die Arbeitsräume. Koroljow, der von seinem alten Lehrer mit »ungewöhnlicher Wärme« empfangen wurde, wie sich Augenzeugen erinnern, war damals am Ende seiner Kräfte. »Noch zwei, drei Monate, und ich hätte es nicht mehr ausgehalten«, sagte er.

Mit Beginn des Krieges gegen Rußland wurde das Konstruktionsbüro in die sibirische Stadt Omsk verlegt, wo ein neues Flugzeugwerk entstanden war. Doch lange sollte Koroljow dort nicht bleiben. Bereits 1942 wurde er nach Kasan an der Wolga ins OKB-16 zu seinem Kollegen aus RNII-Zeiten, dem Triebwerksbauer Walentin Gluschko, beordert. Gluschko, der seinerzeit als erster im Institut verhaftet worden war und hier seine Haftzeit »abarbeitete«, hatte Koroljow dringend angefordert. Er brauchte ihn für die Entwicklung von Zusatzraketentriebwerken für die Front-Flugzeuge. Sie sollten den in der Luftwaffe existierenden Kampfmaschinen eine höhere Geschwindigkeit und bessere Steigleistung verleihen. Die erste Beschleunigeranlage (ARU-1) wurde bereits am 11. Oktober 1943 mit einer Pe-2 erfolgreich getestet. Koroljow hatte es sich nicht nehmen lassen, als Bordingenieur mitzufliegen.

1944 befaßte sich Koroljow auch ausführlich mit theoretischen Fragen. Der Gedanke an den Düsenantrieb von Flugzeugen ließ ihn nicht los. So schrieb er eine »erläuternde« Einschätzung zur Ausrüstung des Jagdflugzeuges »Lawotschkin 5WI« mit Zusatzraketen des Typs »RD-1« und »RD-3«.

Daneben wandte er sich auch wieder verstärkt den Raketen zu. Veranlaßt dazu haben ihn nicht zuletzt die sich häufenden Nachrichten über den Bau der V-1 und der V-2 in Deutschland. Wie zur Selbstverständigung verfaßt Koroljow einen kurzen Abriß über die Arbeiten des RNII an Flügelraketen in den Jahren 1932 bis 1938. Dann zieht er seine Schlußfolgerungen. Er wendet sich mit dem Vorschlag an die Staatsführung, Raketen für Verteidigungszwecke zu entwickeln. Denn Koroljow war schon früher als allen anderen klar, daß Raketen die Waffen von morgen sein werden. Der Bau von starken Raketenmotoren für die Luftwaffe war deshalb für ihn eine wichtige und nützliche Zwischenetappe auf dem Weg dorthin. Bestätigt in seinen Gedanken sah sich Koroljow durch die Entscheidung des Volkskommissariats (Ministeriums) für die Flugzeugindustrie von Mitte 1944, in seinem Wissenschaftlichen Forschungsinstitut (NII-1) eine Unterabteilung »Rakete« zu bilden. Sie sollte die wissenschaftliche Begründung für die Zweckmäßigkeit und Möglichkeit des Einsatzes von Raketen im Rahmen des Verteidigungspotentials des Landes liefern.

Die wissenschaftliche Leitung der Unterabteilung lag in den Händen von Wiktor Bolchowitinow, der die »BI-1« konstruiert hat, das erste sowjetische Düsenflugzeug. Außerdem gehörten ihr alte Mitarbeiter und Freunde Koroljows aus der Gruppe zum Studium der Rückstoßbewegung (GIRD) und dem Raketeninstitut an, darunter Tichonrawow, Pobedonoszew, die Flugzeugkonstrukteure Beresjnak und Issajew, Spezialisten verschiedener Disziplinen wie Piljugin, Mischin, Woskressenski und Tschertok sowie Vertreter der Streitkräfte.

Gegen Ende des Jahres bekam die Unterabteilung »Rakete« erstmals Teile der »Wunderwaffe« V-2, die von vorrückenden Truppen der Roten Armee auf dem SS-Übungsgelände Blizna (»Heidelager«) nordöstlich von Krakau im heutigen Polen sichergestellt worden waren. Koroljow und die anderen Spezialisten machten sich mit Feuereifer an das Studium der Beutestücke. Im November 1944 legte die entsprechende Kommission ihren Bericht über das Ergebnis der Untersuchungen vor. Das Material reichte aber bei weitem nicht aus, um die deutsche Waffe in wissenschaftlicher wie technischer Sicht abschließend zu beurteilen und möglicherweise sogar noch Schlußfolgerungen für den Bau einer eigenen Variante zu ziehen.

Deshalb entschied der Volkskommissar (Minister) für Rüstung, Dmitri Ustinow, dem die Raketentechnik zwischenzeitlich unterstellt worden war, die deutsche Raketentechnik systematisch und gründlich zu untersuchen. Dazu wurde Mitte 1945 die sogenannte Technische Kommission unter Leitung von Lew Gaidukow, dem

Konstrukteur der »Stalinorgeln«, geschaffen. Ihre Aufgabe bestand darin, alle Reste der deutschen Raketenproduktion, die die Amerikaner zurückgelassen hatten, zu sichern und in die UdSSR zu verbringen sowie die übriggebliebenen deutschen Spezialisten dafür zu rekrutieren.

Das Jahr 1944 brachte für Koroljow persönlich noch eine wichtige Entscheidung. Er wurde am 27. Juli auf Antrag des NKWD vom Präsidium des Obersten Sowjets der UdSSR vorzeitig aus der Haft entlassen. Und wie das Leben so spielt: Etwa zum gleichen Zeitpunkt wurde sein Denunziant Kostikow, der inzwischen, hochgeehrt, zum Direktor des RNII avanciert war, wieder seines Postens enthoben, weil er die Erwartungen, die man in ihn gesetzt hatte, nicht erfüllte.

Die vorzeitige Haftentlassung Koroljows bedeutete allerdings noch nicht seine volle Rehabilitierung. Diese ließ bis 1957, dem Jahr des Starts von Sputnik 1, auf sich waren. Erst zu diesem Zeitpunkt schloß das Militärkollegium des Obersten Gerichts der UdSSR die Akte. Das Gericht befand, daß von seiten Koroljows kein Verbrechen vorlag.

Im September 1945 wurde auch Koroljow nach Deutschland abkommandiert, um die bereits vor Ort befindlichen sowjetischen Raketenspezialisten zu unterstützen und die deutsche Raketentechnik zu studieren. Man hatte ihn dazu in eine Offiziersuniform ohne Orden und Ehrenzeichen gesteckt. Am 12. Oktober erlebte er, als Fahrer eines Generals getarnt, in der Nähe von Cuxhaven den Demonstrationsstart einer V-2 durch die britischen Verbündeten. Koroljow war von der Rakete, die er das erste Mal in voller Größe sah, beeindruckt und erschüttert gleichermaßen. Er hatte aber auch sofort einen »Verbesserungsvorschlag« parat. Er begreife nicht, warum Wernher von Braun die Tanks der Rakete nicht als tragende Konstruktion konzipiert habe, sagte er nach der Rückkehr aus Cuxhaven. Hier in Deutschland entwickelte Koroljow auch schon erste Gedanken, wie er den Bau einer eigenen Rakete in Angriff nehmen würde, die noch größer und stärker sein würde als die V-2. Dazu bedürfe es Tausender Spezialisten, völlig neuer Technik und auch ganzer neuer Industriezweige, sagte Koroljow zu Rüstungsminister Ustinow, mit dem er mehrfach in Thüringen zusammentraf. Als Koroljow Anfang 1947 wieder nach Moskau zurückkehrte, um sich an die Arbeit zu machen, hatte er neben den V-2-Teilen noch ein ganz besonderes »Souvenir« dabei: Einen himbeerfarbenen PKW der Marke »Horch«.

Bereits am 9. August 1946 war Koroljow zum Chefkonstrukteur jener NII-Abteilung ernannt worden, deren Hauptaufgabe darin bestand, eine eigene leistungsstarke ballistische Rakete zu bauen. Diese wurde unter der Bezeichung R-1 am 18. Oktober 1947 in Kapustin Jar an der Wolga gestartet. Den Startplatz hatte Stalin persönlich ausgewählt. Zum Leidwesen Koroljows war die R-1 aber im Grund genommen noch mit der V-2 identisch. Ustinow hatte nämlich angeordnet, zuerst einmal die deutsche Großrakete nachzubauen, um sich die entsprechenden Technologien anzueignen.

Am 14. April 1947 hatte Koroljow seine erste von insgesamt zwei persönlichen Begegnungen mit Stalin, dessen sogenannte Startanweisung vom 13. Mai 1946 als Geburtsstunde der sowjetischen Raketenindustrie gilt. Koroljow, gerade aus Deutschland zurückgekehrt, nahm an einer großen Beratung im Kreml teil, bei der es um die Perspektiven der Raketentechnik und speziell um die Entwicklung einer eigenen Rakete ging, die sich von der V-2 vor allem durch eine größere Reichweite und einen abtrennbaren Nutzlastteil unterscheiden sollte. Koroljow durfte die Mappe mit den Konspekten für seinen Vortrag aber nicht mit ins Arbeitszimmer des Kremlherrschers nehmen. Auch war es ihm verboten, irgendwelche Fragen zu stellen.

Am Ende der Beratung, als alles aufbrach, wandte sich Stalin völlig unerwartet an Koroljow: »Aber Sie, Genossen Koroljow, bitte ich zu bleiben.« Dann setzte er sich zu Koroljow und sagte auf seine bedächtige Art: »Ich möchte, daß Sie mir ausführlicher über Raketen, ihre Möglichkeiten und Nutzungsperspektiven erzählen...«

In der Folgezeit wurde Koroljow zum Dreh- und Angelpunkt der sowjetischen Raumfahrt. Unter seiner Federführung wurden alle wichtigen Trägerraketen, Apparate für die bemannte Raumfahrt

und die Erforschung anderer Planeten sowie künstlichen Erdsatelliten für wissenschaftliche, volkswirtschaftliche und militärische
Ziele gebaut. Mit seinem Namen sind die R-2, der erste »russifi-
zierte« Träger, die R-5M, die erste Atomrakete der Welt, und die
legendäre R-7 (Semjorka), die Sputnik 1 und Gagarin ins All
brachte, ebenso verbunden wie die Raumschiffe »Wostok«,
»Woßchod« und »Sojus« oder jene Sonden, die weich auf anderen
Planeten landeten. Doch Koroljow brachte nicht nur die Ideen ein,
sondern organisierte in Personalunion mit beispielloser Energie
auch deren Umsetzung, sobald sie »von oben« abgesegnet waren.
Dabei bediente er sich in erster Linie des Rates der Chefkonstrukteure, dem er bis zu seinem Tode 1966 vorstand.

Kurz nach dem Zweiten Weltkrieg sah sich Koroljow übrigens
einem erneuten Versuch ausgesetzt, ihn zu denunzieren. Diesmal
war es der Leiter des Wissenschaftlichen Forschungsinstituts des
Verteidigungsministeriums (NII MO), Alexej Nesterenko, der ihn
anschwärzen wollte. Die Sache an sich wäre nicht so erwähnens-
wert, gäbe es da nicht die »deutsche« Begründung. In einem Bericht
an das Zentralkomitee schrieb Nesterenko nämlich, Koroljow
befasse sich mit dem Bau einer Rakete nach dem Vorbild der V-2.
Damit betreibe er »ökonomische Diversion«. Denn bekanntlich sei
einer der Gründe für die Niederlage Deutschlands im Zweiten
Weltkrieg darin zu suchen, daß es viel Geld für diese Rakete ausge-
geben habe, die letztlich keinerlei Nutzen gebracht habe. Die Treff-
genauigkeit dieser Rakete sei »schlecht«, folglich lohne es nicht,
sich mit ihr zu befassen. All jene, die das dennoch täten, gerieten in
eine Sackgasse...

Koroljow bekam zufällig eine Kopie dieses Schreibens in die
Hand und stellte Nesterenko zur Rede. Dieser versuchte zwar, sich
herauszureden, doch Koroljow war außer sich. Immerhin war er
schon einmal auf hinterhältigste Weise denunziert worden, und das
bei den selben Leuten: Stalin und Berija. Auch Rüstungsminister
Ustinow erkannte den Ernst der Lage und schaltete sich vermit-
telnd in die Affäre ein, die schließlich für Koroljow keine weiteren
Folgen hatte.

Das Verhältnis Koroljows zu Nesterenko, der sich im Zweiten Weltkrieg um die »Katjuschas« verdient gemacht hatte, von Raketen allerdings nichts verstand, war fortan frostig. Doch wie das Leben so spielt: Beide Männer begegneten sich später auf dem Kosmodrom Baikonur wieder, dessen erster Chef Nesterenko im Range eines Generaloberst von 1955 bis 1958 war. Nach Möglichkeit gingen sich die beiden aber aus dem Weg.

KOROLJOW LEIDET UNTER DER ANONYMITÄT

Koroljow hat unter der ihm staatlich verordneten Anonymität sehr gelitten. Zu gerne hätte er gesehen, daß seine Leistungen auch öffentlich anerkannt würden. Und er wäre auch gern einmal zu internationalen Kongressen gefahren, um sich mit seinen ausländischen Fachkollegen und Antipoden auszutauschen. Doch das ließ die Kremlführung nicht zu. So ist es auch nie zu einer Begegnung mit Wernher von Braun gekommen, der das vollbrachte, was auch er anstrebte, aber nicht schaffte, nämlich den ersten Menschen auf den Mond zu bringen.

Offiziell hatten also die sowjetischen Raumfahrterfolge keinen »Vater«. Auf die drängenden Fragen von Journalisten, wem denn dies alles zu danken sei, hieß es immer wieder ausweichend: Dem ganzen Sowjetvolk. So kam es dazu, daß vielfach der Beitrag der als Nationalhelden gefeierten jungen Kosmonauten zur Raumfahrt unvergleichlich höher eingeschätzt wurde als jener des namenlosen Wissenschaftler- und Technikerheeres. Die frischgebackenen Kosmonauten dankten denn auch bei jeder sich bietenden Gelegenheit immer der Kommunistischen Partei und ihrem jeweils führenden Kopf, und die Partei dankte ihrerseits bestenfalls irgendwelchen nicht näher bezeichneten »Kollektiven«. Boris Tschertok, einer der Stellvertreter Koroljows, vermerkt dazu mit Bitterkeit in seinen Memoiren »Raketen und Menschen«: Nach unseren ungeschriebenen Gesetzen des »Kalten Krieges« durfte kein Wissenschaftler, der mit Raketen- und Raumfahrttechnik zu tun hatte, im Ausland bekannt sein und hatte auch kein Recht auf Ruhm in seinem Land.

Eine Kuriosität am Rande: Mit Keldysch gab es einen führenden Wissenschaftler, der offiziell ein Doppelleben führen mußte. Wenn es um Raumfahrt ging, war stets nur vom »Cheftheoretiker« die Rede. Als er aber nach dem Flug von Gagarin Präsident der Akademie der Wissenschaften der UdSSR wurde, durfte er natürlich mit Klarnamen auftreten. Viele Jahre hindurch wußten aber nur Eingeweihte, daß der »Cheftheoretiker« und Keldysch identisch waren.

Von seinem Fahrer befragt, wann denn endlich die Menschen von ihm erfahren würden, antwortete Koroljow einmal sarkastisch: »Wenn ich sterbe, werden es alle erfahren.« Wie recht er damit hatte, sollte sich schon bald zeigen. Im Nachruf von Partei und Regierung zu seinem überraschenden Tod im Januar 1966 wurde er erstmals mit vollem Namen genannt. Bis dahin durfte er nur unter dem Pseudonym Professor Sergejew Artikel für die »Prawda« schreiben. Auch die Kosmonauten verstanden die Geheimniskrämerei nicht. Sie empfanden das als große Ungerechtigkeit gegenüber ihrem Chef. Doch ausrichten konnten auch sie nichts, obwohl sich speziell Gagarin mehrfach dafür einsetzte.

Koroljow selbst hat sich öffentlich nie über die Demütigung beklagt. Nur ganz selten ließ er in kleinem Kreis Unmut darüber anklingen. Zumeist flüchtete er sich in die verleugnerische Behauptung, incognito besser und ruhiger arbeiten und leben zu können. Als Mensch, der sein ganzes Leben mit Militärtechnik befaßt war, sah er zudem die Geheimhaltung auch als eine soldatische Pflicht an.

Ihm wäre deshalb nicht einmal in den schwersten Tagen seiner Verbannung und Erniedrigung in den Sinn gekommen, diesen Grundsatz zu verraten.

Sein Biograph Golowanow glaubt zu wissen, daß es Koroljow manchmal sogar gefallen habe, mit der Aureole des Geheimnisvollen umgeben zu sein. Das habe ihn von anderen abgehoben. Auch habe es ihm Freude bereitet, wenn Journalisten und Politiker gerätselt hätten, wer sich denn nun hinter der geheimnisvollen Bezeichnung »Chefkonstrukteur« verberge. Zugleich aber habe er im stillen auch jene beneidet, die mit ihrem richtigen Namen genannt werden durften und nicht selten seinen, Koroljows, Ruhm eingeheimst haben, wie etwa Professor Leonid Sedow, der offiziell als Vertreter der Akademie der Wissenschaften der UdSSR die Glückwünsche zum »Sputnik«-Erfolg entgegenommen habe, obwohl gerade die Akademie zu »Sputnik 1« nichts beigesteuert habe, so daß Koroljow zu improvisieren gezwungen war. »Sputnik 1« wurde dadurch zum PS, das ist die russische Abkürzung von »prostejschij sputnik« (zu deutsch etwa: der einfachste oder, wenn man so will, primitivste Sputnik). Die für »Sputnik 1« geplante Akademie-Apparatur kam nämlich erst im dritten künstlichen Erdsatelliten zum Einsatz, weil sie nicht rechtzeitig zur Verfügung stand. Die Presse, allen voran die »Prawda«, hat übrigens trotz aller Hinweise der Wissenschaftler die Abkürzung PS stets mit »perwyj sputnik« (zu deutsch: erster Sputnik) übersetzt. Ihr war offensichtlich die richtige Variante peinlich.

1963 sah es einmal für kurze Zeit so aus, als würde die Identität Koroljows gelüftet. Die Schwedische Akademie der Wissenschaftlen hatte sich mit dem Vorschlag an Keldysch gewandt, jenem Menschen, der den Start des ersten künstlichen Erdsatelliten geleitet habe, den Nobelpreis zu verleihen. Doch dazu müsse man wenigstens wissen, wer dieser Mensch sei. Der Vorschlag der Schweden war unverzüglich Partei- und Regierungschef Chruschtschow zugeleitet worden. Dieser löste das Problem auf seine Weise: »Der Erfinder des Sputniks? Das ganze sowjetische Volk!«

Der Tod Koroljows bei einer Krebsoperation am 14. Januar 1966 hat Moskaus Raumfahrt einen Schlag versetzt, von dem sie sich nie wieder richtig erholen konnte. Mit Koroljow hatte sie nämlich nicht nur den geistigen Vater, sondern auch den kongenialen Organisator aller ihrer spektakulären Erfolge verloren.

Gagarin versprach damals, Koroljow damit zu ehren, daß er einen Teil seiner Asche auf den Mond bringen lassen werde. Doch dazu ist es nicht gekommen. Zum einen fand die Witwe Koroljows die Idee, die Asche ihres Mannes zu teilen, unchristlich, und dann verunglückte der erste Kosmonaut der Welt nur zwei Jahre später tödlich. Zudem war das Land ohne Koroljow offensichtlich nicht in der Lage, einen Menschen auf dem Mond zu landen. So mußte das Programm nach mehreren Fehlversuchen der Trägerrakete N-1, die die sowjetischen Kosmonauten zum Mond transportieren sollte, eingestellt werden, bevor es überhaupt offiziell angekündigt worden war.

GAGARIN DRÄNGT AUF ZWEITEN FLUG

Schon auf der Pressekonferenz in Moskau hatte Gagarin keinen Zweifel daran gelassen, daß er sich nicht mit einem einzigen Raumflug abfinden werde. Er wolle zum Mond und zu anderen Planeten fliegen, hatte er gesagt. Auch wenn das für manchen etwas rhetorisch und euphorisch klang, so verbarg sich dahinter, wie wir heute wissen, doch der ehrliche und hartnäckige Wunsch nach einer zweiten Mission. Schließlich war Gagarin mit Leib und Seele Flieger und konnte sich ein Leben ohne Flugzeuge und nun auch ohne Raumschiffe einfach nicht mehr vorstellen. Diese Vorstellung lief natürlich dem Trachten der Kreml-Führung zuwider, ihren einzigartigen Helden keiner wie auch immer gearteten Gefahr auszusetzen. Und so erhielt Gagarin ein striktes Flugverbot. Er durfte sich fortan nicht einmal mehr an den Steuerknüppel eines Flugzeuges setzen, und von einem neuen Raumflug konnte schon überhaupt nicht die Rede sein. Außerdem gab es genügend andere junge Offiziere, die jetzt erst einmal an der Reihe waren.

Koroljow konnte seinen Schützling aber verstehen. Er riet ihm deshalb noch einmal kurz vor seinem Tode auf dem Krankenbett, in seinem Wunsch nicht nachzugeben: Bleib' hartnäckig! Schließlich kommen bald die neuen »Sojus«-Raumschiffe. Koroljow spielte damit auf eine schon im Januar 1962 von Gagarin mehr im Scherz vorgebrachte Bitte an, ihn auch das erste »Sojus«-Schiff testen zu lassen, das damals gerade – nicht zuletzt mit Blick auf den bemannten Flug zum Mond – angedacht war.

Im März 1963 brachte sich Gagarin gesprächsweise erneut für einen Flug ins Spiel. Doch Kamanin lehnte kategorisch ab. Ein zweiter Flug des Kosmonauten sei »äußerst problematisch«, sagte er. Er werde aber Gagarins Wunsch unterstützen, wenigstens wieder auf modernen Kampfflugzeugen zu fliegen. Auch werde er sich bemühen, ihn in eine Trainingsgruppe für neue Flüge einzubauen, damit er während seines Studiums an der Shukowski-Akademie nicht den Kontakt zur Raumfahrt verliere. Ein Flug aber komme derzeit auf keinen Fall in Frage, diesen Ansicht teile auch die Regierung.

Im August 1964, Gagarin war inzwischen schon lange Oberst, griff Verteidigungsminister Malinowski persönlich in die Diskussion ein. »Ihr Leben, Juri Alexejewitsch, ist der ganzen Menschheit teuer und sollte keinem Risiko ausgesetzt werden«, sagte er versöhnlich. Gagarin jedoch antwortet vieldeutig mit einer Gegenfrage: »Kann es aber nicht so sein, daß auch ein Flugverbot ein Risiko ist?« Malinowski antwortet auf diese Frage nicht.

Gleich Anfang 1965 ging Gagarin, dessen Zivilcourage proportional zu seinem Weltruhm zunahm, weiter in die Offensive. Auf eine Frage der Presseagentur »Nowosti« (APN) zu seinen weiteren Plänen stellte er unumwunden auch für seine Kosmonautenkollegen klar: »Wir sind nicht in den Weltraum geflogen, um unser Kosmos-Training danach abzubrechen. Ich selbst gehe davon aus, auch künftig im Weltraum zu sein, neue Flüge durchzuführen und, wenn möglich, nicht nur einmal.«

Wer wann fliege, sei schwer zu sagen, räumte Gagarin ein. Zudem sei aber eines klar: »Es kommt der Tag, da Raumschiffe den Menschen zu anderen Himmelskörpern tragen.« Da war er wieder, der innige Wunsch des ersten Kosmonauten der Welt.

Es bedurfte fast fünf Jahre, um Kamanin dazu zu bewegen, Gagarin wenigstens wieder Trainingsflüge auf Düsenmaschinen zu erlauben. Allerdings wurde dem Kosmonauten weiterhin verboten, das Fallschirmtraining wieder aufzunehmen. Damit tat man ihm allerdings nicht weh, denn wie die meisten Flieger hatte er die Fallschirmabsprünge, die nun mal dazugehörten, immer als lästige Pflichtübung angesehen. Das Fallschirmtraining sollte erst zwei oder drei Monaten vor einem eventuellen zweiten Flug wieder eine Rolle spielen, der, wenn überhaupt, theoretisch frühestens 1967 ins Auge gefaßt werden könne. Doch vorerst mußten die neuen »Sojus«-Raumschiffe einmal fliegen lernen, und das ließ lange auf sich warten.

Dann kam endlich im April 1966 die Wende. Auf einer Beratung der Führung des Kosmonautenausbildungszentrums (ZPK) über die Vorbereitung der Flüge mit dem neuen »Erzeugnis 7 K-OK«, so die Werksbezeichnung für »Sojus«, fiel auch der Name Gagarins, der damals stellvertretender ZKP-Chef war. Allerdings sollte er beim Erstflug nicht Kommandant, sondern nur Double sein. Als Kommandant sollte der mit Abstand älteste und technisch erfahrenste Kosmonaut fungieren: Wladimir Komarow. Gemeinsam mit ihnen nahmen Andrijan Nikolajew, Waleri Bykowski, Jewgeni Chrunow, Wiktor Gorbatko, Waleri Kubassow, Alexej Jelissejew, Anatoli Woronow und Pjotr Kolodin das Training für den zweiten »Sojus«-Flug auf, der einen Tag nach »Sojus 1« beginnen sollte. Ziel war ein Annäherungs- und Kopplungsmanöver der beiden Raumschiffe, die im Unterschied zu ihren Vorgängern »Wostok« und »Woßchod« auf der Umlaufbahn manövrierbar waren.

Am 27. Oktober wurde Komarow zum Kommandanten von »Sojus 1« ernannt. Er hatte zusammen mit Gagarin die besten Vorbereitungsnoten erhalten. Gagarin nahm die Entscheidung mit Würde auf. Natürlich würde er als »professioneller Kosmonaut« gern selbst als erster das neue Raumschiff fliegen. Doch als Freund gönne er Komarow diesen Platz. Er glaube sogar, »daß Wolodja sich seiner Aufgabe besser als ich entledigen wird«.

Die Aufgabe, »Sojus« das Fliegen zu lehren, erwies sich schwieriger als erwartet. Beim ersten Probestart am 28. November, der unter dem Deckmantel des Satelliten »Kosmos-133« in die Raumfahrtgeschichte einging, gab es Probleme mit der Landung. Gut zwei Wochen später, am 14. Dezember, explodierte die neue »Sojus«-Trägerrakete auf der Startrampe. Die bemannten Starts verzögerten sich dadurch um Monate.

Im März 1967 brauten sich erneut dunkle Wolken über Gagarin zusammen. Einige Mitglieder der Staatlichen Kommission für die bemannten Flüge, die nach dem Tod Koroljows neu gebildet worden war, hatten im letzten Augenblick offenbar doch Bauchschmerzen bekommen. Sie änderten ihre Meinung und sprachen sich erneut gegen einen zweiten Flug Gagarins aus. Auch diesmal war das Argument ähnlich: »Wir dürfen Gagarin keinem Risiko aussetzen, und jeder neue Flug ist ein Risiko.« Daß Gagarin dennoch kein neues Flugverbot erhielt, hat er in erster Linie der Hartnäckigkeit von Kamanin zu verdanken. Viermal meldete sich der General in der hitzigen Debatte zu Wort und setzte sich schließlich durch – ein Sieg, der Gagarin fast zum Verhängnis wurde, wie sich schon bald erweisen sollte.

Geholfen haben mag Kamanin auch, daß mit Vize-Rüstungsminister Georgi Tjulin als Kommissionsvorsitzender und Keldysch als einer der Stellvertreter zwei alte Freunde von Koroljow in dem 17köpfigen Gremium das entscheidende Wort hatten. Tjulin war übrigens auch schon der »Pate« Komarows bei dessen erstem Flug als Kommandant von »Woßchod 1« im Oktober 1964.

ES HÄTTE AUCH GAGARIN TREFFEN KÖNNEN

Komarow war oft der Erste – aber leider nicht nur im Leben, sondern auch im Tod. Wie bereits erwähnt, testete er am 12./13. Oktober 1964 als erster das neue, dreisitzige Raumschiff »Woßchod«. Während Konstantin Feoktistow und Weltraumarzt Boris Jegorow bei dem 24-Stunden-Flug geophysikalische und medizinische Experimente vornahmen, prüfte der Diplom-Ingenieur alle Systeme des Raumschiffes auf Herz und Nieren und brachte es sicher zur Erde zurück.

Nach einem kurzen Intermezzo als Chef der Technischen Abteilung des Kosmonautenausbildungszentrums vertraute man nun dem inzwischen 40jährigen mit »Sojus« erneut ein neues Raumschiff an – eine Aufgabe, für die wirklich niemand besser geeignet war als er. Mit dem Start am 23. April 1967 war er zugleich der erste Mensch, der zum zweiten Mal ins All flog. Doch die Mission, bei der auch mit »Sojus 2«, das einen Tag später starten sollte, die erste Kopplung zweier bemannter Raumschiffe geplant war, endete tragisch. Das Raumschiff, das noch heute in der modernisierten TM-Version im Einsatz ist, stürzte bei der vorzeitigen Rückführung am 24. April ab, weil der Hauptfallschirm versagte. Der Ersatzschirm entfaltete sich nicht richtig, und so schlug die tonnenschwere Kapsel ungebremst auf, explodierte und brannte aus.

Damit hatte die internationale Raumfahrt zugleich ihren ersten Toten bei einer bemannten Mission zu beklagen. Die sterblichen Überreste Komarows wurden noch an Ort und Stelle von den Bergungsmannschaften beigesetzt, sein Grab an der Moskauer Kremlmauer ist somit eher symbolisch.

Jahrzehnte verschwieg die Sowjet-Propaganda die exakten Umstände des Absturzes, der in der ganzen Welt Entsetzen auslöste. Nur langsam kam die Wahrheit an den Tag, und die ist mehr als erschütternd. So gelang es Komarow während des gesamten Fluges nicht, das neue, steuerbare Raumschiff unter Kontrolle zu bringen und zu stabilisieren, weil sich eine Sonnenbatterie nicht entfaltete und das Orientierungssystem versagte. »Sojus 1« drehte sich mit immer größerer Geschwindigkeit um die eigene Achse, so daß der Kosmonaut über Übelkeit klagte und schließlich mehrfach nachfragte, wann man ihn denn endlich zurückhole.

Alle seine Versuche, den oder besser die technischen Fehler zu beheben, mißlangen. Auch Instruktionen aus dem Flugleitzentrum (FLZ) brachten keine Abhilfe. In dumpfer Vorahnung auf das scheinbar Unvermeidliche holte man schließlich Ehefrau Walentina ins FLZ, um ihr im schlimmsten Fall einen wenigstens fernmündlichen Abschied zu ermöglichen. Auch Ministerpräsident Nikolai Kossygin sprach mit Komarow. Das Land sei stolz auf ihn und werde ihn nie vergessen, soll der Premier nach dem auf einer US-Air Force-Basis bei Istanbul abgehörten Funkverkehr gesagt haben. Die Antwort des Kosmonauten sei nicht zu verstehen gewesen. Minuten später habe die Rückführung des Raumschiffes begonnen. Dann habe man verzweifelte Hilfeschreie Komarows gehört, die aber abrupt abbrachen.

Die Sowjets verschwiegen auch bis Ende der 80er Jahre, daß nach »Sojus 1« noch ein zweites solches Raumschiff für ein Rendezvous- und Umstiegsmanöver aufsteigen sollte, diesmal mit drei Mann Besatzung. Mehr noch: Die Tatsache, daß Komarows Double kein geringerer als Juri Gagarin war, wurde ebenfalls erst zu diesem Zeitpunkt publik und verschlug nicht nur der Fachwelt den Atem. Denn die Möglichkeit, daß Gagarin statt Komarow in dem Raumschiff gesessen hätte und somit von dessen Schicksal ereilt worden wäre, war so gering nicht. Komarow hatte nämlich erhebliche gesundheitliche Probleme, die schon fast seinen ersten Flug verhindert hätten: Er litt an angeborenen Herzrhythmusstörungen. Eine kleine Abweichung von den zulässigen Werten oder gar nur ein profaner Schnupfen – und schon hätte Gagarin einspringen müssen.

Mit Sicherheit retteten die Probleme, die sich bei Komarows Flug schon in der Anfangsphase offenbarten, auch Waleri Bykowski, Jewgeni Chrunow und Alexej Jelissejew das Leben, die mit »Sojus 2« fliegen sollten. Denn ihr Raumschiff war mit dem selben fehlerhaft konstruierten Fallschirmsystem ausgerüstet wie das Komarows. Hätte dieser nicht vorzeitig seinen Flug beenden müssen, sondern wäre auf der Umlaufbahn geblieben, wäre dieser fatale Fehler nicht entdeckt worden. »Sojus 2« wäre gestartet, und es hätte mit größter Wahrscheinlichkeit dann vier Tote gegeben. Die »Sojus-2«-Mannschaft war sich lange offenbar der Gefahr gar nicht bewußt, in der sie schwebte. Denn wie mir Bykowski bestätigte, sei ihr Start mit Hinweis auf starken Regen abgesagt worden.

Noch 1987 hat Gagarin-Biograph Mitroschenkow in einer überarbeiteten Ausgabe seines Buches »Die Erde unter dem Himmel« behauptet, »Sojus 1« habe »folgsam« alle Kommandos seines Kommandanten ausgeführt. Allerdings habe sich der Fallschirm nicht »mit Luft gefüllt«, weil die Fangleinen verheddert waren. Doch davon kann gar keine Rede sein. In Wahrheit konnten sich die Fangleinen gar nicht verheddern, weil der Fallschirm seinen Container, in dem er sich befand, gar nicht verlassen hat. Doch der Reihe nach.

Im Landeapparat von »Sojus« gab es zwei Container in Form eines elliptischen Zylinders für die Fallschirmsysteme. Der große Container war für das Haupt-, ein kleinerer für das Reservefallschirmsystem bestimmt. Die Fallschirmpakete waren regelrecht in die Container hineingepreßt worden. Als schließlich in rund 9,5 Kilometern Höhe die Abdeckluke abgesprengt wurde, war der kleine Hilfsfallschirm nicht in der Lage, den zusammengepreßten Hauptfallschirm aus seinem engen Container zu ziehen, in dem zudem noch ein gewisser Unterdruck herrschte. Darauf wurde zwar der Reserveschirm aktiviert. Aber auch er funktionierte nicht.

Nach dataillierten Untersuchungen wurden die Fläche des Hilfsfallschirms vergrößert und vor allem die Fallschirmcontainer verändert. Sie erhielten statt der elliptischen eine konische Form. Zudem wurden fortan die Wände poliert, nachdem sich herausgestellt hatte, daß aufgrund einer fehlerhaften Technologie bei der Aufbringung des Hitzebeschichtung auf der Landekapsel Harzpartikel die Containerwände verklebt hatten.

Neben dem linken Sonnensegel, das sich an der Schutzhülle verhakt hatte, waren auch noch das Ionensystem sowie ein Sonnen- und Stern-Sensor ausgefallen. Komarow hatte daraufhin den Befehl erhalten, das Raumschiff auf »Fliegerart« per Hand zu orientieren und bei der 19. Erdumkreisung ebenfalls handgesteuert zu landen. Dazu mußte er das Bremstriebwerk per Hand für rund 150 Sekunden zünden, was ihm auch mit 146 Sekunden fast exakt gelang. Der Landeapparat ging rund 54 Kilometer östlich der Stadt Orsk nieder.

Örtliche Bewohner waren als erste am Landeort. Sie fanden eine geborstene und brennende Kapsel vor, die sich eineinhalb Meter tief in den Boden gebohrt hatte.

Nachdem es gelungen war, das schwer angeschlagene Raumschiff Komarows auf eine Abstiegsbahn zu bringen, waren übrigens alle fest davon ausgegangen, daß damit die Pannen-Mission zu einem glücklichen Ende gebracht sei. Im Flugleitzentrum wurde schon mit Sekt gefeiert, in Baikonur gab es eine Sonderzuteilung grusinischen Weinbrands. Auch Gagarin, der sich während des Fluges in der Bahnverfolgungsstation Jewpatorija auf der Krim aufgehalten hatte, freute sich, daß alles noch einmal glimpflich abgelaufen war. Doch als er am Landeort eintraf, teilte ihm Kamanin die traurige Nachricht mit. Gagarin war wie versteinert. Freunde sagten später, sie hätten ihn zum ersten Mal weinen sehen.

In einem Interview der Jugendzeitung »Komsomolskaja Prawda« sagte er, trotz des Todes von Komarow dürften die Raumflüge nicht eingestellt werden. Denn schließlich handele es sich dabei nicht um die »Beschäftigung« eines einzelnen oder nur einer Gruppe von Menschen, sondern um einen »historischen Prozeß, zu dem die Menschheit in ihrer Entwicklung planmäßig gelangt ist«. Komarow habe eine wichtige Arbeit geleistet, indem er das neue Raumschiff erprobe. Zudem lehre sein Schicksal, »noch aufmerksamer« an alle Etappen der Überprüfung und Erprobung heranzugehen und bei der »Begegnung mit dem Unbekannten noch wachsamer« zu sein. Kamarows Tod habe auch gezeigt, wie steinig der Weg ins All sei. Dann versprach der erste Kosmonaut der Welt seinem toten Freund: »Wir werden »Sojus« das Fliegen beibringen. Das sehe ich als unsere Pflicht, die Pflicht seiner Freunde zum Gedenken an Wolodja an.«

Als Gagarin diese Worte sprach, war er längst schon wieder mit einem Flugverbot belegt und zudem aus dem Kosmonautentraining herausgenommen worden. Georgi Beregowoi, einem Kosmonauten des für damalige Verhältnisse reifen Jahrgangs 1921, blieb es vorbehalten, nach der unbemannten Erprobung des neuen Fallschirmsystems mit »Sojus 3« den ersten erfolgreichen Flug des neuen Raumschiffs zu absolvieren, das übrigens mit Blick auf die Mond-Missionen konzipiert worden war, was damals nur wenige Eingeweihte wußten. Der Hüne, der später viele Jahre Chef der Kosmonautenausbildungszentrums war, hatte sich bereits im Zweiten Weltkrieg als Kampfflieger über Bulgarien den »Goldenen Stern« eines »Helden der Sowjetunion« verdient und schien den Verantwortlichen genau der Richtige für diese heikle Aufgabe zu sein.

GAGARIN PROBT DEN AUFSTAND

Nach dem »Sojus«-Debakel lautete der neue Auftrag Kamanins für Gagarin fortan: Volle Konzentration auf das Studium, das er noch 1961 an der »Shukowski«-Ingenieurakademie aufgenommen hatte, und schnellstmöglicher Abschluß seiner Diplomarbeit. Erst wenn dies geschehen sei, könne man eventuell wieder ans Fliegen denken. Der Traum von einem zweiten Raumflug sei allerdings ein für allemal vorbei. Daß Gagarin ein Jahr später schon nicht mehr leben würde, daran dachte damals natürlich niemand.

Gagarin hat sich in der Tat in der Folgezeit nahezu ausschließlich auf sein Studium konzentriert. Denn erstens wollte er es nach damals fast sechs Jahren endlich abschließen, und zweitens lockte ihn natürlich das wenn auch noch vage Versprechen, dann wenigstens wieder in ein Flugzeug steigen zu dürfen.

Der Kosmonauten-Chef hatte diese Entscheidung voll auf seine eigene Kappe genommen. Was ihn dazu bewogen haben mochte, läßt sich nur erahnen. Eine entscheidende Rolle dürfte gespielt haben, daß er als Flieger nur zu gut den Wunsch Gagarins nachvollziehen konnte. Eine andere Überlegung war offenbar, daß er vorhatte, Gagarin zum Chef des »Sternenstädtchens« zu machen. Und was wäre der Leiter einer solchen Institution, wenn er nicht selbst flöge?

Kamanin mahnte Gagarin allerdings eindringlich zu äußerster Vorsicht. Doch dieser fragte nur zurück: »Welche Vorsicht? Ich kann auf das Fliegen nicht verzichten... Ich bin Flieger und kann nicht leben, ohne zu fliegen. Ich habe selbst nicht einmal das Recht, das zu lassen.«

Um sich neben dem Studium auch voll auf das Flugtraining konzentrieren zu können, bat Gagarin seien Chef, ihn von allen anderen Aufträgen, Auslandsbesuchen und öffentlichen Auftritten zu befreien. Kamanin kam dem weitgehend nach, denn das Problem war für ihn nicht neu. Durch solche »gesellschaftlichen Maßnahmen«, wie sie damals hießen, war Gagarin in einem Jahr sogar mal die unglaubliche Zahl von 50 Studientagen verlorengegangen.

Ende November 1967 erhielt Gagarin zu seiner Überraschung vom Verteidigungsministerium die Erlaubnis, wieder zu fliegen, und das sogar allein. Die Generalität hatte sich zwar zuvor mit Kamanin beraten, dessen Einwand aber nicht gelten lassen, daß es zum Alleinflug noch zu früh sei. Kamanin wollte, daß Gagarin erst wieder in zweisitzigen Übungsmaschinen unter Anleitung erfahrener Instrukteure seine alte Flugroutine zurückgewinnt. Als hätte der Wettergott dieses Argument erhört, ließ er an diesem Tag und auch an den folgenden Tagen starke Bewölkung und Regen aufziehen, so daß Gagarin zu dem versprochenen ersten Alleinflug seit Jahren nicht aufsteigen konnte. Kamanin nutzte die Gelegenheit, seinem Schützling eindringlich klarzumachen, daß es von Vorteil sei, sich noch etwas in Geduld zu üben.

Gagarin während des Studiums mit Titow

219

Doch Gagarin sah das partout nicht ein. Er drohte sogar damit, aus Protest von seinem Posten als stellvertretender Chef des Kosmonautenausbildungszentrums zurückzutreten – ein für damalige Verhältnisse nahezu unglaublicher Vorgang. Nur mit Mühe konnte Kamanin diesen Eklat verhindern, bei dem auch er nicht ungeschoren davongekommen wäre. Gagarin rang Kamanin aber das feste Versprechen ab, im kommenden Sommer nach erfolgreichem Abschluß der Akademie endlich wieder fliegen zu dürfen. Der Kosmonaut sagte darauf, das sei ihm noch zu lange hin, er werde deshalb schon im Februar oder März sein Diplom verteidigen. Auf die Frage, ob er dann sofort fliegen dürfe, entgegnete Kamanin entnervt: »Ja, Sie dürfen.«

Am 8. Februar 1968 konnte Gagarin General Kamanin erleichtert mitteilen, daß er seine Diplomarbeit fertiggestellt habe. Am 17. Februar sollte die Verteidigung stattfinden. Kamanin »revanchierte« sich für die gute Nachricht auf seine Weise: Er erteilte Gagarin

Gagarin erhält sein Diplom

mit Wirkung vom 1. März die lange versprochene Flugerlaubnis. Derart moralisch und psycholgisch gestärkt, verteidigte Gagarin seine Arbeit mit Bravour. Er erhielt wie sein Mitprüfling Titow das Prädikat »Mit Auszeichnung« und konnte fortan den umständlichen Titel eines Flieger-Ingenieur-Kosmonauten führen.

Der exakte Titel der Arbeit ist übrigens immer noch geheim. Er wurde nicht einmal in dem 1986 erschienenen Buch »Das Diplom Gagarins« genannt. Gagarins Mentor Professor Sergej Bjelozerkowski, der Autor, spricht nur andeutungsweise von einer »Komplexarbeit« über ein neues Überschallflugzeug. Das stimmt im Prinzip, wie mir German Titow bestätigte. In Wahrheit sei es um die Entwicklung eines Kosmosflugzeuges gegangen, wie es später in Gestalt der Raumfähre »Buran« (Schneesturm) als Pendant zum US-Shuttle gebaut wurde.

Am 12. März meldete sich der frischgebackene »Shukowski«-Absolvent bei der medizinischen Flugkontrolle, und schon einen Tag später war er für knapp zwei Stunden mit einem zweisitzigen strahlgetriebenen Schulflugzeug in der Luft. Für Gagarin begann ein neuer, vielversprechender Lebensabschnitt, an dessen Ende, wie er hoffte, eine neue Raumfahrtmission stehen würde.

Seine Freunde freuten sich mit ihm, daß sein langersehnter Traum nun doch in Erfüllung ging. Sie fertigten eigens für diesen »Erststart« ein Flugblatt mit der Aufschrift »Gagarin auf dem Weg zu den Sternen« an. Bei stundenlangen Übungsflügen gewann der Kosmonaut in den nächsten Tagen nach und nach seine alte Sicherheit hinter dem Steuerknüppel wieder. Für den Morgen des 27. März hatte Kamanin einen letzten Übungsflug gemeinsam mit dem erfahrenen Testpiloten und Instrukteur Oberst Wladimir Serjogin auf einer UTI-MiG-15 angesetzt. Unmittelbar danach sollte Gagarin, soweit das Wetter mitspielte, noch zwei eigenständige Flüge mit einer MiG-17 absolvieren.

DER LETZTE TAG IM LEBEN DES JURI GAGARIN

Der 27. März begann für Gagarin wie jeder andere – mit Frühsport kurz nach 06.00 Uhr am offenen Fenster seiner Wohnung im 5. Stock eines Hochhauses im »Sternenstädtchen«. Das Thermometer zeigte einige Grad unter Null, der wolkenlose Himmel versprach gutes Flugwetter. Nach der Morgentoilette sah er in seinem Arbeitszimmer die Post vom Vortag durch, machte einige kurze Notizen und legte sich seinen Arbeitsplan zurecht. Da seine Frau Walentina mit einem Magenleiden im Krankenhaus lag und die Kinder von der Schwägerin versorgt wurden, frühstückte er in der Gemeinschaftskantine und fuhr dann mit dem Dienstbus zum nahen Militärflughafen Tschkalowski.

Dort angekommen, zog sich Gagarin um und stellte sich dem Diensthabenden Arzt zur Flugkontrolle vor. Dann meldete er sich bei Geschwader-Kommandeur Serjogin, mit dem er den letzten Kontroll- und Überprüfungsflug im Doppelsitzer absolvieren sollte. Zu Gagarins Erstaunen war auch der Chef des Kosmonautenausbildungszentrums, Generalmajor Nikolai Kusnezow, in Serjogins Dienstzimmer. Der General prüfte sehr gründlich Gagarins Flugbuch. Dann entließ er den Kosmonauten zur Flugvorbereitung. Gagarin hörte sich aufmerksam den Flugauftrag an und machte sich Notizen zum Kurs und zur Wetterlage.

Serjogin wußte zu diesem Zeitpunkt schon, daß sich das Wetter in etwa zwei Stunden erheblich verschlechtern würde. Er mahnte Gagarin deshalb zur Eile. Um 10.19 Uhr erhielt »625«, so Gagarins Rufzeichen, Starterlaubnis vom Flugleiter. Die UTI-MiG-15 bis Nr. 18 erhob sich in die Lüfte. Sechs Minuten später meldete Gagarin, der vorn im Cockpit saß, daß er die befohlene Flugzone Nr. 20 in 4.200 Metern Höhe erreicht habe. Der Kosmonaut vollführte mit der Maschine, die bereits zwölf Jahr alt war, zuerst nach rechts und dann nach links einen horizontalen Kreis, so daß sich eine liegende Acht ergab. Nach dem Manöver meldete er per Funk die Erfüllung seines Flugauftrages und bat um die Erlaubnis, auf Kurs 320 zu

Das letzte Foto von Gagarin

gehen, das heißt zum Flughafen zurückkehren zu dürfen. »625 –
Erlaubnis ist erteilt«, lautete die knappe Antwort. »Verstanden,
führe das Kommando aus«, waren Gagarins letzte Worte. Seine
Stimme klang ruhig und sachlich. Dann riß der Funkverkehr ab. Es
war 10.30 Uhr.

Niemandem fiel auf, daß die Aufgabe eigentlich 16 Minuten zu
früh beendet war. Eine Minute später stürzte die Maschine rund 64
Kilometer vom Flughafen Tschkalowski entfernt in einem Waldstück nahe dem Dorf Nowoselowo ab. Doch das wußte zu diesem
Zeitpunkt noch niemand.

Um 10.32 Uhr klingelte bei Kamanin das Telefon. Der Diensthabende meldete, daß man die Funkverbindung zu Gagarin verloren habe und die MiG auch vom Radarschirm verschwunden sei.
Der Fliegergeneral, der im Zweiten Weltkrieg solche Situationen
mehr als einmal erlebt hatte, zeigte sich nicht sonderlich beun-
ruhigt. Er befahl lediglich weiter zu versuchen, wieder Kontakt zu
der Maschine herzustellen, machte sich aber dennoch sofort auf
den Weg zum Flugplatz.

Im Kommandopunkt eingetroffen, beriet sich Kamanin kurz mit
General Kusnezow und schickte zwei Suchflugzeuge Il-14 und vier
Mi-4-Hubschrauber in die Gagarinsche Flugzone. Dann fragte er
nach dem Wetter. Es habe genau der Vorhersage entsprochen: eine
doppelte Wolkendecke. Die erste Schicht in 700 bis 900 Metern
Höhe, die zweite in 4.800 Metern, antwortete der Diensthabende
Meteorologe. Als ahnte er das kommende Unheil, fragte sich Kusnezow, ob es nicht besser gewesen wäre, wenn er mit Gagarin geflogen wäre. Doch Kamanin wehrte ab: Serjogin sei in guter Form,
habe viele Flugstunden auf seinem Konto und sei übrigens auch
jünger als Kusnezow und er selbst. Unterdessen rief der Flugleiter
immer wieder ins Mikrofon: »625! Wie ist Ihre Höhe? Melden Sie
sich! Kehren Sie zum Flughafen zurück! Melden Sie sich!« Doch
»625« meldete sich nicht.

Mit der Zeit zerrann auch die letzte Hoffnung, daß nur das Funkgerät an Gagarins Maschine ausgefallen sei. Jetzt wartete alles auf
ein kleines Wunder, einen Telefonanruf etwa, daß das Flugzeug

notgelandet und die Besatzung wohlauf sei. Doch die Hoffnungen wurden zutiefst enttäuscht.

Um 14.50 Uhr meldete die Besatzung eines Hubschraubers, daß sie das Wrack eines Flugzeuges gesichtet habe. Kamanin begab sich sofort im Hubschrauber an den Katastrophenort. Dort bot sich ein Bild des Grauens. Die Maschine hatte sich metertief in den Waldboden gebohrt, der Krater war zum Teil schon mit Wasser vollgelaufen. In der zerstörten Kabine des Flugzeuges fanden die Bergungsmannschaften die bis zur Unkenntlichkeit verstümmelten Überreste Serjogins. Von Gagarin gab es vorerst keine Spur. Das nährte natürlich die Hoffnung, daß er sich katapultiert haben könnte und irgendwo verletzt im Wald auf Hilfe wartete. Doch auch diese Hoffnung trog. Bald entdeckte man die Kartenmappe des Kosmonauten, seine Brieftasche mit seinem Personalausweis, seinem Führerschein und einem Foto Koroljows, Fetzen seiner Fliegerjacke, die in einer Birke hingen, und schließlich Leichenteile, die zweifelsfrei bewiesen: Gagarin lebte nicht mehr. Der erste Kosmonaut der Welt war tot, sinnlos gestorben bei einem profanen Flugzeugunglück, nachdem er das ungleich gefährlichere Abenteuer seines Raumfluges unbeschadet überstanden hatte.

Mit einem Tag Verspätung verbreitete die offizielle Nachrichtenagentur TASS eine gemeinsame Mitteilung des ZK der KPdSU, des Präsidiums des Obersten Sowjets der UdSSR und des Ministerrates der UdSSR über den Tod Gagarins. Er sei während eines Trainingsfluges bei einer Katastrophe tragisch ums Leben gekommen, hieß es. Für die Trauerfeierlichkeiten sei eine Regierungskommission gebildet worden. Gagarin und Serjogin würden an der Kremlmauer auf dem Roten Platz beigesetzt.

Die Meldung vom Tod Gagarins wurde zuerst im Rundfunk verlesen. Sie ging wie ein Lauffeuer durch das ganze Land und löste überall lähmendes Entsetzen aus. Die Menschen liefen auf die Straße, viele weinten bitterlich. Die Sowjetunion hatte ihren berühmtesten Sohn verloren. Auch das Ausland reagierte mit großer Bestürzung.

Am 29. März wurden die Urnen mit den sterblichen Überresten

Gagarins und Serjogins im Rotbannersaal des Moskauer Zentralhauses der Sowjetarmee aufgebahrt. Bis Mitternacht zog ein endloser Strom von Trauernden an den blumengeschmückten Urnen vorbei. Indes versuchten General Kamanin und die Kosmonauten Bykowski, Popowitsch und Leonow in einer Fernsehsendung, der Welt das Unerklärbare zu erklären. Die Frage, die immer wieder gestellt wurde, lautete: Mußte es unbedingt sein, daß Gagarin wieder flog? Die Antwort der vier Männer war einhellig: Ja!

Die Beisetzungsfeierlichkeiten begannen am nächsten Tag um 08.30 Uhr. Bei Kälte und eisigem Wind harrten Hunderttausende stundenlang an den Straßen aus, durch die sich der Trauerzug zum Roten Platz bewegte. Am Mittag nahmen die nächsten Angehörigen Abschied von den Toten: Walentina Gagarina mit den beiden Töchtern Galja und Lena, die Eltern und Geschwister Gagarins sowie die Familie Serjogins. Auf dem Roten Platz, der Trauerschmuck trug, sprachen Akademie-Präsident Keldysch und Kosmonaut Nikolajew Worte des Gedenkens. Dann wurden die Urnen in der Kremlmauer versenkt und die Grabstellen mit Marmortafeln verschlossen. Das Land verharrte in einer Minute des Gedenkens. Ein Ehrensalut, die Nationalhymne und eine Ehrenparade beschlossen die Zeremonie.

Titow sagte später, mit Gagarin habe er einen guten Freund verloren, »der das Leben, fröhliche Gesellschaften, den Sport und die Jagd« liebte. Gagarin habe jenen ersten, allerschwersten Schritt auf dem Weg zu den Sternen gemacht, mit dem der lange und schwierige Weg der Forscher beginne. »Seine Heldentat ging über die nationalen Grenzen hinaus.« Gagarin habe es es wie kein anderer verstanden, schnell und unkompliziert Kontakt zu anderen Menschen herzustellen. »Die Völker aller Kontinente haben ihn wie einen der Ihren aufgenommen«, sagte Titow unter Hinweis auf die mehr als 30 Auslandsreisen, die sein Freund unternommen hat. »Er war in jedem Haus ein gern gesehener Gast. Die Leute haben gestrahlt, wenn sie ihn sahen, weil Juri dem ganzen Planeten gehörte, den er verlassen hatte.«

30 AKTENBÄNDE UND
KEINE SCHLÜSSIGE ANTWORT

Zur Klärung der Ursachen des Absturzes von Gagarin und Serjogin wurde eine mit allen nur erdenklichen Vollmachten ausgestattete Regierungskommission gebildet. Ihr gehörten die besten Fachleute des ganzen Landes an: Wissenschaftler, Flugzeugexperten, Kriminologen, Ärzte und sogar Ornithologen, da man auch die Kollision des Flugzeuges mit einem großen Vogel nicht ausschloß. Die Kommission führte die umfangreichsten und aufwendigsten Untersuchungen durch, die es je in der Geschichte der sowjetischen Luftfahrt gegeben hat.

An der Unglücksstelle wurde jedes noch so kleine Teil der fünf Tonnen schweren Maschine geborgen, deren Trümmer auf einer Fläche von 810 Metern Länge und 50 Metern Breite verstreut lagen. In mühevoller Puzzlearbeit wurde die MiG, die mit einer

Die Beisetzung Gagarins

227

Geschwindigkeit von rund 190 Metern pro Sekunde die Wipfel der Birken in einem Winkel von 30 bis 35 Grad abrasiert hatte, in einem streng abgeschirmten Hangar zu 95 Prozent wieder zusammengesetzt. Die Untersuchungen konzentrierten sich vorrangig auf alles, was direkt oder indirekt mit dem Zustand der Flugtechnik zu tun hatte, sowie auf Fragen der Vorbereitung der Piloten, der Flugorganisation und der Einhaltung der Sicherheitsvorschriften. Die Ergebnisse der Untersuchung füllen 30 dicke Bände. Um es vorwegzunehmen: Eine exakte Ursache für die Katastrophe konnte nicht ermittelt werden.

In dem erst im März 1987, also mit rund 20 Jahren Verspätung, auszugsweise von Professor Bjelozerkowski und »Weltraumspaziergänger« Leonow veröffentlichten Bericht kommt die Kommission zu der Schlußfolgerung, daß die Maschine genau nach den geltenden Bestimmungen der Betriebsanweisung auf den Flug vorbereitet gewesen sei und daß während des Fluges alle Systeme normal funktioniert hätten. Zudem habe man die wichtigsten Angaben der Bordgeräte rekonstruieren können. So sei es aufgrund der Zeigerspuren auf den Ziffernblättern der Borduhr in der Kanzel Gagarins und auf seiner Armbanduhr gelungen, die genaue Absturzzeit zu ermitteln, die Angaben des künstlichen Horizonts zu rekonstruieren sowie die Umdrehungszahl des Motors, den Winkel der Höhenabweichung und andere Details zu ermitteln.

Die Kommission zog daraus den Schluß: »Am Flugzeug gab es keine Zerstörungen oder Ausfälle von Aggregaten und Geräten während des Fluges. Das Flugzeug wurde durch den Aufprall auf die Erde zerstört. Alle Brüche und Deformationen sind charakteristisch für Zerstörungen infolge einer einmaligen übermäßigen Beanspruchung. Spuren von Materialmüdigkeit an Einzelteilen und Elementen der Konstruktion konnten nicht entdeckt werden.« Auch habe es weder Feuer noch Explosionen während des Fluges an Bord gegeben. Der Motor sei im Moment des Aufpralls auf der Erde gelaufen.

Auch der Vermutung, daß es vielleicht zu einem Zusammenstoß mit einem anderen Flugzeug, einer Ballonsonde oder Vögeln

Die Witwe Gagarins an der Kremlmauer

gekommen sei, sei gründlich nachgegangen worden, heißt es weiter in dem Bericht. Soldaten hätten mehrfach das Absturzgebiet durchkämmt, ohne Überreste einer Sonde oder von Vögeln zu entdecken. Überprüft worden sei ferner der Funkverkehr der Flugzeuge, die sich in der fraglichen Zeit in dem betreffenden Luftraum aufgehalten hatten – ergebnislos.

Mit Sicherheit konnte dagegen festgestellt werden, daß das Befinden Gagarins eine Minute vor dem Tod normal gewesen sei. Er habe ruhig und zusammenhängend gesprochen. Die Besatzung habe normal gehandelt. Spuren einer Intoxikation der Piloten etwa durch Gas oder Gift seien nicht gefunden worden. Auch Alkohol sei nicht im Spiel gewesen. Ebenso habe es keinen erhöhten Adrenalinspiegel gegeben, der auf eine Streßsituation hätte hinweisen können.

Also war alles in der Norm. Dennoch war die Maschine abgestürzt. Blieb also weiter die Frage, was dazu geführt hatte. Nachdem zwei voneinander unabhängige Expertengruppen auf dem Computer alle Flugphasen simuliert hatten, ging die Kommission von einer Verkettung mehrerer unglücklicher Umstände aus. So habe der Flug unter komplizierten meteorologischen Bedingungen stattgefunden. Der natürliche Horizont sei nicht zu sehen gewesen. Zwei dichte Wolkenschichten – die untere im Bereich von 500 bis 1.500 Metern, die obere von 4.500 bis 5.500 Metern – hätten den Flug erschwert. Nachdem Gagarin die Erlaubnis erhalten hatte, zum Stützpunkt zurückzukehren, habe er im Sinkflug den Kurs von 70 auf 320 Grad ändern müssen. In der Folge sei es offenbar zu einem unvorgesehenen Ereignis gekommen, das dazu geführt habe, daß die Maschine außer Kontrolle geriet und sich fast im Senkrechtflug der Erde näherte.

Drei Ursachen sind nach Ansicht der Kommission dafür die wahrscheinlichsten: Beim Anflug auf die Obergrenze der unteren Wolkenschicht mit ihren zahlreichen Wolkenzungen hätten die Piloten eine solche Zunge für ein unerwartetes Hindernis halten können, ein Flugzeug etwa oder eine Ballonsonde. Es sei nicht einmal auszuschließen, daß es dort wirklich ein Hindernis gegeben habe, zum

Obelisk an der Absturzstelle

Beispiel einen Vogelschwarm. Das hätte die Besatzung zu einem jähen Manöver zwingen können, in dessen Folge der kritische Anstellwinkel der Maschine überschritten worden und das Flugzeug abgekippt sei.

Möglicherweise sei Gagarins Maschine auch in den Sog eines anderen Flugzeuges und dadurch außer Kontrolle geraten. Als Ursache für das Überschreiten des kritischen Anstellwinkels käme ferner ein vertikaler Aufwind in Frage. An jenem Tag habe sich eine Kaltfront genähert, so daß eine solche Erscheinung nicht auszuschließen sei.

Die Kommission hält es auch für möglich, daß zwei oder sogar alle drei Ursachen gleichzeitig gewirkt hätten. Denn wenn der natürliche Horizont nicht sichtbar sei, orientiere sich der Pilot am künstlichen. Ein ruckartiges Manöver, bei dem sich besonders der Neigungswinkel stark vergrößerte, könne erhebliche Abweichungen des Kreiselkompasses bewirken.

Das habe natürlich die Situation erschwert. Die Piloten hätten sich nur dann räumlich orientieren können, wenn sie die wolkenreiche Zone verließen, die, wie bereits erwähnt, in 500 bis 600 Metern Höhe begann. Doch diese Höhe habe nicht mehr ausgereicht, um das Flugzeug abzufangen.

In der Rekonstruktion der Kommission hat die letzte Minute des Unglücksfluges etwa wie folgt ausgesehen:

Nachdem er die Erlaubnis zur Umkehr erhalten hatte, begann Gagarin nach einer Abwärtsspirale, sofort die Wende auszuführen. Normalerweise nehmen bei einem solchen Manöver allmählich Beanspruchung, Anstell- und Schräglagewinkel zu. In der Nähe der Obergrenze der unteren Wolkenschicht geriet das Flugzeug in die bereits geschilderte Situation. Aller Wahrscheinlichkeit nach führte das zu einem Abkippen über die Tragflächen, worauf das Flugzeug in eine Vollkurve beziehungsweise ins Trudeln geriet. Die Zusatztanks unter den Tragflächen konnten dies noch verstärken.

In dieser extremen Situation unternahmen beide Piloten alles nur mögliche zur Rettung. In den wenigen Sekunden, die ihnen blieben, handelten Gagarin und Serjogin exakt und abgestimmt und

Gagarin als verklärter sozialistischer Held

kämpften entschlossen um ihr Leben, obwohl die Belastung auf das 10- bis 11fache angestiegen war. Eine solche Belastung halten nur kerngesunde Menschen und ausgezeichnet trainierte Flieger aus. Zulässig ist nur eine achtfache Belastung, bei einer 12fachen bricht das Flugzeug auseinander. Gagarin und Serjogin taten in dieser Lage das Menschenmögliche. Ihnen fehlen nur 200 bis 300 Meter an Höhe, um sich zu retten – das sind zwei Sekunden, konstatiert der offizielle Bericht.

Professor Bjelozerkowski, der für seine Publikation den ersten Rückenwind von Gorbatschows Glasnost und Perestroika nutzte, wurde damals von nicht wenigen als Nestbeschmutzer beschimpft. Die Hauptvorwürfe lauteten: »Was gibt es 20 Jahre nach dem Absturz noch an Neuem zu entdecken?« und »Wofür soll es gut sein, so in der Vergangenheit herumzuwühlen?« Der Wissenschaftler, der schon in der Kommission zur Untersuchung der Katastrophe mitgearbeitet hatte, ließ sich aber nicht beirren. Gagarin sei für immer als erster Kosmonaut der Welt in die Geschichte eingegangen, erwiderte der Wissenschaftler seinen Kritikern. Deshalb müßten auch seine Biographie und die Umstände seines Todes für künftige Generationen festgehalten werden.

In zwei Büchern veröffentlichte er 1992 und 1997 zahlreiche Dokumente im Faksimile und weitere Details, die er in mühevoller Kleinarbeit aus dem offiziellen Untersuchungsbericht herausgefiltert hatte. Dadurch konnte zwar noch so manche Lücke im Mosaik geschlossen werden. Eine schlüssige Antwort auf den exakten Grund für die Katastrophe mußte freilich Bjelozerkowski auch danach noch schuldig bleiben.

Gagarin-Denkmal in Moskau

EXPERTEN ZWEIFELN AN
OFFIZIELLER ABSTURZVERSION

Die offizielle Absturzversion stößt inzwischen bei vielen Experten auf Zweifel. Für sie ist der Bericht der Versuch, mit Rücksicht auf die enorme internationale Resonanz niemanden oder nichts konkret für den tragischen Tod Gagarins verantwortlich zu machen. Dem komme entgegen, daß es in der MiG-15 keine Black Box gegeben habe. Daß beispielsweise die Maschine wegen des schlechten Wetters eigentlich gar nicht hätte starten dürfen, Gagarin und Serjogin dennoch mit zudem falschen Daten über die Wolkenhöhe losgeschickt wurden, das Flughafenradar defekt war und andere Schlampereien auftraten, sei deshalb weitgehend unbeachtet geblieben.

Einer der berühmtesten russischen Testpiloten, der 1998 verstorbene Mark Gallai, warf der Kommission vor, angesichts fehlender gesicherter Daten einfach etwas »Ausgedachtes« präsentiert zu haben. Er bezog sich dabei vor allem auf die Version, Gagarins Flugzeug sei durch den Abgasstrahl einer anderen Maschinen ins Trudeln geraten. Es sei allgemein bekannt, daß ein derartiger Abgasstrahl nur »unbedeutend und kurzzeitig« wirke, betonte Gallai, der Gagarin mit auf den Raumflug vorbereitet hatte.

Luftwaffengeneral S. Katuchow äußerte 1991 in der Armeezeitung »Krasnaja Swesda« (Roter Stern) den Verdacht, daß die Tragflächen der MiG-15 vereist gewesen seien. Deshalb habe sich Gagarin entschlossen, sie im Sturzflug »aerodynamisch abzutauen«. Dabei habe die Maschine die zulässige Höchstgeschwindigkeit von 1.100 Stundenkilometern überschritten, so daß sie manövrierunfähig geworden sei. Die Vereisungs-Variante sei von Anfang an bewußt nicht in die Untersuchungen einbezogen worden, da dadurch die unzureichende Flugvorbereitung und -leitung ruchbar geworden wäre.

Eine andere These geht von einer Herzattacke Serjogins während des Fluges aus. Serjogin, der auf dem hinteren Pilotensitz saß, sei vornüber auf den Steuerknüppel gesunken und habe so die Steuerung blockiert.

Die vorerst letzte Version besagt, daß Gagarins Flugzeug wahrscheinlich mit der Instrumentengondel eines Wetterballons kollidiert sei, der auf dem benachbarten Flugplatz Kirshatsch aufgelassen wurde. Autor ist ebenfalls ein hochrangiger Militär: Generalleutnant Stepan Anastasowitsch Mikojan, Held der Sowjetunion, Verdienter Testpilot, Dr. rer. nat., einer der Männer, die die Raumfähre »Buran« (Schneesturm) erprobt haben, und der nicht zuletzt Mitglied einer der vielen Unterkommissionen zur Untersuchung der Katastrophe war.

Der Sohn des ehemaligen KP-Politbüromitglieds Anastas Mikojan machte 1994/95 eine These öffentlich, die er intern bereits 1968 vertreten haben will, die damals aber von den Oberen seiner Meinung nach bewußt verworfen worden sei. Denn wäre man seiner Version gefolgt, hätte man jene zur Rechenschaft ziehen müssen, die trotz des regen Flugverkehrs im besagten Sektor willkürlich Ballons aufließen, betont der General.

General Mikojan untermauert seine These mit dem Hinweis, daß der Kabinendruckmesser in Gagarins MiG, die sich rund zweieinhalb Meter in den Waldboden gebohrt hatte, im Minusbereich stand. Das belege, daß die Kabine schon vor dem Aufprall auf den Boden enthermetisiert gewesen sei. Wäre die Pilotenkanzel erst beim Aufprall selbst zerstört worden, hätte der Druckmesser nicht unter Null sinken können, da am Unglücksort Innen- und Außendruck identisch seien.

Die Chancen, daß die Untersuchungen 30 Jahre nach dem Tod Gagarins aufgrund der neuen Hypothesen wieder aufgenommen werden, sind mehr als gering. Die Moskauer Führung hat andere Sorgen, und unter dem Abschlußbericht der Kommission stehen die Namen honoriger Männer, so der von German Titow, des nach dem Tod Gagarins dienstältesten Kosmonauten der Welt.

Auch Gagarins Witwe Walentina hat ihren Frieden mit dem Bericht geschlossen. Sie geht mit Titow davon aus, daß ihr Mann das Geheimnis des Absturzes mit ins Grab genommen hat. Auf meine Frage, wann wir endlich die ganze Wahrheit über die Gründe des Todes ihres Mannes erfahren, schrieb sie mir Anfang 1998: »Niemals.« Walentina Gagarina verwies zur Begründung auf ein Interview Titows mit der Jugendzeitung »Komsomolskaja Prawda« vom 23. September 1993. Darin hatte er gesagt: »Die wirkliche Ursache der Katastrophe kann nicht festgestellt werden. Man kann aber folgendes konstatieren – die Lage war ruhig, die Havariesituation ist plötzlich eingetreten und war nur von kurzer Dauer. Die Piloten haben alle Maßnahmen ergriffen, um aus der Situation herauszukommen. Aber ihnen hat offensichtlich die Zeit gefehlt, Entscheidungen zu treffen, weil sie selbst die Katapultiermittel nicht genutzt haben.«

Titow sei Mitglied der Untersuchungskommission gewesen, der Flugzeugkonstrukteure, Testpiloten und andere bedeutende Spezialisten angehörten, schrieb Walentina Gagarina weiter und schloß dann mit den Worten: »Ihre Schlußfolgerung ist richtig. Alles andere sind Vermutungen, Erfindungen, Hirngespinste. Wer das braucht? Wofür? Ich weiß nicht.«

Titow steht natürlich zu dem, was er damals unterschrieben hat. Doch ist er nach wie vor der Meinung, daß gewissen Hypothesen nicht hartnäckig und gründlich genug nachgegangen wurde. Ihm sei mehrfach mit dem »Rausschmiß« aus der Kommission gedroht worden, weil er unbequeme Fragen gestellt habe, sagte mir der Kosmonaut. Er neige auch zu der Ansicht, daß Gagarins Maschine mit einer Ballonsonde kollidiert sei, die die Glaskanzel zerstört oder zumindest beschädigt habe. Davon zeugten auch Ballonteile, die man im Absturzgebiet gefunden habe. Aufgrund des großen zeitlichen Drucks, unter dem die Kommission gearbeitet habe, sei es allerdings damals nicht möglich gewesen, alle Spuren bis zu Ende zu verfolgen, räumte Titow ein. »Schließlich mußten wir den Witwen und Waisen etwas zu der Katastrophe sagen.«

WENN GAGARIN NOCH LEBTE...

Die Frage, was aus Gagarin geworden wäre, wenn er nicht diesen sinnlosen Tod gestorben wäre, ist natürlich rein theoretischer Natur. Dennoch ist sie in einer Zeit, da sein großer amerikanischer Counterpart, Ex-Senator John H. Glenn, mit sage und schreibe 77 Jahren und 36 Jahre nach seinem ersten Start erneut ins All flog, gar nicht so abwegig. Da der Kalte Krieg inzwischen der Vergangenheit angehört, hätte man sich durchaus vorstellen können, daß nach dem Muster des Sojus-Apollo-Testprojekts (SATP) von 1975, da sich Amerikaner und Sowjets nach getrenntem Flug auf der Umlaufbahn die Hand reichten, nunmehr Glenn und Gagarin in einem US-Shuttle zu einer gemeinsamen Goodwill-Mission aufsteigen. Doch Gagarin, der heute übrigens erst 65 Jahre alt wäre, ist nun schon drei Jahrzehnte tot, und da stellt sich die Frage nicht, zumal die Russen derzeit ganz andere Sorgen haben als ein »außerirdisches« Shakehands der beiden Weltraumveteranen.

Doch spinnen wir mal einfach den Eingangsgedanken weiter. Was hätte aus Gagarin werden können? Ein herausragender Wissenschaftler, wie es sich Koroljow unter bestimmten Bedingungen – sprich eine solide Ausbildung – vorstellen konnte? Vielleicht. Die erste Hürde dazu hatte der Kosmonaut mit seinem blendenden Diplom an der »Shukowski«-Akademie genommen. Mehr noch. Seine Professoren, allen voran Bjelozerkowski, hätten es gern gesehen, wenn er an der Akademie geblieben wäre. Sie hatten ihm schon eine Assistentenstelle angeboten, und Gagarin war offenbar gar nicht so abgeneigt. Auf jeden Fall lehnte er nicht ab, sondern bat sich Bedenkzeit aus. Das Geheimnis, ob er für sich eine wissenschaftliche Karriere ins Auge gefaßt hatte, nahm er mit ins Grab.

Mit Sicherheit wäre Gagarin die militärische Rangleiter unaufhaltsam weiter nach oben geklettert. Wenn man bedenkt, daß es sein Double Titow bis zum Generalleutnant und andere Kosmonauten gar bis zum Generaloberst und stellvertretenden Verteidigungsminister gebracht haben, wäre Gagarin bestimmt zum Armee-general, wenn nicht gar zum Marschall der Sowjetunion gekom-men. Die nationalen Orden für diesen Rang hatte er schon vorher. Und mit den höchsten Auszeichnungen von mehr als 30 Ländern, die er besucht hatte, gehörte Gagarin zweifellos zu den meistdeko-rierten Menschen dieser Welt.

Aber vielleicht wäre Gagarin auch, wie sein Double Titow, nach der Auflösung der UdSSR kommunistischer Abgeordneter im Par-lament der Russischen Föderation? Oder er befände sich, mit dem neuen Regime höchst unzufrieden, längst im Ruhestand und würde mit den Enkeln spielen, die ihm seine Töchter Galja und Lena geschenkt haben?

Schon schwerer vorstellbar ist, daß sich Gagarin nach dem Zu-sammenbruch des Systems, das ihn zu seiner Ikone erhoben hatte, »Businessmen« geworden wäre, wie etwa der umtriebige Alexej Leonow. Der Kosmonautengeneral hatte in der Wendezeit aus der Not eine Tugend gemacht und seinen Namen vermarktet. Die Leute staunten nicht schlecht, als eines Tages ein US-Unternehmen in der Regierungszeitung »Iswestija« mit dem Konterfei Leonows in vollem Uniform- und Ordensschmuck als ihrem »Chairman« warb.

Doch hören wir, was German Titow und Waleri Bykowski, zwei der besten Freunde Gagarins, dazu zu sagen haben. Für Titow steht außer Zweifel, daß Gagarin bei der Luftwaffe Karriere gemacht hätte. »Ich glaube, er wäre Stellvertreter des Oberkommandieren-den geworden. Dort hätte er eine Menge für die Raumfahrt tun können. Ich bin überzeugt, daß unsere Kosmonautik dann einen anderen Weg genommen hätte. Mit seiner Autorität, seinem Wissen und seinem Durchsetzungsvermögen hätte er sicher dafür gesorgt, daß wir heute anders dastehen als es derzeit der Fall ist.«

Waleri Bykowski sagte mir: »Ich bin überzeugt, daß er es bis zum Regierungsmitglied gebracht hätte. Ich denke nicht, daß er eine militärische Karriere gemacht hätte. Er wäre wohl eher in die Wissenschaft gegangen, denn er war ein Mensch mit ausgezeichne-ter Ausbildung. Er hätte auch auf keinen Fall seine Bindung zur Raumfahrt verloren.«

Die politische Wende in der ehemaligen UdSSR hat Gagarin auf jeden Fall völlig unbeschadet überstanden. Sein Mythos lebt wie eh und je. Das Volk wollte sich seinen Helden nicht nehmen lassen. Nach wie vor sind nach ihm Städte, Straßen, Plätze, Parks, Schulen, Schiffe, Betriebe und Einrichtungen benannt. Auch seine Denkmäler stehen noch und werden liebevoll gepflegt, während die Chruschtschows und Breshnews schon demontiert sind. Das Kosmonautenausbildungszentrum im »Sternenstädtchen« – wie die Weltraumhündin »Swjosdotschka« eine Wortschöpfung Gagarins – trägt weiter seinen Namen.

Natürlich hat es hier und da nicht an Versuchen gefehlt, auch das Denkmal Gagarin anzukratzen. Die neu entstandene Boulevardpresse und Sensationsjournalisten erfanden Horrorgeschichten, die in der Behauptung gipfelten, Gagarin habe den Absturz überlebt und werde in einer psychiatrischen Klinik versteckt. Doch ernst genommen wurden diese Stories nicht. Dafür hat nicht zuletzt die Tatsache gesorgt, daß die Wirklichkeit, die mit der schrittweisen Öffnung der Geheimarchive über die Raumfahrt und auch über Gagarin zutage trat, viel spannender war als alle Hirngespinste.

In unserem Briefwechsel ist Gagarins Witwe auch auf diese Fragen eingegangen. Leider gebe es gegenwärtig um den Flug und das Leben ihres Mannes »nicht wenige Erfindungen«, schrieb sie mir. »Das ist eine vorsätzliche und abscheuliche Diskreditierung unserer nationalen Raumfahrt.« Daran seien auch einige russische Journalisten beteiligt, bedauerte Walentina Iwanowna weiter und schloß dann mit den Worten: »Mögen sie das mit ihrem Gewissen abmachen.«

GAGARINS FAMILIE TEILT DIE
ALLTAGSSORGEN ALLER RUSSEN

Gagarins Witwe, die als Biochemikerin in einem Labor gearbeitet hat, lebt heute nach ihrer Pensionierung mit einer Staatsrente halbwegs auskömmlich im »Sternenstädtchen«. Von ihrer alten Wohnung aus blickt sie täglich auf ihren Mann, der, überlebensgroß in Bronze gegossen, auf einem Granitsockel steht. Jede Mannschaft, die ins All fliegt, legt noch heute an diesem Denkmal Blumen nieder. Walentina Gagarina, von der alle mit größter Hochachtung sprechen, und zwar nicht nur, weil sie die Witwe Gagarins ist, hat sich nahezu völlig aus der Öffentlichkeit zurückgezogen. Sie hat wohl den Verlust ihres Mannes nie so recht verwunden, obwohl sie sich ihre Trauer in zwei Büchern von der Seele schrieb. Dabei war Walja, wie sie ihre Freunde nennen, einst eine lebenslustige Frau. Sie liebte die Geselligkeit und begleitete ihren Mann gern auf seinen vielen Auslandsreisen. Doch beiden war nur ein kurzes gemeinsames Leben beschieden. Der Absturz ihres Mannes machte Walentina Gagarina mit 33 Jahren zur Witwe. Die älteste Tochter Lena, die noch in der Fliegergarnison im Hohen Norden geboren wurde, war damals neun Jahre und Galja, die jüngste, sieben Jahre alt.

Heute scheint Walentina Gagarina die Abgeschiedenheit des »Sternenstädtchens«, wo das Andenken an ihren Mann allgegenwärtig ist, gerade recht zu sein. Es bietet ihr offenbar jene Ruhe, die sie braucht, um ihr Schicksal zu meistern. Die Familien der anderen Kosmonauten vor allem aus der »Gagarinschen Garde«, aber auch die jüngere Raumfahrer-Generation bis hin zu den ausländischen Astronauten, die inzwischen hier zum Alltag gehören, helfen ihr dabei so gut es geht.

Lena und Galja, die ihrem Vater wie aus dem Gesicht geschnitten sind, leben mit ihren Familien ganz normal in Moskau unweit des Smolensker Platzes und teilen die Alltagssorgen aller Russen. Lena

Die Familie Gagarins in besseren Tagen

ist Doktor der Kunstgeschichte. Sie arbeitet für ein »miserables Gehalt«, wie sie selber sagt, im Puschkin-Museum, wo sie vor allem die Gravuren betreut. Ihr Ehegatte ist Kameramann, Tochter Katja geht noch zur Schule.

Galja, die im Gegensatz zu ihrer eher zurückhaltenden Schwester wie ihr Vater gern auf die Menschen zugeht, hat Volkswirtschaft studiert. Ihre Doktorarbeit befaßt sich nicht von ungefähr mit der Nutzung der Bodenressourcen des Gebiets Smolensk, denn das ist jener Landstrich, in dem Gagarin 1934 zur Welt kam und seine Kindheit verbrachte. Galjas Mann ist Kinderarzt, und Sohn Juri trägt mit Stolz den Namen seines berühmten Großvaters.

Walentina Gagarina kümmert sich wie alle Mütter rührend um ihre Kinder und Enkel, und an jedem 12. April, dem Starttag, und an jedem 27. März, dem Tag, da Gagarin starb, trifft sich die Familie, um seiner besonders zu gedenken. Dann besucht sie gemeinsam das Grab an der Kremlmauer und bisweilen auch die Absturzstelle, an der heute ein Obelisk steht, um Blumen niederzulegen.

GAGARINS NACHFOLGER STARTEN
NOCH IMMER VON SEINER RAMPE

Über 30 Jahre nach Gagarins Tod steigen noch immer Raumschiffe von »seiner« Rampe auf. Der rund 50 Meter hohe Betontisch über dem riesigen Abgaskanal hat bereits über 140 Starts erlebt und überlebt. Fast alle 90 sowjetischen und russischen Kosmonauten haben von hier aus ihre erste Reise in das All angetreten. Hinzu kommt eine stattliche Zahl ausländischer Raumfahrer – unter anderem aus Frankreich, den USA, Großbritannien, Japan, Vietnam, Syrien, Afghanistan, der Mongolei, Kuba, Polen, Tschechien, Rumänien, Bulgarien und Ungarn. Deutschland hält dabei mit fünf Kosmonauten beziehungsweise Astronauten die Spitze.

Das Warenhaus von Baikonur

Den Anfang hatte 1978 Sigmund Jähn gemacht. Er flog noch unter DDR-Flagge als erster Deutscher überhaupt in den Weltraum. Ihm folgten nach der Wiedervereinigung Klaus-Dietrich Flade, Ulf Merbold, der schon 1983 mit einem Shuttle als zweiter Deutscher im All unterwegs war, Thomas Reiter und Reinhold Ewald. Sie alle absolvierten ihre Missionen im Rahmen der bilateralen deutsch-russischen Zusammenarbeit oder als Vertreter der Europäischen Raumfahrtorganisation ESA im Orbitallabor MIR, während Jähn noch in der Raumstation »Salut 6« geforscht hatte. Reiter stellte mit einem halben Jahr sogar einen westeuropäischen Langzeitflugrekord auf. Bemerkenswertes Detail am Rande: Alle vier wurden auch durch Sigmund Jähn mit auf ihre Aufgaben vorbereitet und sind seitdem des Lobes voll über den Ex-General der NVA.

Sojus-Rakete auf der Startrampe.
Im Vordergrund: Der letzte Kontrollposten vor dem Startplatz

246

Mit dieser Sojus-Rakete startete Reinhold Ewald 1997 ins All.

Von hier trat auch DDR-Kosmonaut Sigmund Jähn seine Reise in den Weltraum an.

Darstellung der R 16-Mondrakete an einem der Neubaublocks in Baikonur.
Im Vordergrund: Teile der Rakete, deren Produktion
nach 4 Fehlstarts eingestellt wurde, dienen heute als Sandkasten

Verlassenes und verfallenes Haus in Baikonur

Ich selbst habe drei der deutschen Raumfahrer journalistisch in Baikonur zur Startrampe begleiten dürfen: Jähn, Flade und Ewald. Das waren natürlich im wahrsten Sinne des Wortes »Sternstunden« für mich. In einem der vorangegangenen Kapitel habe ich bereits erwähnt, welche Erfahrungen ich beim Jähn-Flug mit der Zensur gemacht habe und daß ich kaum etwas von der Wohnstadt des Kosmodroms mitbekam. Denn wir durften uns nicht frei bewegen. In Erinnerung ist mir allerdings, daß die Stadt mit ihren damals 80.000 Einwohnern einen insgesamt gepflegten Eindruck machte. Auch die Versorgung klappte, wenn man die Speisekarte unseres Hotels »Zentralnaja« als Maßstab nahm, das eigentlich ein Wohnheim für sowjetische Reporter und andere subalterne Leute war, die zu den Starts eingeflogen wurden.

Unvergeßlich ist mir eine Episode, die zeigte, wie tief es die DDR-Führung doch getroffen haben mußte, daß ihr Kosmonaut erst

Kinder in Baikonur

nach dem der damaligen CSSR und Polens als Dritter an die Reihe kam. Immerhin gebährdete man sich stets als der engste und treueste Verbündete Moskaus. Und nun das. Um diesen »Makel« erträglich zu machen, wurde von DDR-Offiziellen zwar dezent, aber doch mit deutlichem Nachdruck der Versuch unternommen, den Start Jähns vom 26. auf den 25. August vorzuverlegen. Das war nämlich der Geburtstag von Partei- und Staatschef Honecker. Die Sowjets lehnten das aber höflich und bestimmt mit dem Hinweis auf »technologische Zwänge« und das »Startfenster« ab. Hinter vorgehaltener Hand hieß es aber, man werde sich auch von den Verbündeten nicht unter Druck setzen lassen. Schließlich hätten Starts nach dem »politischen Kalender« in der Vergangenheit alles andere als Glück gebracht.

1992, beim Flug von Flade, gab es keine Zensur mehr, und jeder konnte sich auch in der Stadt frei bewegen. Das habe ich selbstver-

Marktfrauen in Baikonur

Denkmal für die Opfer der R 9-Katastrophe

Grabsteine für Opfer der R 16 Katatrophe

ständlich genutzt, zumal in den vorangegangenen Monaten in russischen Zeitungen immer wieder Meldungen über Meutereien bei den Soldaten der Weltraumtruppen erschienen waren, die hier Dienst tun. Grund für die blutigen Auseinandersetzungen waren vor allem die Hungerrationen. Auch wurde monatelang kein Sold gezahlt. Ich konnte zwar eine der Baracken ausfindig machen, die bei dem Aufruhr in Flammen aufgegangen waren. Doch niemand war bereit, auf meine Fragen zu antworten.

Die Stadt selbst zeigte ebenfalls deutliche Anzeichen von Verwahrlosung. Die Geschäfte waren leer. Nichts funktionierte mehr, die Kriminalität nahm beängstigende Ausmaße an. Denn niemand fühlte sich mehr recht verantwortlich. Nachdem die Sowjetunion zerfallen war, lag der Weltraumbahnhof plötzlich auf kasachischem Hoheitsgebiet, und die Russen waren quasi Besatzer geworden. Die Pachtverhandlungen wurden zu einem zähen Machtpoker zwischen Moskau und Alma-Ata.

Anfang 1997, als Reinhold Ewald zu MIR flog, bot Baikonur nur noch ein Bild des Jammers. Der Kontrast konnte größer nicht sein: Während auf dem Kosmodrom blitzblanke Raketen ins All geschossen wurden, gingen in der Wohnstadt regelmäßig die Lichter aus. Nicht selten versiegten die Wasserhähne, die Fernheizung spendete nur spärlich Wärme, und durch die eingeschlagenen Fenster leerstehender Wohnblöcke wehte eisig der Steppenwind.

Das einstige Heiligtum Moskaus, das über Nacht zu einer Pacht-Exklave in fremdem Land geworden war, lebte von der bangen Hoffnung auf bessere Zeiten. »Was wir brauchen, ist Geld für ein Raumfahrtprogramm, dann starten wir Raketen wieder serienweise«, sagte der Administrator des »Komplexes Baikonur«, Gennadi Dmitrijenko, ein Oberst, der der Sowjetunion heftig nachtrauert. »Die Jahre des Lebens im Sozialismus haben uns gelehrt, an die Zukunft zu glauben.« Mit Macht stemmt er sich deshalb dem Zerfall entgegen.

Seit dem Untergang der UdSSR ist die Einwohnerzahl von Baikonur um 30.000 auf nun etwa 50.000 geschrumpft. Spezialisten wanderten scharenweise in die Privatindustrie ab, weil beispiels-

Lenin-Denkmal vor dem ausgebrannten Offiziersklub in Baikonur

weise das Prestige-Programm mit dem Sowjetshuttle »Buran« eingestellt wurde. Viele hatten es auch satt, für einen Hungerlohn zu arbeiten und auf diesen auch noch monatelang warten zu müssen. Selbst der Kommandant des Kosmodroms, General Alexej Schumilin, hatte nicht immer pünktlich seinen Sold auf dem Konto.

Baikonur ist zwar nach russischem Gesetz unverändert eine »geschlossene« Stadt, doch Dmitrijenko hat, wie er zugibt, »weder die Mittel noch die Möglichkeiten«, das durchzusetzen. Deshalb wolle er auch die 25.000 Kasachen, die inzwischen illegal in die Stadt geströmt sind, nicht »mit dem Säbel« vertreiben.

Das kann er übrigens auch gar nicht. Baikonur ist nämlich inzwischen eine geteilte Stadt wie einst Berlin. Hier gibt es alles doppelt – einmal russisch, einmal kasachisch: Währung, Polizei, Gerichte, Staatsanwaltschaft, Sicherheitsorgane... Einzige Ausnahme ist die Steuer. »Wir bekommen unser Geld von Moskau, zahlen aber paradoxerweise nach kasachischem Recht Steuern«, erbost sich der Oberst. Er setzt deshalb auch alles daran, sich so weit wie möglich von Kasachstan unabhängig zu machen. Doch die asiatische Republik verhandelt aus einer Position der Stärke. Sie weiß zu genau, daß Moskau Baikonur braucht, wenn es Weltraumgroßmacht bleiben will. Denn nur von hier sind bemannte Starts möglich.

Um sich von kasachischen Stromlieferungen unabhängig zu machen, soll demnächst ein eigenes Dieselkraftwerk gebaut werden. Der Verwaltungschef denkt dabei an ein ganz bestimmtes deutsches Unternehmen. Daneben investiert er wieder in die Instandsetzung der Wohnungen, weil Moskau überraschend zusätzliche Mittel bewilligt hat, und in die Infrastruktur. Insgeheim hofft Dmitrijenko, viele in- und ausländische Investoren nach Baikonur zu locken, wo, wie er meint, langsam »das Lächeln wieder einkehrt«.

Als einer der ersten ist der US-Konzern Motorola dem stillen Ruf gefolgt. Er montiert in einem Clean-Raum im stillgelegten »Buran«-Komplex Satelliten für sein globales Mobilfunksystem, die ein paar Kilometer weiter mit russischen Raketen ins All geschossen werden.

Auch ein Hotel mit internationalem Standard ist geplant, so daß die Weltraumtouristen nicht mehr mit Kerzen, Taschenlampen und Trinkwasser im Gepäck anrücken müssen.

Vielleicht bleibt auch ein bißchen Geld übrig für die Wiederherstellung des abgebrannten Offiziersklubs sowie der Ehrenbürger-Galerie davor, die einst Gagarin anführte und die in den Wendewirren verschwunden ist.

Gagarin-Denkmal in Baikonur

LITERATUR:

Alexandrow, W. A./Wladimirow, W. W./Dmitrijew, R. D./Ossipow, S. O. (Hsg.):»Rakety nositeli«, Moskau 1981

Astaschenkow, P. T.: »S. P. Koroljow«, Leipzig 1977

Babijtschuk, A. N.: »Tschelowek, nebo, kosmos«, Moskau 1979

Belozerkowski, S. M.: »Diplom Gagarina«, Moskau 1986

Blagonrawow, A. A. (Chefr.):»Uspechi sowjetskowo sojusa w issledowanii kosmitscheskowo prostranstwa – Wtoroje kosmitsches- koje desjatiletije 1967 – 1977«, Moskau 1978

Bolschakow, L. N./Dubrowkina, W. I. (Hrsg.):»Gagarin i Gagarinzy«, Tscheljabinsk 1980

Borissenko, I. G.:»W otkrytom kosmose«, Moskau 1980

Denissow, N. (Hsg.): »Wstretscha nad planetoj«, Moskau 1969

Dichtjar, A. B.:»Preshdje tschem proswutschalo: Pojechali!«, Moskau 1987

Gallai, Mark:»Mit einem Menschen an Bord«, Berlin 1990

Gagarin, Juri Alexejewitsch: »Mein Flug ins All«, Berlin 1962

Gagarin, Juri Alexejewitsch/Lebedew, W. I.: »Der Sprung ins Weltall«, Berlin 1970

Gagarin, Juri Alexejewitsch/Melnikow, M./Kotysch, N.: »Unser Flug in den Kosmos«, Leipzig/Jena/Berlin 1963

Gagarin, Juri Alexejewitsch: »Doroga w kosmos«, Moskau 1981

Gagarin, Walentin Alexejewitsch: »Moj brat Juri«, Moskau 1984

Gagarin, Juri Alexejewitsch/Lebedew, Wladimir Iwanowitsch: »Psychologija i kosmos«, Moskau 1981

Gagarina, Anna Timofejewna: »Pamjatj serdza«, Moskau 1985

Gagarina, Walentina Iwanowna: »108 minut i wsja shisn«, Moskau 1982

Gagarina, Walentina Iwanowna: »Kashdy god 12 aprelja«, Moskau 1984

»Gagarinskije nautschnyje tschenija«, Jahrgänge 1980 bis 1988, Moskau

Gerassimowa, M. I./Iwanow A. G. (Hsg.):»Swjosdny putj«, Moskau 1986

Gilbert, L. A./Jeremenko, A. A. (Hsg.):»Kosmonawtika SSSR«, Moskau 1986

Gilbert, L. A./Rjabtschikow, E. I.: »Sowjetskaja kosmonawtika«, Moskau 1981

Gluschko, W. P.: »Raswitije raketostrojenia i kosmonawtiki w SSSR«, Moskau 1981

Gluschko, W. P. (Chefr.): »Kosmonawtika – Enziklopedija«, Moskau 1985

Golowanow, Jaroslaw: »Doroga na kosmodrom«, Moskau 1982

Golowanow, Jaroslaw (Hsg.): »Unser Gagarin«, Moskau 1979

Gorschkow, W. S.: »My – djeti semli«, Leningrad (St. Petersburg) 1986

Gubarew, Wladimir: »Pojechali!«, Moskau 1981

Gubarew, Wladimir: »Utro kosmosa«, Moskau 1984

Gubarew, Wladimir: »Wyletajem na Baikonur«, Moskau 1979

Gubarew, Wladimir: »Wek kosmosa«, Moskau 1985

Gurowski, N. N./Kosmolinski, F. P./Melnikow, L. N.: »Kosmitscheskije puteschestwija«, Moskau 1989

Iwachnow, A. (Hsg.): »On nas wsech poswal w kosmos«, Moskau 1986

Iwanow, Alexej: »Wperwyje«, Moskau 1982

Iwanowski, O. G.: »Naperekor zemnomy pritjashenju«, Moskau 1988

Kamanin, Nikolai Petrowitsch: »Skrytyj kosmos«, Moskau 1995

Kamanin, Nikolai Petrowitsch: »Flieger und Kosmonauten«, Berlin 1974

Kamanin, Nikolai Petrowitsch: »Kosmitscheskij dnewnik«, »Prawda« v. 8. April 1991

Kasakow, S. D.: »Minuta wstretsch nepowotorimych«, Moskau 1986

Keldysch, M. W./Marow, M. J.: »Kosmitscheskije issledowanija«, Moskau 1981

Keldysch, M. W. (Hsg.): »Twortscheskoje nasledie akademika Sergeja Pawlowitscha Koroljowa – Isbrannyje trudy i dokumenty«, Moskau 1980p

Konowalow, Boris: »Tajna sowjetskowo ratkenowo orushija«, Moskau 1992

Kosmonaut Nr. 1 Juri Gagarin, Dokumentensammlung, Moskau 1961

Kosmonawtika, Astronomia (Populärwissenschaftl. Serie Ausgabe 85/6): »Sergej Pawlowitsch Koroljow«, Moskau 1985

Koweschnikow, Ju. M. (Hrsg.): »Uroki Jurija Gagarina«, Leningrad (jetzt: St. Petersburg) 1984

Krasowski, W. W. (Hrsg.): »Krutyje dorogi kosmosa«, Moskau 1988

Kusnezki, M. I./Strashewa I. W.: »Baikonur – Tschudo XX. weka«, Moskau 1995

Lebedjew, L./Lukjanow, B./Romanow, A.: »Syny goluboj planety«, Moskau 1973

Maschkjewitsch, T. W.: »Ispytano na sebje«, Moskau 1978

Mielke, Heinz: »Raumfahrt heute«, Berlin 1984

Mitroschenkow, Wiktor Anatoljewitsch:»Semlja pod nebom«, Moskau 1987

Mitroschenkow, Wiktor Anatoljewitsch (Hrsg.):»Pokorenije besko-netschnosti«, Moskau 1981

Mitroschenkow, W. A./Tsymbal, N. A.:»Perwy kosmonawt planety sem-lja«, Moskau 1981

Miroschnikow, Iwan:»Tjulpany Baikonura«, Charkow 1978

Mosshorin, J. A. (Hrsg.):»Dorogi w kosmos« Bd. 1 u. 2, Moskau 1992

Nesterowa, W. F./Kusmitschew, N. A./Michailow, O. A. (Hsg.)»Juri Ga-garin«, Moskau 1986

Netschajuk, L. W. (Hsg.),»Denj Gagarina«, Moskau 1986

Nowikow, N. F.:»Gotownostj odna minuta«, Moskau 1984

Popowitsch, P. R.:»Ispytania kosmosom i semljoj«, Kiew 1982

Proskurin, Alexander (Hsg.):»Die sowjetische Raumfahrt: Fragen und Antworten«, Moskau 1988

Rauschenbach, B. W. (Leiter d. Redaktionskoll.)»S. P. Koroljow i jego delo – swet i teni w istorii kosmonawtiki«, Moskau 1998

Rebrow, M. F.:»Sowjetskije kosmonawty«, Moskau 1983

Rebrow, M. F.:»Kosmonawty«, Moskau 1977

Rebrow, M. F./Tkatschew, A. W.:»Moskwa-Kosmos«, Moskau 1983

Romanow, A. P.:»Konstruktor kosmitscheskich korabljej«, Moskau 1981

Romanow, A. P./Gubarew, W. S.:»Konstruktory«, Moskau 1989

Rjabtschikow, E. I.:»Swjosdny putj«, Moskau 1986

Rudnyj, N./Judin, I.:»... a serdze letit s toboj«, Moskau 1984

Schatalow, W. A.:»Trudnyje dorogi kosmosa«, Moskau 1978

Schatalow, W. A./Rebrow, M. F./Waskjewitsch, E. A.:»K swjosdam – To the stars«, Moskau 1982

Skatschkow, Igor Wassiljewitsch (Hrsg.):»Doroga k swjosdam«, Mo-skau 1986

Skuridin, G. A. (Verantw. Redakteur):»Oswojenie kosmitscheskowo prostranstwa w SSSR – Ofizialnyje dokumenty TASS i materialy zen-tralnoj petschati, 1957 – 1967«, Moskau 1971

Stache, Peter:»Raumfahrt-Trägerraketen«, Berlin 1973

Titow, German:»Na swjosdnych i semnych orbitach«, Moskau 1987

Titow, German:»Mein Blauer Planet«, Berlin 1980

Tschertok, Boris Jewsejewitsch:»Rakety i ljudi«, Moskau 1995-1997

Tsymbal, Nikolai (Hsg.):»First man in space«, Moskau 1984

PERSONENREGISTER

MIT SOZIALISTISCHEM GRUSS

Parteiinterne Hausmitteilungen, Briefe,
Akten und Intrigen aus der Ulbricht-Zeit

Herausgegeben von Henrik Eberle
352 Seiten, mit Abbildungen, Broschur,
ISBN 3-89602-146-X, 24,80 DM

»Es gibt Briefe, die die Welt nicht braucht, aber unbedingt gelesen haben sollte.«   FRITZ – Das Magazin

»Über Mumpitz hinaus liefert der Band eine Reihe eindringlicher Beschreibungen des Alltagslebens«   Thüringer Allgemeine

»Bizarr«   Rheinische Post

»Das ist nur härteren Gemütern zuzumuten. Aus jeder Zeile glotzt uns der gesamtdeutsche Kleinbürger blöde an.«   Donaukurier

»Proletprosa«   Der SPIEGEL

»Über weite Strecken amüsant.«   Leipziger Volkszeitung

»Nachrichten von gestern, heute eher erheiternd als bestürzend.«
                                                                        Lausitzer Rundschau

»Zum Schmunzeln komisch«   BILD

»Wieweit der Opportunismus der Vielen und der Mut ganz Weniger ging, läßt sich nicht zuletzt an den Dokumenten bekannter Promis ablesen – einige sind geradezu zum Heulen.«
                                                                        Ruhr-Nachrichten

IM SCHWARZKOPF & SCHWARZKOPF VERLAG

EINVERSTANDEN E.H.

*Parteiinterne Hausmitteilungen, Briefe,
Akten und Intrigen aus der Honecker-Zeit.*

*Herausgegeben von Henrik Eberle und Denise Wesenberg
Ca. 352 S., mit vielen Abbildungen,
Format 13,5 x 21 cm, Broschur, ISBN 3-89602-188-5
DM 29,80*

Erich Honecker war Generalsekretär der Partei und kümmerte sich um alles. Kaffeeversorgung, das Karl-May-Museum, Tapetenmuster und abweichende Meinungen. Meist entschied er kurz und bündig: »Einverstanden – E.H.« Bis es nichts mehr zu entscheiden gab...

Interne Vermerke entschieden über die Schicksale von Armin Mueller-Stahl, Monika Maron und Nina Hagen. Der brave Schüler Ottokar übt Selbstkritik. Briefe befassen sich mit Damenschlüpfern zum Selbernähen, Heino in Bagdad und einer Völkerschlacht in Merseburg.

Die Herausgeber Henrik Eberle und Denise Wesenberg, Historiker aus Halle/Saale, wurden in den Archiven der SED fündig – sie präsentieren bisher unveröffentlichte Dokumente aus der Ära Honecker. Briefe und interne Hausmitteilungen geben einen ungewohnten Einblick in die Geschichte der DDR.

Die Sorgen des Alltags werden drastisch vor Augen geführt. Im Zentrum stehen die Fragen, die die DDR-Bürger bewegten: Werden Wecker nur noch an Schichtarbeiter verkauft? Wie krank ist der Genosse Breshnew? Warum kann SAT 1 nicht mit der Gemeinschaftsantenne empfangen werden? Warum hat Helmut Schmidt seinen Besuch in der DDR abgesagt? Die Partei hatte zwar immer Recht, wusste aber nicht auf alle Fragen eine Antwort ...

IM SCHWARZKOPF & SCHWARZKOPF VERLAG

30 JAHRE PUHDYS: ALT WIE EIN BAUM.

Die vollständige Puhdys-Diskographie
Alle Platten, LPs, CDs aus 30 Jahren Bandgeschichte.
Von Uwe Beyer
200 S., mit vielen farbigen Abbildungen, Broschur
ISBN 3-89602-187-7; DM 24,80

Mit dieser Diskographie liegt erstmals eine Gesamtübersicht über das 30jährige Schaffen der Puhdys vor. Sie umfaßt alle Singles, Quartett-Platten (EP's), Langspielplatten, CD sowie LP- und CD-Sampler, auf denen die Puhdys vertreten sind. Sie beinhaltet alle Titel und Produktionen von Beginn der Karriere bis einschließlich 1999.

Die schönsten und interessantesten Tonträgercover werden in Farbe abgedruckt. Die Diskografie listet alle Platten, CDs und Titel auf, die zwischen 1969 und 1999 veröffentlicht wurden. Der Nutzer der Diskografie erfährt zu jedem Titel die Zeitangabe, unterschiedliche Versionen, die Autoren sowie das Erscheinungsjahr.

Sie ist damit ein unentbehrliches Nachschlagewerk für den Fan, den Interessenten sowie den Chronisten. Eine Titelübersicht sowie eine Übersicht über die günstigste Verfügbarkeit des jeweiligen Titels runden die Chronologie ab. Ergänzt wird diese Diskographie mit den Stationen der einzigartigen Karriere der Puhdys und der Chronologie ihrer Musik. In einem gesonderten Teil sind nochmals alle Hitparadenplazierungen der jeweiligen Titel der Puhdys in der Jahreswertung aller Rundfunksender der DDR »Top 50« von 1975 bis 1990 aufgelistet. Ergänzt wird diese Diskographie mit interessanten Covertexten und Album-Rezensionen.

- *Stationen ihrer Karriere und Chronologie ihrer Musik*
- *AMIGA-Singles / DDR*
- *Singles-Veröffentlichungen / BRD*
- *AMIGA-LPs / DDR*
- *LP-Veröffentlichungen / BRD*
- *Internationale LP-Veröffentlichungen*
- *Maxi-CD und Single-CD-Veröffentlichungen*
- *CD-Übersicht Alben*
- *Produktionen, an denen die Puhdys beteiligt waren*
- *Hitparadenplazierungen in der DDR-Hitparade von 1975 – 1990*
- *Covertexte und Album-Rezensionen u.a.*

IM SCHWARZKOPF & SCHWARZKOPF VERLAG

AMIGA.
DIE DISKOGRAPHIE DER
ROCK- UND POP-PRODUKTIONEN
1964 – 1990

*Mit Abbildungen aller LP-Cover und allen Angaben zu
den Komponisten, Textern, Interpreten und den Aufnahmen
aller Amiga-Produktionen.
Von Birgit und Dr. Michael Rauhut.*

*Ca. 480 S., mit über 1000 farbigen und s/w Abbildungen,
Format 13,5 x 21 cm, Hardcover
ISBN 3-89602-189-3; ca. DM 49,80*

Amiga buchstabiert man heute Kult. Was unter diesem Namen in
Vinyl gepreßt wurde, ist mittlerweile ein begehrtes Sammlerobjekt,
ein kulturgeschichtlicher Schatz. Amiga bleibt für viele aber auch
ein Stück Biographie. Die alten Scheiben von Renft, den Puhdys
oder Manfred Krug sind der Soundtrack ganzer Generationen.

Die Diskographie listet erstmals alle Rock- und Pop-Platten auf,
die Amiga zwischen 1964 und 1990 veröffentlicht hat, vom ersten
»Yeah, yeah, yeah« bis zur Umwandlung der Firma in eine GmbH.
Hier finden sich sämtliche LPs, EPs und Singles, gegliedert nach
nationalen Produktionen und Lizenzübernahmen.

Die Diskographie ist die erste ihrer Art und damit ein unentbehrliches Handbuch für den Fan und Chronisten. In puncto Akribie
und Tiefe ist sie ein Novum.

Aus dem Inhalt:
- *Nationale Produktionen: Long Player / Sampler / Extended Player/ Singles*
- *Lizenzübernahmen: Long Player / Sampler / Extended Player/ Singles*
- *Raritäten, Sammlerstücke, Kuriosa*
- *Bildteil (viele farbige Abbildungen)*
- *Titelregister / Personen- und Bandregister*

IM SCHWARZKOPF & SCHWARZKOPF VERLAG

»ALS ICH WIE EIN VOGEL WAR.«
GERULF PANNACH: DIE TEXTE.

Die Songtexte von Gerulf Pannach
für die Klaus Renft Combo, Pannach & Kunert,
Veronika Fischer, die Puhdys und viele andere.
Herausgegeben von Salli Sallmann.
Ca. 300 S., mit vielen Abbildungen,
Format 13,5 x 21 cm, Broschur.
ISBN 3-89602-186-9, DM 29,80

»Ob im Osten oder Westen, wo man ist, ist's nie am besten« diese Zeilen dichtete Gerulf Pannach aktualisierend in Erich Mühsams Text »Weiter, weiter, unermüdlich«. Dies steht für das Leben und Schreiben des Rockpoeten und Dichtersängers, der in den 70ern der DDR als der zweite Wolf Biermann bezeichnet wurde. Der angriffslustige oppositionelle Sänger galt vielen als sächsisch-plebejisches Gegenstück zu Biermann. Pannach, einer der beiden Texter der legendär-anarchischen Rockband »Renft-Combo«, für die er auch eine seiner schönsten Balladen, den »Apfeltraum« schrieb, verfügte über das Instrumentarium des Beats, der Rock- und Folkmusik als Grundlage seines Lebens-, Schreib- und Singegefühls und konnte deshalb sein Publikum emotional unmittelbarer und provozierender ansprechen. Dies tat er in der DDR und später – nach seiner Ausbürgerung 1977 – ebenso im Westen mit einer dichterischen Brillanz, die ihm in der deutschsprachigen Dichtung nach dem II. Weltkrieg dauerhaft einen Platz sichert. Das Buch dokumentiert erstmals umfassend die Texte von Gerulf Pannach.

Das Buch ist der dritte und letzte Band der Renft-Trilogie:
KLAUS RENFT – ZWISCHEN LIEBE UND ZORN.
Die Autobiografie. Hrsg. von Hans-Dieter Schütt
300 Seiten, mit 50 Abbildungen, Broschur.
ISBN 3-89602-135-4. 29,80 DM
NACH DER SCHLACHT. Die Renft Story – von der Band selbst erzählt.
Aufgeschrieben von Delle Kriese.
320 Seiten, Broschur 13,5 x 21 cm, viele Abb., DM 29,80

IM SCHWARZKOPF & SCHWARZKOPF VERLAG

NACH DER SCHLACHT

Die Renft Story – von der Band selbst erzählt.
Aufgeschrieben von Delle Kriese

320 Seiten, Broschur 13,5 x 21 cm,
ISBN 3-89602-170-2
DM 29,80

Die legendäre Klaus Renft Combo erzählt ihre Geschichte: In langen Gesprächen erinnern sie sich, wie es in den 60ern begann, an ihr Verbot in den 70ern, an das Leben im Westen oder in der DDR in den 80ern und an die Chance nach der Wende, als es plötzlich zwei Gruppen namens Renft gab ... Ein beeindruckendes Zeugnis großer Individualisten.

Der Herausgeber Delle Kriese kennt die Musikszene der DDR und die Band von innen: als Drummer verschiedener Bands, u.a. bei Gundermann, Cäsars Rockband und in den 90er Jahren bei RENFT kennt er seine Musikerkollegen und ihre Konflikte genau. Wohl keinem anderen Interviewpartner hätten sich die Musiker so rückhaltlos anvertraut – Musiker, die nicht nur Individualisten, sondern bisweilen untereinander auch in heftige Konflikte verwickelt sind.

40 Jahre großenteils gemeinsamer Geschichte werden erzählt, und Delle Kriese hat offene, ehrliche Worte eingefangen. Das Buch enthält – neben vielen zeitgenössischen Abbildungen und Dokumenten – ausführliche Gespräche mit mit den langjährigen Renft-Mitgliedern Peter »Cäsar« Gläser, »Monster« Thomas Schoppe, Klaus Jentzsch, Peter »Pjotr« Kschentz, Gerulf Pannach und anderen.

Ein ganz besonderes Verdienst des Herausgebers Delle Kriese ist es, daß dieses Buch das letzte ausführliche Gespräch mit Gerulf Pannach enthält, der der maßgebliche Texter der Klaus Renft Combo war. Gerulf Pannach ist im Frühjahr 1998 nach langer schwerer Krankheit an Krebs gestorben.

So ist mit »Nach der Schlacht« ein packendes und authentisches Buch entstanden, die Geschichte der Klaus Renft Combo, von der Band selbst erzählt.

IM SCHWARZKOPF & SCHWARZKOPF VERLAG

DER AUTOR

Gerhard Kowalski, Jahrgang 1942, von Beruf Dipl.-Dolmetscher und -Journalist, befaßt sich seit An-fang der 70er Jahre speziell mit der russischen Raumfahrt. Als Sonderkorrespondent der Nachrichten-agentur ADN berichtete er unter anderem über das Sojus-Apollo-Test-Projekt (SATP, 1975), das Unternehmen »Raduga« mit der Multispektralkamera MKF-6 (1976), den Flug von Sigmund Jähn (1978), die MIR-Missionen von Klaus-Dietrich Flade (1992) und Reinhold Ewald (1997) sowie über Ariane- und Shuttle-Starts in Kourou (Französisch-Guayana) und Cape Canaveral.

Kowalski ist Autor hunderter Fachartikel sowie Ko-Autor mehrerer Bücher.

Impressum
Gerhard Kowalski: Die Gagarin-Story
Die Wahrheit über den Flug des ersten Kosmonauten der Welt
ISBN 3-89602-184-2.
Copyright © 1999 by Schwarzkopf & Schwarzkopf Verlag GmbH, Berlin.

Wir senden Ihnen gern unseren kostenlosen Katalog. Schreiben Sie an:
Schwarzkopf & Schwarzkopf Verlag / Abt. Service,
Kastanienallee 32, 10435 Berlin.